達賴喇嘛說佛教

探索南傳、漢傳、藏傳的佛陀教義

BUDDHISM

ONE TEACHER, MANY TRADITIONS

達賴喇嘛、圖丹・卻准 *Thubten Chodron* 著
德寶法師 *Bhante Henepola Gunaratana* 前言
項慧齡 譯

讚詞

南傳上座部（Theravāda）佛教是以巴利語（Pāli）的經典為基礎，西藏和東亞的北傳佛教則大多是以原始的梵文經典為基礎，但南傳和北傳佛教都源自歷史上的佛陀所傳授的教法，而且全都發展出它們獨一無二的教義和修行體系。它們對實相的本質所發展出來的哲學洞見，以及對人心的深奧潛能的了解，都令人印象深刻。在這本著作當中，達賴喇嘛尊者和美籍圖丹．卻准（Thubten Chodron）比丘尼格外精準地探討這些佛教傳統之間的異同。那些仔細研讀本書的讀者，將對這些傳統所規畫鋪陳的證悟之道產生深廣的了解。

菩提（Bodhi）比丘
《佛陀的話語》（*In the Buddha's Words*）的譯者

達賴喇嘛尊者和圖丹．卻准共同創造了一個當今的無價資源，它探索、闡明和釐清重要佛法流派之間共通、相輔相成和分歧之處，尤其對「解脫」所作的分析，更是前所未有的。同時也顯示，這些甚深的戒學法教可以善巧地應用於當代，造福人類，利益佛教團體內外的眾生。本書是一及時的貢獻，既令人信服，又充滿智慧。

喬恩．卡巴金（Jon Kabat-Zinn）
《正念療癒力》（*Full Catastrophe Living*）的作者

《達賴喇嘛說佛教》有如一座精心打造、跨越一條美麗深邃河川的橋梁。來自各個傳統的人們將能夠從這座橋梁上清楚地看見佛陀的教法，以及那些教法滋養出來的廣袤豐饒的山川景致。這本出色的著作所展現的尊敬與和諧，令人備受鼓舞。

雪倫・薩爾茲堡（Sharon Salzberg）
《真正的幸福》（*Real Happiness*）的作者

這是針對佛教文明所作的無價探勘，佛教的全面歷史、哲理教義、道德戒律、禪修訓練和證得的目標，盡收於本書當中。對所有熱愛佛法的人而言，這是一份珍貴的禮物。

祖古東杜（Tulku Thondup）
《無盡的療癒》（*Boundless Healing*）的作者

現在世界各地的人已經接觸佛教的所有傳統，而且愈來愈多的佛教徒受到不同傳統之理論和修行法門的吸引，這是前所未有的事。這使得本書特別重要，因為它清楚且準確地比對以巴利語經典和梵文經典為基礎的佛教教派，並且指出它們詮釋佛教解脫道主題所呈顯的共通性和巨大差異。我極力推薦本書，希望每個想要更完整、全面地了解佛教眾多傳統的人，都能受到唯一的導師釋迦牟尼佛的啟發和鼓舞。

艾倫・華勒士（B. Alan Wallace）
《專注力：禪修十階開發心智潛能》（*The Attention Revolution: Unlocking The Power of The Focused Mind*）的作者

達賴喇嘛說佛教

探索南傳、漢傳、藏傳的佛陀教義

目次

第五章　增上定學　130

第六章　增上慧學　166

第七章　無我與空性　189

第十一章　四無量　279

第十二章　菩提心　297

第十三章　菩薩修學波羅蜜　325

（編按：本書注釋分為兩種，❶為原書注，①為譯注，統一置於每章章末。）

【前言】

信守佛陀的和平要務

達賴喇嘛和我一樣，在很早時就已展開了人生的志業。他在初學走路的幼童時期，即被認證為藏傳佛教的領袖。在這件事情發生之前不久，當年十二歲的我，在故鄉斯里蘭卡成為上座部佛教（Theravāda Buddhist）的比丘。因緣如此聚合，我們兩人為了存續和分享佛陀的智慧，大約在同一時間展開了各自的生命旅程。

一九五六年，我在印度的佛教聖地桑奇（Sanchi）首次會見達賴喇嘛尊者。桑奇之行是他在故土之外所進行的頭幾趟旅程之一，那是在他被迫逃離西藏的三年之前。①從那次會面之後，直到一九九三年在美國芝加哥舉辦的世界宗教大會（Parliament of World Religions），我們才又再度見面。即使我和達賴喇嘛尊者不常見面，但是因為他能以智慧與公正的態度來分享佛法的知識，使我一直覺得我和他之間有一種內在的連繫。我深深地仰慕和欣賞尊者的智慧，因此能夠為尊者和圖丹．卻准針對我們共享的佛教傳統所寫的著作貢獻隻字片語，我感到非常高興。

如何追求真正的「法」

一般而言，今人的心胸會比前人的更加豁達。雖然世界各地仍有衝突，但隨著我們在經濟和文化上愈來愈相互連結，統一的趨勢於是逐漸展露，可是就此一當前的趨勢來看，佛教的統一卻已經延宕多時。雖然上座部佛教徒很早以前就已和其他佛教徒會面，但專家小組或會議一旦結束後，大家就分道揚鑣，各行其是，之後便悄然無息了。

那些立意良善、針對各種傳統所撰寫的書籍會指出我們的共同點，但或許出於禮貌，它們幾乎不談我們之間的差異。我們無須將「指出歧異」視為失禮，因為在各類佛教徒之間，不但所說的教義有所不同，文化的常規與慣例也隨著不同的國家而互異。即使在單獨的國家之內，佛教的修行也可能因為地區或團體而有所不同，如果能誠實地探查這些傳統，便可顯示出我們的力量和誠懇。佛陀的教法並無任何需要隱藏之處，本書誠實且有系統地檢視巴利語和梵文佛教傳統之間相互重疊的部分，同時又不迴避地討論這些教法之間的諸多歧異，這種作法值得讚揚和認同。

儘管開誠布公地討論我們的差異是較健全的作法，但是如果將焦點放在這些差異上，而排除我們共同的傳統和文化遺產，也是一種誤導。因為巴利語（pāli）②傳統和梵文傳統都誠摯地存續佛陀的教法，都為世界和平作出極大的貢獻。不論是巴利語傳統或梵文傳統，都鮮少使用暴力推廣自己的傳統而來凌駕另一個傳統。因此，宗教的政治權術對佛陀的教法而言，是一種全然陌生的東西，但令人難過的是，某些佛教徒並未修持其宗教所教導的事物。有時，人們追求「真正的法」（real Dhamma）的熱情是那麼地強烈，以至於忽略了佛陀所說要如何傳法而不製造衝突的基本教導。

就此而言，《蛇喻經》（*Alagaddupama Sutta*, MN 22）③所說的就相當貼切中肯。在此經當中，對「法」產生錯誤的理解，被比喻為捉住一條毒蛇的尾巴來捕捉蛇。如果捕捉的方法不正確，蛇就會反咬捕蛇人，使他因而致死或生病；如果捕捉的方法正確，捕蛇人可以抽取毒液來製成藥物，毒蛇也會毫髮無傷地被釋放。同樣地，我們必須正確地理解「法」的意義，同時不執著於它。正如同毒蛇可以使我們的身體中毒那般，處理不當或執著於「法」，可能會毒害我們的心，而心中毒遠比身中蛇毒還要危險。

如果我們適切地理解「法」的意義，就能夠體驗到所謂的「教育的奇蹟」。由於無明是那麼地粗重，佛陀原先懷疑自己是否能夠幫助人們了解「法」，使他們離於痛苦。然而，他開始傳法，運用智慧，把惡毒者轉變為聖人，把邪惡缺德者轉變成為虔誠聖潔的人，把殺人犯轉變成為和平使者。這種轉化的潛能，就是教育的神奇力量。

從「心」體驗佛法真諦

為了親身體驗教育的神奇，我們必須往內觀照。「法」即是在我們自心之內且能時時體驗的真諦，正是這個「法」對我們招手地說：「如果你想要遠離麻煩，就請你看看我，照顧我。」即使我們充耳不聞，內心的「法」仍然時時刻刻地對我們說話。諸佛無須為了「法」的存在而來到世間，諸佛了悟「法」、領會「法」，並且在證悟它之後而傳授「法」，使其為人所知。但無論「法」是否被解釋或講授，只要我們抹去眼睛上的塵埃，並且觀照它，內心的「法」就等著我們去觀看、去聽聞。

在放下貪婪的剎那，我們「過來看看」（come and see）寧靜的感受與體驗；在捨棄瞋恨的剎那，我們「過來看看」寧靜的感受與體驗。我們必須建立「過來看看」自己內心究竟是怎麼回事的習慣，而不要用手指指著他人。我們不是僅僅為了佛教傳統而保存發揚它，我們之所以保存世世代代傳續的佛法，那是因為它們能夠抒解痛苦，促進安樂。

當我們像本書這般探究佛教的主要傳統時，便可以看見它們為世界貢獻了豐富多彩的文化、社會和心靈的知識，而這些知識則為心理學、哲學和心理健康提供了深刻的洞見。它們的貢獻得到人們廣泛的認可，進而促使全球覺察到禪修的重要性，使得人們無須成為佛教徒，就可以享受禪修的利益。

所有形式的佛教都與其他宗教和平共處，這一點吸引了全世界的目光。與其他宗教和平共處是佛陀傳達的核心訊息，我們每個人都應該遵循此一訊息，成為和平的使者，這是我們共同的連繫和紐帶。我希望本書能夠幫助世界各地的佛教徒放下自己所執著的觀點，彼此尊重地進行開誠布公的對話，此舉可能有助於一切眾生去體驗存在於其內的佛法真諦。當我們對佛法的熱忱受到慈心、悲心、喜心和捨心的引導時，我們就是在信守和榮耀佛陀的和平要務。

德寶（Henepola Gunaratana）
修行協會（The Bhāvanā Society）創會住持
西維吉尼亞州，高瞻市（High View, West Virginia）

①一九五六年，達賴喇嘛離開拉薩前往印度，留印期間除了參加紀念法會、朝聖之外，還向當時的印度總理尼赫魯尋求政治庇護的可能性。但最後達賴喇嘛接受尼赫魯的勸告和周恩來的保證而返回拉薩。一九五九年，達賴喇嘛逃離西藏抵達印度，隔年，在北印度的達蘭薩拉宣布成立西藏流亡政府。

②「pāli」（音譯為「巴利」）意為「線」、「列」、「規範」，是中印度亞利安語，接近摩羯陀國初期的普拉克里特語（prakrit）。據推測是佛陀所用的語言，也是上座部藏經的聖典語。巴利藏經是佛陀入滅後口耳相傳的佛法合集，於西元前一世紀在錫蘭被書寫下來。

③在《中部．蛇喻經》（*Alagaddupama Sutta*, MN 22）中，佛陀以捉蛇的比喻來形容錯誤和正確的修學佛法之道。

【序言】

消除誤解，熟悉彼此的傳統

佛陀出於大慈而傳授佛法並建立僧伽，他清晰地闡明其示顯解脫道的教法，讓眾生得以遵循。隨著佛陀的教義傳遍整個印度次大陸（Indian subcontinent）和其他國家，不同的佛教傳統於焉產生。在古代，甚至進入現代之際，交通運輸以及來自不同傳統人們之間的溝通交流有限，儘管某些人對其他傳統已有耳聞，但卻沒有機會去檢視那些資訊是否屬實，人們因而對其他傳統產生誤解，且世代相傳。

在二十一世紀，交通運輸和通訊有長足的進步，我們這些佛陀的追隨者因而有機會去直接地認識彼此。由於新近的翻譯，現在的我們能夠閱讀各自傳統的經典和大師們的釋論。由於現存的翻譯仍然只呈現整套經典的片段，而且要閱讀的經典與釋論相當廣泛，因此我們提供這本拙著，作為開始學習和認識彼此傳統的橋梁。

所有的佛教徒都擁有相同的導師——世尊佛陀，如果我們彼此之間的關係更加緊密，這將嘉惠每個人。我有幸會晤來自基督教、回教、猶太教、印度教、耆那教（Jain）和錫克教的眾多領袖，但相對地，我卻幾乎沒有機會去會見不同佛教傳統的偉大導師、禪修者和領袖。大多數西藏的出家眾和在家眾對其他佛教傳統幾乎一無所知，而我相信，其他佛教傳統的追隨者對藏傳佛教也知之甚微。如果我們的導師——佛陀——今天來到世間，他會為此感到欣慰嗎？我們這些佛陀的法嗣都對同一個「父親」展現愛意，但我們和兄弟姊妹之間卻只有最低限度的溝通交流。

幸運的是，這個情況在近幾年開始改變。許多亞洲和西方國家的佛教徒來到位於印度西藏流亡社群的重鎮——達蘭薩拉（Dharamsala），同時一些西藏僧人和尼師也造訪這些佛教徒的國家。我們和上座部佛教的兄弟姊妹之間的溝通交流一直特別少，但是長達數世紀的分隔也開始在那裡出現一些轉機。例如，有兩位在印度某所大學研究學習的緬甸籍比丘來拜訪我，他們有興趣認識藏傳佛教，藉以擴展對佛教世界的知識，同時繼續修持自己的傳統。我仰慕他們的動機與發心，而且我想要鼓勵所有傳統的佛教徒更深入地了解佛陀教義的廣大浩瀚。此舉會使我們更欣賞佛陀身為「導師」（Teacher）的非凡特質——他擁有帶領我們所有人達至覺醒的智慧、慈悲和善巧方便。

本書的主要目的是幫助我們更加熟悉彼此。所有的佛教徒都皈依三寶；我們的法教皆以四聖諦（苦、集、滅、道）、三增上學（戒、定、慧）和四無量（慈、悲、喜、捨）為基礎。我們所有人都渴望從輪迴解脫，也就是從這個受到無明助長和「業」染污的再生循環中解脫。認知我們之間的異同，有助我們更加團結。

本書的另一個目的是消除長達數世紀之久、存在於我們彼此之間的誤解。有些上座部佛教的修行者認為，西藏僧人並未遵守出家的戒律，身為密續修行者卻與女子發生性行為，並且飲酒。在此同時，西藏修行者認為，上座部佛教傳統欠缺慈心與悲心的教法，並且以「自私自利」來描述上座部佛教的追隨者。此外，中國佛教徒常常認為西藏人施行法術，而西藏人則認為中國佛教徒大多是在從事「腦袋空空」（blank-minded）的禪修。所有的這些誤解都源自欠缺知識，我們希望本書能夠讓人們朝化解這些誤解跨出一步。

在二十一世紀，東方與西方、南方與北方變得愈來愈緊密。佛教的兄弟姊妹也必須擁有更親密的接觸，培養相互的理解。這不但會嘉惠我們個人，也有助於延續和傳布佛法，並將為世界樹立宗教和諧的典範。

第十四世達賴喇嘛比丘丹增・嘉措（Tenzin Gyatso）

二〇一四年六月十三日

【引言】

關於本書

面對一本指出各種佛教傳統之間的共通性和殊異之處的書籍，我們可以從許多觀點來進行探索。身為佛教徒，我們都禮拜佛陀、施行供養及懺悔過失。我們從事禪修、唱誦、研習和念誦佛經，並聆聽教法。所有的佛教社群都有寺院、道場、關房和弘法中心。解釋這些外在活動之間的異同，肯定有助於我們的相互了解。

探索兩大佛教傳統間的異同

然而，本書卻把焦點放在教法上，也就是我們所謂的「巴利語傳統」和「梵文傳統」之間的共同教義和獨特教義。這些都是為了方便起見所使用的詞彙，我們不應認為它們是在暗示兩種傳統是同質的。兩個傳統的教法和修行都可追溯至佛陀本身，巴利語傳統承襲自以古印度普拉克里特語（Prakrit）①、古僧伽羅語（Sinhala）②，以及巴利語所寫的經典和釋論。巴利語傳統依止

《巴利大藏經》（Pali canon），目前主要在斯里蘭卡、緬甸、泰國、柬埔寨、寮國，以及部分的越南和孟加拉流傳。梵文傳統則源自以古印度普拉克里特語、梵文、中亞語言所寫的經典和釋論，仰賴中文和藏文的大藏經，目前主要流傳於西藏、中國、台灣、韓國、日本、蒙古、尼泊爾、喜馬拉雅山區、越南和俄國某些地區。馬來西亞、新加坡、印尼、印度、西方和非洲國家則修持兩種傳統。

儘管巴利語傳統與梵文傳統兩者都源自相同的導師──佛陀，但它們各有其特色、獨一無二的貢獻和不同強調的重點。此外，兩個傳統也非龐大僵化、單一無特色。例如，在語言措辭方面，東亞的佛教和藏傳佛教相當不同，但因為它們都源自一套類似的梵文典籍，共有許多類似的信念，所以都納入梵文傳統之內。

本書的主題大多是從每個傳統普遍存在的觀點來陳述，而這個描述可能會因為一個次傳統或個別的老師探討、處理某個主題的方式而有所不同。在某些情況下，我們必須從眾多陳述中挑選出一個，然後納入本書之中。例如，第七章〈無我與空性〉裡，在梵文傳統的所有觀點當中，我們解釋由宗喀巴陳述的應成中觀派（Prāsaṅgika Madhyamakas）觀點。在其他情況下，例如在談「菩提心」這個主題時，我們根據藏文的陳述來解釋，然後提出它不同於中文陳述的特點。

不同的文字可能傳達相同的意義

兩個傳統都擁有大量的文獻，要決定把什麼納入本書當中，不是一件易事。達賴喇嘛尊者和我想要容納或詳盡說明更多的要點，但果真這麼做，這本書就會變得太過冗長。對於沒能探討每個傳統內的不同觀點、詮釋和修行法門，我們在此致歉。同時，如果讀者認為重要的某些主題，並未出現在本書當中或被濃縮精簡，也請您見諒。我們想要把引自經典的引文納入書中，但由於考量篇幅之故而加以刪除，只留下標題和名相。

毫無疑問地，許多讀者將透過閱讀本書而學習到自己的佛教傳統。當讀者們閱讀不同於自身傳統的陳述，甚或經典的翻譯時，可能會產生「這不正確」的想法。這時，請記得，其他傳統可能使用不同的文字來傳達與讀者本身的傳統相同的意義。請讀者們也記住，我們可以從認識佛陀教法的多元性中獲益。

本書內容源自達賴喇嘛的傳法與受訪內容

本書出自達賴喇嘛尊者的構想，藉以促進世界各地佛教徒之間的相互了解。尊者信任我，交託我實踐這個最具利益的任務，對此我深感幸運。尊者提供了大多數源自梵文傳統的教法，這些教法源自尊者的公開傳法，以及過去幾年來，我和尊者私下進行的一系列訪談。這些公開傳法和訪談的內容由格西拉卓（Lhakdor）、格西多吉・丹杜（Dorji Damdul）和格西圖登・金巴（Thupten Jinpa）翻譯，接著由我整理成文，然後再由格西多吉・丹杜和格西達杜・南嘉（Dadul Namgyal）審核文稿。

關於中國佛教的一些原始資料，則源自宗密（781–841）、印順（1906–2005）、憨山德清（1546–1623）、實賢（1685–1733）、吉藏（549–623）、太虛（1890–1947）和蕅益智旭（1599–1655）等中國佛教大師的撰述，以及與厚觀、慧峰、法友、見護等比丘，還有林振國和萬金川博士所進行的訪談。由於我是在台灣領受比丘尼戒，因此，我衷心覺得自己和那個傳統有深厚的緣份。

閱讀巴利經文時，覺音（Buddhaghosa，五世紀）和法護（Dhammapāla, 550–600）的著作，以及雷迪（Ledi, 1846–1923）、髻智（Ñāṇamoli, 1905–1960）、向智（Nyanaponika, 1901–1994）、蘇摩（Soma, 1948–2003）等長老和菩提（Bodhi, 1944–）、無著（Anālayo, 1962–）比丘等當代作者所傳授的教法，使我眼界大開，見識到巴利語傳統的優美之處。

我研習菩提比丘針對《中部》（*Majjhima Nikāya*）所作共一百二十三場的一系列討論，而菩提比丘也在我們之間的書信往來當中，非常慷慨地為我釐清許多重點，他也審查本書描述巴利語傳統的部分。達賴喇嘛尊者也要求我造訪泰國，並在該國的一座寺院研習和修行，我依照尊者的指示拜訪泰國兩個星期。

巴利語、梵語與英文參照的原則

在語言學方面，巴利語類似梵文，但並非全然相同。由於某些詞彙，例如「禪那」（meditative stabilization），如果以英文來描述會顯得不夠貼切，因此有時我們會以巴利語的「jhāna」和梵語的「dhyāna」來代替。在一些章節裡，巴利語傳統和梵文傳統對某個主題所作的陳述被分開放在不同的部分；但在其他章節裡，它們卻同時並陳。每當我們提出巴利語傳統的觀點時，使用的詞彙便採取巴利語的拼法；梵文傳統的觀點則使用梵語的拼法。當兩個詞彙被放在圓括號內時，第一個詞彙是巴利語，第二個是梵語。只出現一個詞彙時，這表示兩種語言都使用相同的詞彙，或相對應於該段落討論的觀點屬於哪一個傳統。圓括號內的巴利語和梵語詞彙只會在第一次使用該字時出現。如果巴利語和梵語的詞彙並未譯為英文，那麼，只有在第一次使用時採取斜體。（編按：本書中採取正體）

我使用「four truths of the āryas（ariyas）」（聖者之四諦）這個比較準確的翻譯，取代英文的「four noble truths」（四聖諦），「four truths of the āryas （ariyas）」常常被縮寫為「four truths」（四諦）。

巴利語傳統的追隨者可能會發現幾個英文詞彙不同於他們所習慣的用法，在這種詞彙第一次出現時，我試圖參照和引用人們比較熟悉的英文詞彙。我也為不熟悉梵文用語的讀者提供了翻譯的選擇。這是無可避免的作法，請您多多包涵。

所有的錯誤、前後矛盾之處和任何不當的論點，全都是我個人的無知之故，請諸位讀者見諒，這完全與達賴喇嘛尊者無關。

致謝

我禮敬導師——佛陀，他給予這些珍貴的教法，使我們的生命充滿意義，帶領我們真正地從痛苦中解脫。我也禮敬所有佛教傳統的了證傳承上師，由於他們的仁慈，佛法得以發揚光大，流傳至今。

除了上述提及的人們之外，我也深深感謝以下所有人的協助：桑東（Samdhong）仁波切、格西索南・仁謙（Sonam Rinchen）、亞歷山大・柏津（Dr. Alexander Berzin）博士、崔西・查須爾（Traci Thrasher）、達賴喇嘛尊者辦公室的職員、舍衛精舍（Sravasti Abbey）的僧眾，以及智慧出版社（Wisdom Publications）的提姆・麥克尼爾（Tim McNeill）和大衛・基特史東（David Kittelstrom）。一切智皆為緣起，這些與許多其他善知識（kalyānamitra）仁慈和睿智的引導，使得本書無限增輝。

除非特別注明，在此之後，書中的第一人稱「我」指的是達賴喇嘛尊者。

圖丹・卻准（Thubten Chodron）比丘尼

二〇一四年六月十三日寫於舍衛精舍

① 普拉克里特語（Prakrit）是巴利語所屬的「中期印度亞利安語」的總稱，是西元前六世紀至西元後十一世紀，通用於印度的亞利安人的民眾語。它與梵語相對，梵語是由人為規定完成的人工語，而它則是無人為成分的俗語。

② 僧伽羅語（Sinhala）是斯里蘭卡主體民族僧伽羅族的語言，也是斯里蘭卡的主要官方語言，屬印歐語系、印度—伊朗語族印度語支，和印度北部諸語言相近，其書寫的文字即僧伽羅文。僧伽羅人大多都信奉佛教。

MMK	《中論》(*Mūlamadhyamakakārikā*),龍樹(Nāgārjuna)著。
MN	《中部》(*Majjhima Nikāya, The Middle-Length Discourses of the Buddha*),髻智、菩提比丘合譯(Boston: Wisdom Publications, 1995)。
RA	《寶行王正論》(*Ratnāvalī, The Precious Garland: An Epistle to a King*),龍樹著,約翰·鄧恩(John Dunne)、莎拉·麥克林托克(Sara McClintock)合譯(Boston: Wisdom Publications, 1997)。
SN	《相應部》(*Saṃyutta Nikāya, The Connected Discourses of the Buddha*),比丘菩提譯(Boston: Wisdom Publications, 2000)。
TP	《波羅蜜論》(*Treatise on the Pāramīs*),源自《所行藏注》(*the Commentary to the Cariyāpiṭaka*),比丘菩提譯,請見網址:www.accesstoinsight.org。
Ud	《自說經》(*Udāna*)。
Vism	《清淨道論》(*Visuddhimagga, The Path of Purification*),覺音著,髻智比丘譯(Kandy: Buddhist Publication Society, 1991)。

略語表

除非有所注明，否則本書使用的翻譯都引自以下的著作。為了達到前後統一之故，一些專門術語也作了修改。

AN	《增支部》（*Aṅguttara Nikāya, The Numerical Discourses of the Buddha*），菩提比丘譯（Boston: Wisdom Publications, 2012）。
BCA	《入菩薩行》（*Bodhicaryāvatāra, A Guide to Bodhisattva's Way of Life*），寂天（Śāntideva）著，史蒂芬．巴切勒（Stephen Batchelor）譯（Dharamsala, India: Library of Tibetan Works and Archive, 2007）。
Bv	《佛種姓經》（*Buddhavaṃsa, The Minor Anthologies of the Pāli Canon*），洪納（I. B. Horner）譯（Lancaster: Pali Text Society, 2007）。
C	為「中文」（Chinese）的縮寫。
CMA	《*Comprehensive Manual of Abhidhamma*》，菩提比丘譯（Kandy: Buddhist Publication Society, 1993）。
DN	《長部》（*Dīgha Nikāya, The Long Discourses of the Buddha*），莫里斯．華爾謝（Maurice Walshe）譯（Boston: Wisdom Publications, 1995）。
J	為「日文」（Japanese）的縮寫。
LRCM	《菩提道次第廣論》（*Lam rim chen mo, The Great Treatise on the Stages of the Path*），宗喀巴著，喬許瓦．克特勒（Joshua Cutler）等合譯（Ithaca: Snow Lion Publications, 2000-2004），共三冊。

地圖一

佛教在亞洲

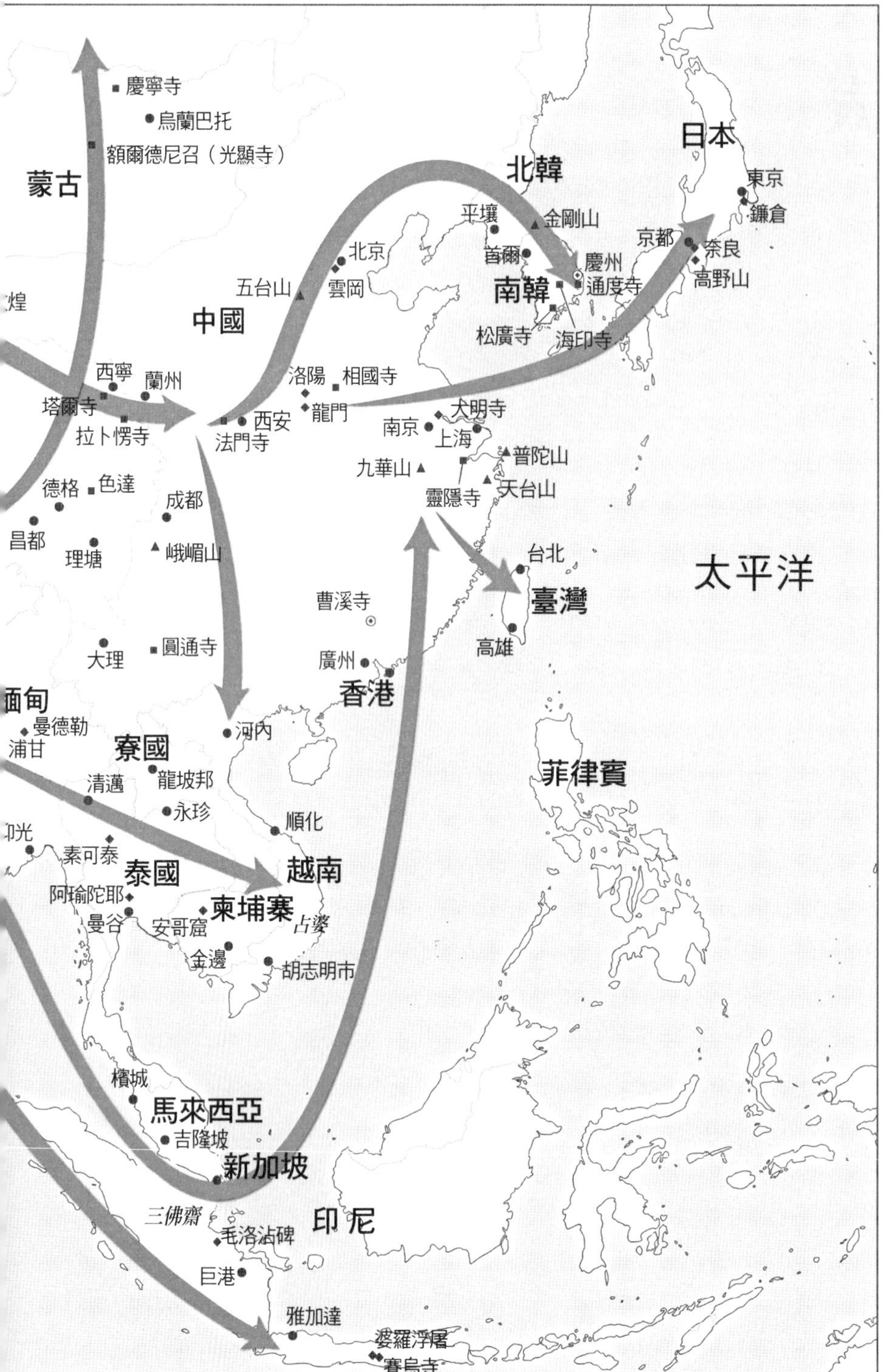

慶寧寺
烏蘭巴托
額爾德尼召（光顯寺）
蒙古
煌
北韓
日本
東京
鎌倉
平壤
金剛山
京都
奈良
高野山
北京
首爾
慶州
通度寺
南韓
五台山
雲岡
中國
松廣寺
海印寺
西寧
蘭州
洛陽
相國寺
塔爾寺
拉卜愣寺
法門寺
西安
龍門
南京
大明寺
上海
普陀山
九華山
靈隱寺
天台山
德格
色達
成都
昌都
理塘
峨嵋山
台北
太平洋
臺灣
曹溪寺
高雄
大理
圓通寺
廣州
香港
緬甸
曼德勒
浦甘
河內
寮國
龍坡邦
清邁
永珍
菲律賓
仰光
順化
素可泰
泰國
越南
阿瑜陀耶
柬埔寨
曼谷
安哥窟
占婆
金邊
胡志明市
檳城
馬來西亞
吉隆坡
新加坡
三佛齊
印尼
毛洛沾碑
巨港
雅加達
婆羅浮屠
賽烏寺

俄羅斯
哈薩克
吉爾吉斯
龜茲
吐魯
塔吉克
喀什葛爾
和闐
阿富汗
吉爾吉特
犍陀羅
拉達克
西
巴基斯坦
新德里
尼泊爾
印度
孟加
加爾各答
此框內的區域
在下一頁放大顯示
蘇帕羅克
孟買
龍樹山
阿瑪拉瓦蒂
馱那羯磔迦
建支（黃支）
阿耨羅陀補羅
波隆納魯沃
卡拉尼西
康提
可倫坡
斯里蘭卡
印度洋
占婆古王國地圖
城市
古城
寺院
聖山
聖地
佛教的傳播
北
0
200
400
600 英里

地圖二

佛教的搖籃

拉薩
楚布寺
桑耶寺
西藏
日喀則
覺囊寺
江孜
波齊峰
薩迦寺
雅魯藏布江
不丹
廷布
帕羅·塔克桑寺
布拉馬普特拉河
錫金
木斯塘
大吉嶺
尼泊爾
加德滿都
伽毘羅衛城
藍毘尼
索馬普拉大寺
超戒寺
孟加拉
舍衛城
拘尸那羅
吠舍離
瞻波
華氏城
飛行寺（歐丹多補梨寺）
那瀾陀寺
吉大港
王舍城
鹿野苑
菩提迦耶
瓦拉納西
加爾各答
度
帕魯德
勒德納吉里
城市
古城
寺院
聖山
聖地

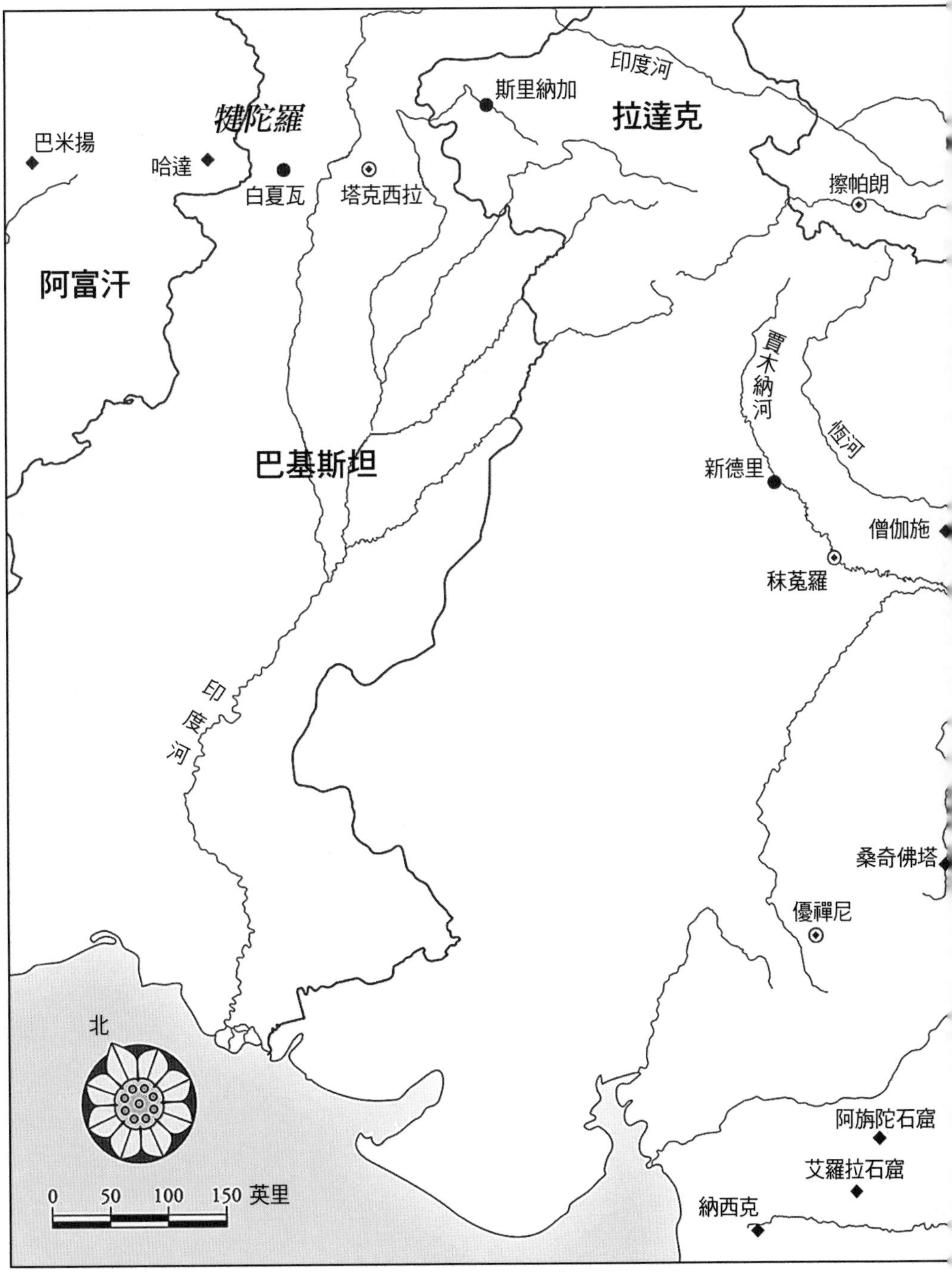
印度河
斯里納加
拉達克
犍陀羅
巴米揚
哈達
白夏瓦
塔克西拉
擦帕朗
阿富汗
賈木納河
恆河
巴基斯坦
新德里
僧伽施
秣菟羅
印度河
桑奇佛塔
優禪尼
北
阿旃陀石窟
艾羅拉石窟
0 50 100 150 英里
納西克

1 佛陀教義的起源與傳播

並非所有的人都有相同的想法。人們幾乎在生活中的每一個領域，包括宗教這個領域在內，都有不同的需求、興趣和性情，身為善巧的導師——佛陀，根據眾生的種類來傳授各種不同的教法。巴利語傳統和梵文傳統❶是包含這些教法的兩大佛教傳統，我們將要檢視這兩大傳統的發展，但在此之前，我們要先談談釋迦牟尼佛的生平事蹟。

佛陀的生平

巴利語和梵文兩個傳統都認為，悉達多．喬達摩（Siddhārtha Gautama）王子出身釋迦族（Śākya），在西元前五或六世紀出生於今日印度和尼泊爾的邊界。他從小就心地善良，並在藝術和學習研究方面出類拔萃。在早年時期，他住在王宮之內，過著受人呵護備至的生活，但到了他青年時，他走出宮牆，出外探險。他在城裡看見一個生病的人、一個老邁的人，以及一具屍體，這促使他深思生命的痛苦本質。當他看見一個遊方的托缽僧時，他思量從輪迴解脫的可能性。因此，在二十九歲那年，他離開了宮殿，脫下皇家的服飾，展開遊方托缽的生活。

他師從當時偉大的導師，嫻熟精通他們的禪修技巧，但是卻發現這些技巧並未帶來解脫。他在森林裡從事嚴格的苦行六年，了解到虐待、折磨肉體並無法調伏自己的心之後，他採取中道，為了修行而保持身體的健康，同時不放縱自己沉溺於不必要的舒適之中。

他坐在現今印度菩提迦耶（Bodhgaya）的一棵菩提樹下，立誓在成就正等正覺之前絕不起身。就在陰曆四月的滿月之夜，他清淨了心的所有障蔽，增長了所有的美好功德，而成為「正等正覺者」（巴sammāsambuddha；梵samyaksaṃbuddha）②。當時，他三十五歲；在隨後的四十五年間，他對前來聞法的人傳授他從自身經驗所發掘的教法。

佛陀教導來自各個社會階級、種族和年齡層的男男女女，其中有許多人選擇放棄家庭生活而出家，僧伽於焉誕生。當佛陀的追隨者有所了證，而成為善巧的老師之後，他們便與其他人分享所學，把佛陀的教法傳遍整個古印度。在之後的數個世紀之內，佛法往南傳播至斯里蘭卡，往西傳播至現今的阿富汗，往東北傳播至中國、韓國和日本，往東南傳至東南亞和印尼，往北傳至中亞、西藏和蒙古。在近年，許多佛法中心已紛紛在歐洲、美洲、前蘇聯共和國、澳洲和非洲等地成立。

我覺得我和喬達摩佛陀之間有深厚的緣份，也深深感謝他傳授的教法和展現的生命典範。他洞悉心的運作和活動，這種深刻的洞見和領會是前所未有的。他教導，我們的觀點會影響自己的體驗，而自己身上的痛苦和快樂的體驗並非由他人所強加，而是心的無明和煩惱（巴kilesa；梵kleśa）的產物。同樣地，「解脫」和「正等正覺」也都是心的狀態，而非外在的環境。

佛教經典與佛法的傳播

「乘」（vehicle）和「道」（path）是同義詞，雖然它們有時被用來指稱一套漸進的修行。但就技術層面來說，兩者都是指一個智慧心與非造作的出離心相結合。

佛陀轉法輪，詳盡解釋「三乘」的修行，此三乘分別為聲聞乘（巴Sāvakayāna；梵Śrāvakayāna）、緣覺乘（巴Paccekabuddhayāna；梵Pratyekabuddhayāna）和菩薩乘（巴Bodhisattayāna；梵Bodhisattvayāna）。根據梵文傳統的說法，此三乘的區別在於達到某個特定目標的發心、主要的禪修對境，以及達成目標所必要的功德量和時間。巴利語傳統和梵文傳統都含有此三乘的教法和修行者，一般而言，聲聞乘的行者主要遵循巴利語傳統，菩薩乘的行者主要追隨梵文傳統。在今日的世界，幾乎無人遵循緣覺乘。

在佛陀住世之後的數世紀之內，佛陀的法教在印度廣為傳播，並且在西元前三世紀時，由印度阿育王（King Aśoka）的子女從印度引進斯里蘭卡。③早期的佛經是由誦法師（bhāṇaka）④口頭傳授，誦法師是出家僧人，其職責即是背誦佛經。根據斯里蘭卡人的說法，這些早期的佛經大約在西元前一世紀時被書寫下來，形成現今的《巴利大藏經》。之後在數個世紀之間，針對這些經典所作的注釋書大量累積，首先始於印度，然後由僧伽羅國（Sinhala）⑤僧人以古僧伽羅語來進行增補。在五世紀時，由大譯師兼大論師的覺音將古代的注釋書彙編翻譯成巴利語。他也撰寫著名的巨作《清淨道論》（*Visuddhimagga*），以及無數本注釋書。一個世紀之後，另一位南印度比丘法護（Dhammapāla）也以巴利語撰寫諸多論著。目前，巴利語是結合所有上座部佛教徒的經典語言。

在西元前一世紀初，梵文傳統問世，並且逐漸在印度傳播。在印度，隨著學者們對佛經裡未明白解釋的論點發展出分歧的觀點和見解，而演化出毘婆沙宗（Vaibhāṣika）⑥、經量部（巴Suttavāda；梵Sautrāntika）⑦、瑜伽行派（Yogācāra，又稱「唯心」〔Cittamātra〕或「唯識」

〔Vijñānavāda〕）⑧和中觀學派（Madhyamaka）⑨等哲學體系。雖然巴利語傳統的教義與這四個教義傳統有些共通之處，但巴利語傳統和這四者絕非等同。

那瀾陀寺（Nālandā）、飛行寺（Odantapuri）和超戒寺（Vikramaśīla）等數個僧伽大學興起，來自各個傳統和學派的佛教徒在這些僧伽大學內一起研習和修行。「辯經」是一種廣為流傳的古印度習俗，輸了辯論的人要皈依贏家的學派。佛教聖哲發展出邏輯辯證和推理，用以證明佛教教義正確且符合邏輯，並且引開非佛教徒針對哲理所展開的攻擊，知名的佛教辯論家通常也是偉大的修行者。當然，並非所有的佛教修行者都對辯論感興趣。許多人偏好研習佛經，或者在隱僻的關房從事禪修。

當今有巴利語、中文和藏文三部大藏經，而梵文的大藏經並非在印度彙編而成。每一部大藏經都區分為三「篋」（basket，巴piṭaka）或三「藏」⑩，而三藏與三增上學相互關連。律藏（Vinaya basket）主要處理出家戒律，經藏（Sūtra basket）強調禪定，而論藏（Abhidharma basket）主要與智慧有關。

中文大藏經首先在西元九八三年出版，其他幾個翻譯則在之後付梓。一九三四年，高楠順次郎在東京出版的《大正新修大藏經》（略稱《大正藏》），是現在使用的標準版本，它由四個部分所構成——經、律、論，以及原本以中文書寫的各種文本。中文大藏經內容極為廣泛，和巴利語及藏文大藏經共有許多相同的文本。尤其中文大藏經裡的阿含經（Āgama）⑪，相對應於《巴利大藏經》的前四部（Nikāya，音譯為「尼柯耶」）⑫。

十四世紀時，藏文大藏經由布敦（Buton）仁波切彙編而成。一四一一年，藏文大藏經的第一本翻譯在北京出版。後來的版本在一七三二至一七四二年之間，於西藏的奈塘（Nartang）出版，⑬然後分別在德格（Dergé）和卓尼（Choné）出版。⑭藏文大藏經由「甘珠爾」（Kangyur）和「丹珠爾」（Tengyur）構成，「甘珠爾」是佛陀的話語，總共一〇八函，「丹珠爾」則是偉大的印度釋論，總共二百二十五函。在這三百三十三函當中，大多數是從以梵文為主的印度語言直接翻譯成為藏文，少數則是從中文和中亞的語言翻譯成為藏文。

佛教在東南亞各國

佛教傳播到斯里蘭卡、中國和東南亞數個世紀之後，它才引進西藏。你們就像我們的哥哥、姐姐那般，我尊敬你們。

斯里蘭卡佛教的派別

現代的上座部佛教衍生自上座部（巴Theravāda；梵Sthaviravāda），是古印度十八學派之一。「上座部」（Theravāda）這個名稱似乎並未暗示在佛教出現之前，有一個印度的學派已經傳至斯里蘭卡。四世紀時，僧伽羅編年史《島史》（*Dīpavaṃsa*）使用「Theravāda」這個名稱來描述島上的佛教徒。上座部佛教有三個分派，每派都有以派別命名的寺院，即無畏山寺（Abhayagiri，或Dharmaruci）、大寺（Mahāvihāra）和祇陀林寺（Jetavana）。無畏山寺派的上座部佛教徒和印度關係密切，引進許多梵文的元素。祇陀林寺派也是如此，但在程度上不若無畏山寺派，而大寺派則保持正統上座部的教法。十二世紀時，斯里蘭卡的國王廢除無畏山寺派和祇陀林寺派，並且把這兩派的僧人併入大寺派。從此以後，大寺派一直占有重要的地位。

一〇一七年，珠利耶國（Coḷa）⑮侵占斯里蘭卡，佛教在此之後飽受蹂躪，比丘和比丘尼僧團遭到摧毀。之後，斯里蘭卡的國王邀請緬甸的比丘前來授戒，比丘僧團得以重建，佛法再度在斯里蘭卡興盛起來，斯里蘭卡也因而被視為上座部佛教世界的中樞。當一個國家的上座部教法或其授戒傳承遭受不利的影響時，國家的領袖會請求另一個上座部佛教國家前來授戒，這種作法一直延續至今。

泰國佛教的僧伽改革

十八世紀末，泰國國王拉瑪一世（King Rāma I）開始去除佛教之中婆羅門教和密續修行的成分，但其舊跡至今尚存，許多泰國的佛教寺院仍在中庭供奉一尊四面佛（four-faced Brahmā）。泰王拉瑪四世（King Rāma IV, 1851–1868年在位）於登基為王之前，曾經出家為僧將近三十年，他親眼目睹出家戒律和佛學教育衰微不振的狀態，因而著手進行廣泛的僧伽改革。他從緬甸引進一個授戒傳承，創立法宗派（Dhammayuttikā Nikāya），同時把其他的宗派併入大宗派（Mahā Nikāya），指示兩個宗派更嚴格地持守出家戒律，並且由單一教會的權威來管理。他改進僧伽的教育，撰寫一系列教科書，對佛法採取更理性的態度，並且去除依附於泰國佛教的非佛教民俗文化的成分。

隨著泰國變得更加中央集權，泰國政府重掌權威，指派佛教導師授予出家戒。一九〇二年，泰國頒布「僧伽法令」（The Saṅgha Act），成立以僧王（saṅgharāja）為首的大長老會（Mahathera Samakhom），把整個僧伽的行政權威中央集權化，⑯使得所有的僧人都在皇家的控制之下。泰王拉瑪五世（King Rāma V）同父異母的兄弟王子瓦契拉央

●初轉法輪塔（Dhamekh Stupa），位於印度鹿野苑（Sarnath），是佛陀初轉法輪之地。（圖片提供：Darima Daribazaron）

（Wachirayan）撰寫新的教科書，成為泰國全國僧伽考試的基礎。這些考試提升了僧人的知識，也可以看出哪些僧人將會在教會組織中晉升。

殖民主義對斯里蘭卡與緬甸的影響

殖民主義損壞了斯里蘭卡的佛教，但是一些對佛教感興趣的西方人士，尤其是神智學者海倫娜・布拉瓦茨基（Helena Blavatsky）和亨利・奧爾科特（Henry Olcott）鞭策阿納伽里卡・達摩波羅（Anagārika Dhammapāla）等在家佛教徒，以更理性的方式來呈現佛教，並且與全世界的佛教徒連結在一起。佛教使斯里蘭卡凝聚起來，攜手處理殖民主義，並且建立起一個獨立的國家。

殖民主義並未對緬甸的佛教造成同等的傷害，事實上，它反而刺激緬甸國王要求僧人在宮廷內教導觀禪（vipassanā meditation）。很快地，各個社會階級的在家眾也開始學習禪修。雷迪長老和明貢長老（Mingon Sayadaw, 1868–1955）設立在家眾禪修中心，而馬哈希長老（Mahasi Sayadaw, 1904–1982）則將他的教法傳授給在家導師，這個禪修形式至今仍然盛行於緬甸。

「僧王」的選拔

選拔僧王的方法各有不同，在泰國，僧王一般是由國王指派任命，而在其他國家則按照資歷或採取半民主的過程來選拔。僧王的權威也各有不同，一些只是有名無實的領袖，其他如柬埔寨已故的馬哈・哥沙那達法師（Mahā Ghosananda），因其修行、利他事業和促進社會變革的善德，而具有深遠的影響力。

泰國從十八世紀就設置了「僧王」這個職位，是國家階級制度的一部分，並且處理與僧伽有關的重大議題。他對比丘們也具有合法的權限，與政府共事，並且受到大長老會的協助。在柬埔寨，僧王的職位在高棉（Khmer）時期消失，但在一九八一年時，柬埔寨政府又重新設立「僧王」一職。

在許多情況下，國家政府著手變革，因而產生了僧伽身為導師和醫師的傳統角色式微，並以現代教育和醫藥的世俗體系取而代之。這樣的結果是，上座部佛教的比丘，以及他們在遵循梵文傳統的國家內的兄弟們，都必須重新思考他們在面對現代化時所扮演的社會角色。

佛教在中國

西元一世紀時，佛教首先從它繁榮興盛的中亞經由絲路而進入中國，後來則從印度和斯里蘭卡飄洋過海而來。到了二世紀時，一座中國佛教寺院成立，佛教典籍也正翻譯成為中文。⑰早期翻譯所使用的專門術語不統一，導致人們對佛教思想產生一些誤解，但是到了五世紀時，翻譯用語變得更加底定。而翻譯比較多的是律典，則是五世紀早期的特色。中國皇帝們資助翻譯團隊長達數個世紀之久，因此來自印度和中亞的大量佛經、論著和釋論被翻譯成為中文。

中國佛教的十大宗派

中國佛教包含許多不同的學派。其中一些學派的見地和修行與所有學派相同，而其他某些學派則獨樹一格。一些學派在佛教義理方面有所不同，其他學派的相異之處則在於修行的方法，而另一些學派所使用的主要典籍，則與其他學派不同。根據史實來看，中國有十大宗派：

一、禪宗：由印度禪修大師菩提達摩（Bodhidharma）於六世紀初引進中國。他是印度禪宗的第二十八代祖師，中國禪宗的第一代祖師。目前，禪宗有臨濟和曹洞兩個分支。臨濟宗主要使用「話頭」（公案），也就是充滿玄機、令人摸不著頭緒的陳述，挑戰修行者超越概念心的限制，並且講求頓悟。曹洞宗則是將焦點放在「只管打坐」，採取一種比較漸進（漸悟）的方法。

早期的禪宗大師所依據的是《楞伽經》（*Laṅkāvatāra Sūtra*）和諸如《金剛經》（*Vajracchedikā Sūtra*）等諸般若波羅蜜多經（Prajñāpāramitā sūtra）。後來一些禪宗大師採取如來藏（tathāgatagarbha）或「佛性」的想法，《楞嚴經》（*Śūraṅgama Sūtra*）在中國禪宗內普遍流傳。時至今日，大多數的韓國禪宗行者和一些中國禪宗行者學習中觀——中道哲學。十三世紀時，道元禪師和明庵榮西（Myōan Eisai）是把禪宗帶入日本的重要人物。

二、淨土宗：以淨土三經為基礎，即大、小《無量壽經》（*Sukhāvatīvyūha sūtra*）和《觀無量壽佛經》（*Amitāyurdhyāna Sūtra*）。[18]淨土宗強調念誦「阿彌陀佛」的名號，並且熱切地祈願投生阿彌陀佛的淨土；阿彌陀佛淨土提供修持佛法和成就正等正覺的所有必要條件。「淨土」也可以被視為我們自心的清淨本質，諸如智顗、憨山德清和蕅益智旭等中國大師，針對淨土宗的修行法門撰寫釋論，討論如何在觀修阿彌陀佛的同時，能證得禪定，並了悟實相的本質。在九世紀之後，淨土宗的修行融入於許多其他中國宗派之中，今日許多中國寺院仍持續禪淨雙修。十二世紀晚期，法然把淨土宗的教法引進日本。

三、天台宗：由慧思（515–576）所創立。慧思的弟子智顗（538–597）藉由《妙法蓮華經》（*Saddharmapuṇḍarīka Sūtra*，略稱《法華經》）、《大般涅槃經》（*Mahāparinirvāṇa Sūtra*）和龍樹的《大智度論》（*Mahāprajñāpāramitā-upadeśa*）裡的勝義教法，建立一個從比較簡單到最甚深的漸進修行次第。此宗派可說是解行並重[19]。

四、華嚴宗：以《華嚴經》（*Avataṃsaka Sūtra*）為基礎，該經大約在西元四二〇年被翻譯成中文；杜順（557–640）和宗密是華嚴宗的大師。華嚴宗強調所有人與現象之間的相互依存（緣），以及兩者之間的相互貫通融合，個人影響著世界，世界也影響著個人。華嚴宗的哲學也強調，利益眾生是菩薩在世間的事業。

五、三論宗或中觀學派：由印度大譯師鳩摩羅什（Kumārajīva, 334–413）創立，主要依據的是龍樹的《中觀論頌》（*Mūlamadhyamakakārikā*，略稱《中論》）、《十二門論》（*Dvādaśanikāya Śāstra*）和聖提婆（Āryadeva）的《百論》（*Śataka Śāstra*）；有時會加入龍樹的《大智度論》，成為三論宗的第四本主要典籍。三論宗所依據的是般若諸經，遵循《無盡慧經》（*Akṣayamatinirdeśa Sūtra*，或稱《無盡意菩薩經》），堅稱這些經典揭露佛陀教法的究竟義。

六、瑜伽行派或法相宗：以《解深密經》（*Saṃdhinirmocana Sūtra*）、《瑜伽師地論》（*Yogācāryabhūmi Śāstra*）、《成唯識論》（*Vijñaptimātrasiddhi Śāstra*），以及由彌勒（Maitreya）、無著（Asaṅga）和世親（Vasubandhu）所寫的其他論著為基礎。玄奘（602–664）從印度返回中國之後，翻譯這些重要的典籍，建立了瑜伽行派。

七、金剛乘（Vajrayāna）或真言宗：奠基在《大日經》（*Mahāvairocana Sūtra*）、《金剛頂經》（*Vajraśekhara Sūtra*）、《理趣般若經》（*Adhyardhaśatikā Prajñāpāramitā Sūtra*）、《蘇悉地羯羅經》（*Susiddhikara Sūtra*）之上；這些佛經解釋瑜伽密續的修行法門。金剛乘從未在中國盛行，後由空海（774–835）引進日本，至今仍在日本流傳。

八、律宗：由道宣（596–667）創建，主要依據的是於西元四一二年譯成中文的「四分律」（Dharmaguptaka vinaya）。其他四種律也有中文譯本。[20]

九、成實宗：以《成實論》（*Satyasiddhi Śāstra*）為基礎。《成實論》是一本阿毘達磨形式的典籍，討論「空性」和其他主題。某些人說成實宗強調聲聞乘，其他人則說它連結聲聞乘和菩薩乘。此宗派目前已經不存在。

十、俱舍宗：以世親所作的《阿毘達磨俱舍論》（*Abhidharmakośa*，略稱《俱舍論》）為基礎，該論由玄奘引進中國。儘管此宗曾盛行於「佛教的黃金時代」唐朝（618–907）時期，但現在的規模已變得很小。

在這十大宗派當中，有一些仍然是獨立存在的宗派，這些宗派的教義和修行法門並未融入既有的宗派之中。雖然目前律宗已經不獨立存在，但律宗的修行法門卻已經融入尚存的宗派之中，在台灣、韓國和越南的僧伽將之發揚光大。儘管俱舍宗、瑜伽行派和中觀學派不再是獨立的宗派，但中國本地的宗派以及韓國、日本、越南等國家，都仍然研習和觀修其哲理。

中國佛教的改革與更新

二十世紀初在中國發生的社會變動，刺激了佛教改革和更新。一九一七年清朝滅亡，帝國對僧伽的資助和支持因而停止，而且政府、軍隊和教育機構想要沒收寺院的財物，以作為世俗的用途。㉑佛教徒們都想知道，在面對現代化、科學和外來文化時，佛法將扮演何種角色。

這個社會變遷激起了各種不同的反應。太虛（1890–1947）或許是當時最著名的中國僧人；他重新恢復中觀學派和瑜伽行派的研習，使用現代的教育方法，為僧伽創設新的教育機構。㉒他也吸收融入世俗知識最出色的部分，敦促佛教徒更投入社會。他行遍歐洲和亞洲，接觸其他傳統的佛教徒，創立「世界佛學苑」的分苑。㉓他鼓勵中國人到西藏、日本和斯里蘭卡學習，並且在中國成立研討會，教導藏文、日文和巴利語經典。太虛也創立「人間佛教」，主張修行者應努力在當下展現菩薩行，藉以清淨世界，並且也透過禪修來清淨自心。

在一九二〇和一九三〇年代，幾個年輕的中國僧人在西藏研習佛教。太虛的弟子法尊（1902–1980）留學哲蚌寺，後來把數本偉大的印度論著和宗喀巴大師的一些著作翻譯成為中文。㉔能海（1886–1967）留學哲蚌寺，並且在返回中國之後，建立數座遵循宗喀巴教法的寺院。碧松（又名邢肅芝，1916–）也留學哲蚌寺，並且在一九四五年成為第一個取得拉然巴格西（geshe lharampa）㉕學位的漢人。

學者呂澂編纂了一個藏文大藏經和中文大藏經對譯的選輯，使中國、西藏的修行者和學者能夠取得更多的佛學資料。㉖在二十世紀上半葉，中國在家居士對藏傳佛教，尤其是對密續的興趣益增，並且要求數個西藏上師前往中國傳法。這些上師及其中國弟子大多翻譯密續的資料。

太虛的弟子印順（1906–2005）是一個博學多聞的學者，研究巴利語、中文和藏文大藏經的佛經與釋論。身為多產的作者，他尤其受到宗喀巴的闡釋所吸引。由於印順強調中觀和般若諸經，許多中國佛教徒因而對此一見地重新感到興趣。他發展出今日中國佛教主要哲學體系的架構：（一）虛妄唯識（唯識）：這是瑜伽行派的見地。（二）真常唯心（真如）：這是如來藏的教義，此見地流行於中國，並且對修行傳統產生強大的影響。（三）性空唯名（般若）：這是中觀學派以般若諸經為基礎的見地。印順也提倡「人間佛教」。

佛教在西藏

藏傳佛教根源於那瀾陀等印度僧伽大學。從西元早期幾個世紀開始，直到十三世紀早期，那瀾陀和其他僧伽大學培養出許多博學多聞的學者和修行者，他們強調不同的佛經，擁護不同的佛教哲學教義。

舊譯派與新譯派的產生

西元七世紀，佛教首先經由西藏王松贊干布（Songtsen Gampo, 605或617–649）的兩位妻子而進入西藏。這兩位妻子一個是尼泊爾公主，另一個是中國公主；㉗她們把佛像帶入西藏，梵文和中文的佛教典籍很快地隨之而來。從八世紀末以來，西藏人偏好直接從印度帶入西藏的佛教典籍，這些典籍被翻譯成為藏文，構成西藏佛教文獻的主體。

在藏王赤松德贊（Trisong Detsen）統治期間（756–800年左右），佛教在西藏弘揚。赤松德贊邀請那爛陀大學的比丘、中觀學派哲學家、因明師寂護（Śāntarakṣita，又稱「靜命」），以及印度密續瑜伽士蓮花生入藏。寂護為西藏僧人傳授比丘戒，在西藏建立僧團，而蓮花生則授予密續灌頂和教法。

寂護也鼓勵赤松德贊將佛教典籍翻譯成為藏文。在九世紀初，許多翻譯在此一時期完成，而一群受委任的西藏和印度學者則將許多專門術語標準化，並且彙編出一個梵、藏雙語詞彙表。然而，在藏王朗達瑪（Langdarma, 838–842）統治期間，佛教受到迫害，寺院機構因而關閉。由於人們無法取得佛法典籍，他們的修行變得支離破碎，不再知道如何將各種不同的教法當作一個統一結合的整體那般來修持。

在此一緊要關頭，阿底峽（Atiśa, 982–1054）受邀入藏。阿底峽是源自那爛陀傳統的學者兼修行者；他廣傳佛法，矯正誤解，並且撰寫《菩提道燈論》（*Bodhipathapradīpa*，或稱《菩提道炬論》），解釋個別的修行者可以運用一種系統化、不相互牴觸的方式來修持佛經與密續的教法。人們因而了解他們可以運用一種相輔相成的方式，來修持律藏的比丘戒、經乘的菩薩典範，以及金剛乘具轉化作用的修行法門。寺院因而東山再起，佛法在西藏發揚光大。

在阿底峽入藏之前的藏傳佛教，成為眾所周知的寧瑪派（Nyingma）或「舊譯派」（old translation school），而十一世紀初進入西藏的新教法傳承，則成為「新譯派」（new translation school）或薩瑪派（Sarma）。這些新譯派慢慢地凝聚而形成噶當（Kadam）、噶舉（Kagyu）和薩迦（Sakya）派；噶當派最後成為格魯（Gelug）傳承。當今寧瑪、噶舉、薩迦和格魯等四個藏傳佛教傳統都強調菩薩乘，遵循佛經和密續，並且擁有中觀哲學的見地。許多西藏出家僧人效法寂護的典範，除了從事禪修之外，也積極地研習和進行辯論。

一般人對藏傳佛教的誤解

不幸的是，過去流傳下來的一些誤稱至今仍然繼續留存，例如「喇嘛教」（Lamaism）、「活佛」、「神王」（god king）等用語。十九世紀時，接觸藏傳佛教的西方人士稱其為「喇嘛教」，這個用語原本是中國人杜撰出來的。或許是因為他們看見西藏有那麼多僧人，而誤以為所有的僧人都是喇嘛（上師）；或者他們看見弟子們敬重上師，而誤以為那些弟子崇拜他們的上師。不論如何，藏傳佛教不應被稱為「喇嘛教」。

在西藏社會裡，喇嘛和祖古（tulku，被認證為上師轉世者）備受敬重。然而在某些情況下，這些頭銜純粹只是社會位階，而稱呼某些人「祖古」、「仁波切」或「喇嘛」，已經導致藏傳佛教的腐敗墮落。人們是如此地重視頭銜，這讓我感到悲傷。佛教並不關乎社會地位，遠比頭銜和社會地位重要的是，在認定某個人是自己的上師之前，要先檢驗他的資格和特質。不論上師是否擁有頭銜，他們都必須精進修行，才值得受人敬重。

某些人誤以為，既然祖古被認證為前世佛教大師的轉世，那麼，他們一定是佛，因而稱呼他們為「活佛」。然而，並非所有的祖古都是菩薩，更遑論是佛了。

「神王」這個詞彙可能源自西方媒體，指的是「達賴喇嘛」（Dalai Lama）的地位。由於西藏人視達賴喇嘛為大悲菩薩觀世音的示現，這些新聞記者因而假設他是「神」，同時由於達賴喇嘛也是西藏的政治領袖，因而被視為「國王」。由於我目前坐在「達賴喇嘛」這個位子上，因此我一再地提醒人們，我只是一個單純的佛教比丘，別無其他。「達賴喇嘛」不是神，而且坐落於印度達蘭薩拉的「藏人行政中央」（Central Tibetan Administration）目前是由一位總理作為領導人，因此，達賴喇嘛也已不是國王。

某些人誤以為「達賴喇嘛」這個職位有如佛教教宗。藏傳佛教四大傳統及其眾多分支多多少少都獨立運作，在「藏人行政中央」的宗教暨文化部的主持之下，住持、仁波切和其他受敬重的上師偶爾聚在一起討論彼此關注的議題，而達賴喇嘛從不會控制或支配他們的決定。同樣地，達賴喇嘛也不是四大傳統的領袖。格魯派是以甘丹赤巴（Ganden Tripa）㉘為首，這是一個輪替的職位；其他傳統則有各自推舉領袖的方式。

佛教各傳統的共通與歧異

共同的教法

有時，人們誤以為藏傳佛教，尤其是金剛乘，獨立於其他佛教之外。許多年前我造訪泰國，一些人剛開始以為西藏人擁有不同的宗教。然而，當我們坐在一起討論戒律、經典、論典，以及三十七覺支（三十七菩提分法）、四禪定、四無色定、四聖諦、八聖道等主題時，我們了解上座部佛教和藏傳佛教之間有許多共同的修行法門和教法。

西藏人和中國、韓國及許多越南佛教徒擁有共同的出家傳統、菩薩戒、梵文經典，以及阿彌陀佛、觀世音菩薩、文殊師利、普賢如來和藥師佛的修行法門。當西藏和日本的佛教徒見面時，我們討論菩薩戒和《法華經》等佛經。我們和日本真言宗共享金剛界壇城（Vajradhātu maṇḍala）和《大日經》等密續修行法門。

儘管構成每一部大藏經的典籍有所差異，但其中討論的素材確有相當大的重疊。在後繼的章節之中，我們將更深入地探討這些部分，但在此可以先舉出一些例子。

佛陀在巴利語經典裡詳盡地談論「瞋怒」的壞處，以及它的對治法，例如《相應部．帝釋相應》第四至五經（SN 11:4-5）㉙；寂天（Śāntideva）的《入菩薩行》（*Bodhicaryāvatāra*）裡談到調伏瞋怒的教法，㉚則與此相呼應。《相應部．惡魔相應》第十三經（SN 4:13）詳述佛陀因為腳被石頭碎片割傷而經歷劇烈的疼痛，但他並未因此而苦惱。當魔羅（Māra）戳刺他時，他回答：「我為了一切眾生而滿懷悲心地躺下。」㉛這是在從事梵文傳統教導的「自他交換法」（藏tonglen）所產生的悲心，修行者想像自己承受其他眾生的痛苦，並且把自己的快樂給予其他眾生。

此外，利他菩提心在梵文傳統中占有重要的地位，同時也是《巴利大藏經》教導的「四梵住」（four brahmavihāras）或「四無量」（four immeasurables）㉜的延伸。巴利語和梵文傳統共有許多相同的波羅蜜（pāramī）或波羅蜜多（pāramitā）。兩個傳統的經典也都描述了「十力」㉝、「四無畏」㉞等佛的功德，以及覺者的十八種不共功德（十八不共法；巴aṭṭhārasāveṇikabuddhadhammā；梵aṣṭādaśāveṇikabuddhadharma）㉟。兩個傳統也都談到「無常」、「苦」的本質、「無我」（巴anattā；梵nairātmya）和「空性」。梵文傳統視其本身包含巴利語傳統的教法，並且詳盡闡述某些關鍵的要點，例如根據般若諸經來解釋「滅諦」，根據如來藏諸經和某些密續來解釋「道諦」。

多元性的差異

「泰國佛教」、「斯里蘭卡佛教」、「中國佛教」、「西藏佛教」、「韓國佛教」等詞彙，都是社會的慣例和習俗。在這每一個國家，佛教都不是單一的整體，而是包含許多佛教修行傳統和教義體系。在這些傳統和體系之內，有許多次級團體，而這些團體都是由各種附屬的和關係密切的寺院或導師所構成。一些次傳統

● 泰國臥佛。（圖片提供：Anandajoti Bhikkhu）

強調研習經典，其他次傳統則強調禪修。一些強調修「止」（巴śamatha；梵śamatha；奢摩他），一些強調修「觀」（巴vipassanā；梵vipaśyanā；毘婆奢那），而另一些則強調止觀雙運。

儘管一個國家之內可能擁有許多傳統，但一個傳統也可能在許多國家被人們修持。斯里蘭卡、泰國、緬甸、寮國、柬埔寨和越南等國家都修持上座部佛教，在這些上座部佛教國家之內，一些國家遵循早期的佛教——佛經本身，而不太仰賴注釋書，其他國家則遵循注釋書傳統的解釋。在一個國家或一個傳統之內，甚至連僧袍也可能有所不同。

同樣地，中國、台灣、韓國、日本和越南則修持禪宗。儘管所有這些國家的禪宗修行者都依止相同的佛經，但教法和禪修形式卻有所不同。

在西方國家，則有來自許多不同傳統和國家的佛教。有些佛教團體主要是由亞洲移民所組成，他們的寺院既是宗教道場，也是社群中心，人們在寺院裡可以說母語，吃熟悉的食物，教導他們的孩子故鄉的文化。在西方國家的其他團體則大多是由皈依佛教的西方人士所構成，少數幾個團體混合了移民和本地人士。

身為佛陀的追隨者，讓我們謹記這些變異，不要以偏概全地認為我們所聽說或所知悉關於另一個傳統的每件事情，都適用於該傳統的每個人。同樣地，我們聽說關於某個國家如何修持佛教的每件事情，也不是都適用於該國家的所有傳統或寺院。

我們的確擁有一個多元的佛教大家庭，遵循同一個睿智慈悲的導師——釋迦牟尼佛。我相信這樣的多元性是我們的長處之一，此一多元性已經讓佛教傳遍世界各地，同時利益地球上的數十億人。

❶若欲知這些詞彙所指涉的內容，請參見引言。

②「正等正覺者」（巴 sammāsambuddha；梵 samyaksaṃbuddha）是對佛陀的尊稱，「sammā」意指「完全地」、「圓滿地」、「正確地」；「sam」意指「自己」、「親自」；「buddha」意指「覺悟者」。「正等正覺者」即指自己完全地覺悟了一切法的人。北傳佛教依梵語「samyaksaṃbuddha」音譯為「三藐三佛陀」，意譯為「正等正覺者」、「正遍知」。

③阿育王派遣其子摩哂陀（巴 Mahinda；梵 Mahendra）將佛法引入斯里蘭卡，被認為是上座部佛教的起源；其女僧伽蜜多（巴 Sanghamitta；梵 Sanghamitra）比丘尼則是帶了十一位比丘尼到斯里蘭卡，建立了比丘尼僧團。

④早期的佛典都是以口頭形式被記錄和流傳，這樣的背誦稱為「Bhāṇa」，背誦者則稱為「誦法師」（Bhāṇaka）。

⑤僧伽羅國（Sinhala）又稱「獅子國」、「錫蘭」，即今日的斯里蘭卡。

⑥毘婆沙宗（Vaibhāṣika）是指奉行《大毘婆沙論》（*Mahāvibhāṣā Śāstra*）的宗派，「毘婆沙」意指「分別而說」，此宗最主要的部派即是說一切有部。

⑦經量部（巴 Suttavāda；梵 Sautrāntika）又稱為「經部」，是從「說一切有部」所分裂出來的最大部派。其學說主要是受到「般若經」和中觀學派「反實有論」的思想啟發，反對說一切有部所主張的「外境實有論」。

⑧瑜伽行派（Yogācāra）又稱「唯識學派」，是印度大乘佛教派別之一。彌勒被推為此派始祖，至無著、世親時此派正式成立。此派根本經典為《解深密經》（*Sandhinirmocana Sūtra*）和《瑜伽師地論》（*Yogācārabhūmi-śāstra*）。

⑨中觀學派（Madhyamaka）是以龍樹（Nāgārjuna）所作之《中論》（*Mūlamadhyamakakārikā*）為基礎而宣揚空觀的學派。此派主張一切法空，以修行空性的智慧為主，因此被稱為「空宗」，與稱為「有宗」的唯識學派是大乘佛教的兩大基本理論。

⑩「piṭaka」原指可盛載花、果等的竹篋容器，佛教藉以比喻為能容納經典的書篋，所以將佛陀所說的經、律、論載成三篋，名為「三藏」（tipiṭaka）。

⑪「阿含」（Agama）意譯為「來」、「歸」、「傳」、「集」，引申為「傳來的教誡」。

⑫「Nikāya」（尼柯耶）意譯為「集合」、「部」、「類」。在上座部佛教中，用來稱《巴利大藏經》中的經藏部分（共有五部），除了《小部》之外，其餘相當於漢傳佛教的四部阿含經。《長部》相應於《長阿含經》，《中部》相應於《中阿含經》，《相應部》相應於《雜阿含經》，《增支部》相應於《增一阿含經》。

⑬此版本即「奈塘藏」。

⑭在德格出版的為「德格藏」，在卓尼出版的為「卓尼藏」。

⑮ 珠利耶國（Cola）為南印度古國。

⑯ 僧王（saṅgharāja）又稱「僧皇」，即泰國佛教僧伽的領袖。泰國政府頒布「僧伽法令」，建立與國家機構及行政區相平行的僧伽組織，由國王和國家機構所控制，其最高的機構是「大長老會」，下轄州府、縣區各級僧長委員會，區以下有村寺和住持。

⑰ 中國歷史上的第一座佛寺是洛陽白馬寺，它始建於東漢明帝永平十一年（西元六十八年）。中國最早翻譯的佛經，相傳是迦葉摩騰於白馬寺所譯的《四十二章經》。

⑱《無量壽經》是詳細的《阿彌陀經》，《阿彌陀經》則是簡略的《無量壽經》。

⑲ 解行並重意指「了解」與「修行」都很重要。「解」是正確的知見，「行」是以正確的方法修行，「解」與「行」是建立正確的信仰的兩個管道，兩者猶如鳥的雙翼，不可偏廢。

⑳ 律藏的派別有五部：（一）曇無德部所傳的是《四分律》；（二）薩婆多部所傳的是《十誦律》；（三）彌沙塞部所傳的是《五分律》；（四）迦葉遺部所傳的是《解脫戒本經》；（五）摩訶僧祇部所傳的是《摩訶僧祇律》。

㉑ 此即指「廟產興學」的風潮。此風潮緣於清末民初時期，中國受到西方文化的衝擊，感覺到教育的迫切需要，由於部分知識份子及政府官員對佛教缺乏了解，以及土豪劣紳等野心分子覬覦廟產，於是藉興學之名，侵占道教、佛教寺廟改建成學堂，僧尼也被勒令還俗。

㉒ 太虛大師將現代學校教育制度引入傳統中國佛教，編訂現代的佛學課程，招收各地僧眾入學訓練。他創辦了武昌佛學院、閩南佛學院、世界佛學苑、重慶漢藏教理院、西安巴利三藏院、北京佛教研究院，還有分支出的棲霞山佛學院。

㉓ 一九三二年，太虛於四川嘉陵的縉雲寺創建「世界佛學苑漢藏教理院」，是唯一獲得官方經費補助的佛學院。太虛任院長，積極鼓勵學生留學康藏、錫蘭等處。此學院營運至一九五〇年結束。

㉔ 法尊的翻譯包括阿底峽的《菩提道炬論》、龍樹的《七十空性論》、陳那的《集量論》、法稱的《釋量論》，以及宗喀巴大師的《菩提道次第廣論》、《菩提道次第略論》、《密宗道次第論》、《辨了不了義論》、《入中論善顯密意疏》，還有漢文三藏闕譯的《現觀莊嚴論》、《辨法法性論》等要典，把藏傳佛教顯密理論，首次系統地翻譯成漢文而得以流傳。

㉕「格西」（geshe）考試，是藏傳佛教傳統上對喇嘛進行學位認定的一種方式。格西分為四等──多然巴格西、林斯格西、措然巴格西和拉然巴格西，其中拉然巴格西為最高學位。前三者主要由各寺院自行進行考評測定，而拉然巴格西則必須通過拉薩傳昭大法會嚴格的考試程序，才能獲得此學位。

㉖ 呂澂校勘編印《藏要》一書，這部叢書共有三輯，

收書七十種，總共四百餘卷。呂澂利用梵、巴、藏等幾種文字與漢譯佛典進行對勘，整理考訂各地歷代大藏經刻本，確定文字正謬的標準。從中鑑別真偽，糾正錯訛，做到「冶梵、巴、漢、藏於一爐」。《藏要》是校釋佛籍的重要參考本，也是當今國際佛學研究重要的參考資料。

㉗ 即尼泊爾的尺尊公主和中國的文成公主。

㉘ 藏傳佛教格魯派的頭銜，意為「甘丹法座之持有者」。甘丹寺由宗喀巴大師親自建造，最終又圓寂於此，被譽為格魯教派的祖寺。甘丹寺的最高住持「甘丹赤巴」是整個格魯派的領袖。

㉙ 《相應部．帝釋相應》第四經（SN 11:4）：「〔帝釋：〕於我之思惟，以止禁愚者，以知其他怒，寂靜於正念。」（《漢譯南傳大藏經》〔以下略稱《漢譯南傳》〕，相應部經典一，頁378）。第五經（SN 11: 5）：「天帝釋唱此偈：『以忍為怖畏，欲思則令思，己利勝者中，無有勝忍辱』。」（頁381）

㉚ 《入菩薩行》第六品，第二頌：「罪惡莫過瞋，難行莫過忍；故應以眾理，努力修安忍。」（如石譯注，《入菩薩行譯注》，高雄：諦聽文化，1998，頁91）

㉛ 《相應部．惡魔相應》第十三經（SN 4:13）：「非依懶惰臥，亦非作詩臥，離愁我事了，獨自離市里，我哀憐一切，有情以為臥。」（同注㉙版本，頁189–190）

㉜ 「四梵住」又稱「四無量」，即指慈、悲、喜、捨四種梵住或四種無量心。

㉝ 「十力」是指佛陀所具足的十種智力，即：（一）知是處非處智力；（二）知過、現、未來業報智力；（三）知諸禪解脫三昧智力；（四）知諸根勝劣智力；（五）知種種解智力；（六）知種種界智力；（七）知一切至處道智力；（八）知天眼無礙智力；（九）知宿命無漏智力；（十）知永斷習氣智力。

㉞ 「四無畏」是指佛說法時具有四種無所懼畏且不共菩薩的功德，即：（一）正等覺無畏；（二）漏永盡無畏；（三）說障法無畏；（四）說出道所畏。

㉟ 「十八不共法」是指如來有十八種唯佛所獨有而不共通聲聞、緣覺、菩薩的功德法，分別是：（一）身無失；（二）口無失；（三）念無失；（四）無異想；（五）無不定心；（六）無不知己捨；（七）欲無減；（八）精進無減；（九）念無減；（十）慧無減；（十一）解脫無減；（十二）解脫知見無減；（十三）一切身業隨智慧行；（十四）一切口業隨智慧行；（十五）一切意業隨智慧行；（十六）智慧知過去世無礙；（十七）智慧知未來世無礙；（十八）智慧知現在世無礙。（詳見第二章）

2 皈依三寶

所有的佛教傳統都同意，皈依三寶是人們成為佛教徒的分界。儘管人們可能會因為各種不同的理由而皈依三寶，但穩定的皈依則來自我們對教法的認識和了解。這種認識和了解是透過論理和體驗而產生的，進而親證佛陀的教法為真。

佛陀傳授解脫和覺醒的道路，是他帶領我們的主要方式。《三摩地王經》（*Samādhirāja Sūtra*，漢譯為《月燈三昧經》）說道：

諸佛不是用水來洗淨罪過，
不是以他們的雙手清除眾生之苦，
或把他們的證德轉讓給其他人；
而是為眾生教導實相的真諦，
令他們獲得解脫。（LRCM 1:73）①

我們必須遵循此一道路，並且加以實修，這個工作無人可以代勞。佛陀鼓勵我們去了解他的教法，而不要盲目地信守奉行，在二十一世紀的今日，這一點尤其真確。由於識字能力和教育普及，人們不再滿足於盲目的信仰，人們接觸許多宗教文獻，而且如果年輕的世代發現老一代佛教徒的說法膚淺、不適當或迷信，他們就不會心悅誠服。因此，為了利益未來的世代，我們必須好好地學習和修持佛法，進而將佛法傳授給其他人，並且透過我們如何生活的範例來顯示佛法所帶來的利益。

我們必須認同和清楚地了解三寶，才能夠適當合宜地皈依。為了達到這個目的，了解四聖諦是重要的。在「皈依」的基礎上，我們繼續聞、思、修佛陀的教法，因而使我們的皈依變得更加深刻。深刻的皈依鼓舞我們更加投入於學習和修行，因此，在皈依和了解教法的相互輔助之下，我們得以在修道上進展。

三寶的存在

在巴利語和梵文的佛經當中，佛陀曾說：「見現象（萬法）緣起的本質者，即看見法；看見法者，即看見如來。」（見緣起即見法，見法即見如來。）龍樹解釋，了解現象的緣起本質，即是證實三寶存在的關鍵。

在經過檢視之後，我們發現人與現象是相互依緣的。依緣有三個面向：

一、緣生（由諸緣和合而生）的事物仰賴它們的「因」與「緣」，例如芽從種子而出，我們的經驗和感受取決於之前的行為或「業」。

二、所有「常」與「無常」的現象（法），皆仰賴它們的組成成分。❷我們的身體是由手臂、雙腿和內在器官等部分所組成，而這些部分則是由其他部分所構成。我們的心是由一連串細微的心之剎那所構成，而這一連串的剎那心形成心的相續。

三、在最細微的層次上，所有的現象皆由心所計執、假立而成。在雙臂、雙腿、一個軀幹、一顆頭顱等的基礎上，由心計執和假立出「身體」。我們依身與心聚合之相而安立「人」（person）這個名稱。

無明是輪迴的根源，無明將所有的人和現象理解為擁有一個「我」（巴atta；梵ātman），而且這個「我」是一個獨立、本具的本質，與因緣、成分以及計執和假立它們的心無關。由於所有的人和現象都依賴其他的因素而存在，所以，它們並無獨立或本具的存在。由於無明欠缺真實可靠的基礎，因此，它是一種謬誤的心。另一方面，智慧則是可靠的心，它理解實相，了知所有的人和現象都必須仰賴其他因素而存在，因此空無自性。智慧對實相的理解可以壓制無明，並且藉由一再地禪修，智慧可以將無明從我們的心續中徹底根除，使得解脫成為可能。

如此一來，認識「緣起」有助於我們了解構成佛陀教法基本架構的四諦。無明曲解實相，煩惱因而生起，進而造業，導致痛苦，這即是四聖諦的前兩諦苦諦（巴dukkha-sacca；梵duḥkha-satya）和集諦（巴samudaya-sacca；梵samudaya-satya）。

認識緣起也能夠使我們了解空性和無我——人和現象相互依緣，因此它們並無獨立的存在。我們可以藉由論理來確立空性和緣起，並且能夠直接體驗。了解空性的智慧是第四諦——道諦（巴maggasacca；梵mārgasatya），可以消除因為曲解實相而產生的無明、邪見和煩惱。如此一來，我們可以實現所有無明和煩惱都被移除的狀態，這就是涅槃（真正的寂滅），即第三諦——滅諦（巴nirodha-sacca；梵nirodha-satya）。

因此，四聖諦是存在的，四諦的後兩諦（滅諦和道諦）是三寶中的「法寶」。那些在心續中了證部分道支和寂滅的人，則是僧寶。當僧伽的修行進展到盡除一切煩惱和障蔽，所有的道支和功德都臻至圓滿時，他們就成為佛寶。因此，就所有現象都依賴其他因素而生且無獨立存在的這個事實，我們可以證明三寶的存在。基於此一理由，佛陀說：「見緣起者即見法，見法者即見如來。」

當了解到心的增長可能會使我們了證三寶，我們對三寶的信心就會因為這種了解而增強。以此對於四聖諦的了解，將賦予我們信心，不但信任三寶是能夠帶領我們成就正等正覺的心靈指引，也相信自己會成為三寶。

三寶在歷史上出現的順序，和個別的修行者成為三寶的順序有所不同。從歷史的觀點來看，佛陀首先出現，然後他傳授教法，人們修持這些教法而獲得果位。擁有果位的弟子即是聖者（ārya）——僧伽。

個別的修行者先培養道諦和實踐滅諦而實現法寶，他也因而成為僧寶。他進一步在心中強化法寶，直到成就正等正覺，就成為佛寶。

如來的功德

如果我們知悉三寶的功德，尤其是佛陀的功德，我們對三寶能帶領自己脫離輪迴險境的信心將會增長。巴利語和梵文傳統都廣泛且大量地表述如來的「四無畏」、「十力」和「十八不共法」，藉以讚美如來的功德。

四無畏

月稱（Candrakīrti）引述《入中論》（*Madhyamakāvatāra*, 6.210cd）裡的一個段落，也出現在《中

部・獅子吼大經》（MN 12:22–26）；這個段落描述如來擁有四種自信或「四無畏」，能夠使他「於眾中作獅子吼」。佛陀了知任何沙門、婆羅門、天神或任何其他人都無任何根據可以指控他：

一、聲稱成就正等正覺，但對某些事物卻未全然覺醒；

二、聲稱摧毀他尚未摧毀的染污（巴āsava；梵āśrava）；

三、稱非障蔽者為障蔽；

四、傳授不會使修持者徹底摧毀痛苦之法。

對於這四種指控無所畏懼，使如來能夠懷著了無自我疑慮的圓滿自信來傳授佛法，因為他已經在各方面成就正等正覺，已經摧毀所有染污，正確地辨明修道上的障礙，以及傳授能夠使修行者達至涅槃的教法。

十力

「十力」是如來獨有的一套非凡智力，使他能夠從事獨一無二的佛行事業，在世界上確立其教義，善巧地教導有情眾生，以及帶領他們達至覺醒。巴利語的《獅子吼大經》和梵文的《十地經》（*Daśabhūmika Sūtra*），都談到這十種智力是已捨斷所有障蔽且了知無限種知識的「智」（巴ñāṇa；梵jñāna）。除非另有注明，否則巴利語和梵文傳統都使用以下的解釋：

一、如來能直接且無謬地了知事物的合理和不合理、業（行為）和業果之間的關係，以及由聖者和凡夫所從事的行為可能引發的後果。

二、唯有如來能夠徹底且正確地了知過去、現在、未來之業及其業果之間錯綜複雜的關係，其中包括了知導致每個眾生在無始世以來會面對某種特定經歷的細微之因。

三、如來了知輪迴六道眾生的不同趣向，以及導致眾生投生該處的道路。他也了知三乘聖者

●日本鎌倉大佛。（圖片提供：Don Farber）

的趣向——涅槃，以及使他們達至涅槃的道路。

四、他全然了解世界和構成世界的各種元素（dhātu）③，包括十八界④、六界⑤、內（外）六入處（āyatana）⑥、十二因緣（nidāna，十二緣起）⑦、二十二根（indriya）❽等等，並且以智慧看清它們是無常、有為、依緣和合而生的過程。

五、他了知眾生的不同意向（巴adhimutti；梵adhimokṣa；勝解或決意）、他們的修行目標和受到哪一乘的吸引。這使得如來能夠根據眾生個別的根器、能力和志向來傳法。

六、他了知每個眾生的信根（巴saddhā；梵śraddhā）、精進根（巴viriya；梵vīrya）、念根（巴sati；梵smṛti）、定根（samādhi）和慧根（巴paññā；梵prajñā）等五根之力，並且根據每個眾生的能力來教導。

七、由於佛陀已經通曉禪那、八解脫（巴vimokkha；梵vimokṣa；八背捨）❾和九等至（samāpatti）⑩，因此他了知與禪那、八解脫和九等至有關的「雜染」（巴saṅkilesa；梵saṃkleśa）、「清淨」（巴vodāna）和「出起」（巴vuṭṭhāna）。「雜染」是阻礙禪修者進入等至的障礙，或禪修者已經進入等至，卻使他退轉的障礙；「清淨」是去除障礙的法門；「出起」（出定）是在已經進入等至之後，從等至狀態退出的方法。佛陀能夠帶領其他人獲得這些禪定狀態，同時不執著於禪定的「樂」，並且敦促他們繼續修持通往涅槃的道路。

八、如來能夠記起過去生生世世的細節。此力和第九力是五種神通（巴abhiññā；梵abhijñā）[11]的最後兩種神通。他了知他和每個眾生之前的關係，以及他和眾生之間要建立何種關係，才可在現在和未來帶來最大的利益。

九、佛陀具有天眼，能夠根據眾生之「業」而見其生死。了知這一點，他能夠從事最具利益的事，引導每個眾生走上覺醒之道。

十、如來藉由直接的智力而在當下了悟，進入並住於無染的「心解脫」（巴cetovimutti；梵cittavimukti）和「慧解脫」（巴paññāvimutti；梵prajñāvimukti）[12]之中，並且了知所有雜染都已經盡除。他也了知每個三乘眾生證得的階位和成就。最後這三種智力即是三種更高深的智力——三明（巴tevijjā；梵trividyā）[13]；佛陀在他覺醒的前一晚禪修時，證得此三明。

十八不共法

在巴利語傳統後來的注釋書和梵文傳統的般若諸經裡，都描述如下所說的佛和其他阿羅漢不共有的十八種功德（十八不共法）。

■六種不共的行止

一、由於正念和謹慎之故，不論行、住、坐、臥，佛都無任何謬誤的身業。他言行一致，而且他的話語滿足每個正在聽聞的眾生當下需要了解的事物。

二、他的言談總是適切得體、真誠仁慈，了無謬誤的言語和空虛的閒談。佛與世無爭，也不會抱怨其他人的行為。

三、他離於任何種類的失念，因而不會妨礙禪那和「智」，或阻礙他適切地看待和教導一切眾生。

四、他的心總是安住於觀修空性的等引（samahita）⑭之中，並在此同時將佛法傳授給眾生。

五、他不分別我相和自性相，因此他認識到一切現象都具有空性一味，他也對眾生一視同仁。

六、他安住於平等捨之中，了知每個現象的個別特性。

■六種不共的成就

一、由於他遍在的慈心與悲心，佛利益一切眾生、增長其善德的熱望與發心永不退減。

二、他永遠不會失去帶領其他眾生達至覺醒的精進。佛於身、語、意永不會感到疲累，並且孜孜不倦地持續關懷眾生的安樂，而不怠惰、沮喪。

三、佛能任運地保持恆常且無間斷的正念，他也能留心觀照每個眾生在過去、現在、未來所遭遇的情境，以及去觀照能調伏和幫助眾生的方法。

四、他持續不斷地保持在「定」之中，了無障蔽，並專注於勝義諦。

五、他的智慧永不竭盡且永不退減。他圓滿了知八萬四千教法、三乘的教義，以及在何時、以何種方法將它們傳授給眾生。

六、他不可能退失離於一切障蔽的正等正覺狀態。他了知心的本然明光，離於二元之相或對二元的執著。

三種不共的覺醒事業

一、佛的身業充滿「智」，總是為了利益眾生而行。只要眾生具有被帶上覺醒之道的「業」，他就會化現出眾多身相，現於眾生所在之地。佛的一切作為都會對眾生帶來正面的影響，而調伏眾生之心。

二、佛了知每個眾生的性情和興趣，並且採用適合該眾生的方式來傳法。他的宣講流暢、正確且悅耳，清晰、博學且仁慈，不會欺瞞或帶領他人偏離正道。

三、他的心充滿不退減的慈愛和悲憫，能含納一切眾生，並且懷抱只從事具最大利益之事的發心。他任運且無間地覺察一切現象。

三種不共的「智」

佛的「智」能了知過去、現在、未來三世的一切事物，了無任何障蔽或謬誤。他了知未來，但這不表示萬事早已注定。相反地，佛知道如果眾生從事某個特定行為，就會產生特定的結果；如果他採取另一個行為，就會面對不同的結果。他知悉一切佛土和眾生界，以及了知一切眾生及其活動。

從閱讀佛經裡的這些段落，讓我們了解佛不可思議的功德。思量這些功德將會為我們帶來喜悅，並擴展心的地平線。這些段落也讓我們了解到，如果我們按照佛陀的指示來修持佛法，自己也會證得那些功德。

雖然巴利語和梵文傳統對「四無畏」和「十力」的陳述並無太大的差異，但梵文傳統卻強調這些能力是如何地利益眾生。

巴利語傳統中的「三寶」

所有的佛教徒都皈依三寶，但不都是皈依一個特定的佛教傳統、傳承或上師。一般而言，三寶是我們的皈依。巴利語傳統和梵文傳統針對「三寶」所作的陳述包含許多共通點，也指出個別傳統的獨特之處。首先，我們檢視巴利語傳統中的「三寶」。

佛寶——歷史上的佛陀

「佛寶」是指歷史紀錄中的佛陀，大約生於兩千六百年前，並且為了利益眾生而轉法輪。佛陀常常使用「如去」（Tathāgata；one thus gone）一詞來指稱自己，因為他已經圓滿「止」與「觀」、「道」與「果」而前去涅槃——無為。「Tathāgata」也有「如來」（one thus come）之意，即佛陀就如所有在他之前的諸佛那般，圓滿了三十七覺支和十波羅蜜多，將身體和財物布施給他人，為了世界的福祉而行動，進而前去涅槃。

如來已經正遍知此一世界的本質、生起、寂滅，以及寂滅之道。他已經徹底地了解並能直接感知所有可以被看見、被聽聞、被感覺、被了知、被認識和被思惟的事物，並且如實地了知它們。如來所說的一切皆是真實確鑿的。他的言行一致，完全不造假偽善；他已經完全降伏了煩惱敵，而未被它們所降伏。因此，他擁有利益世界的大力。

如來已經了悟「緣起」和「涅槃」兩大原則。「緣起」這個原則適用於整個依緣和合而生的輪迴世界的苦諦與集諦，所有的世間事物都依賴它們的特定條件性（巴idappaccayatā；梵idampratyayatā；相依性或此緣性）而生，而且都是無常的。涅槃並非依緣和合而成，它是無為的（unconditioned，無條件性的），是藉由真正的道路（道諦）而了證的真正寂滅（滅諦）。「緣起」和「涅槃」兩者包含了所有存在的事物，因此了解這兩者即是在了解一切存在的事物。

人們讚譽佛陀實證佛法，並且將佛法傳授給他人。《巴利大藏經》裡一個著名的段落描述佛法與佛陀之間的關係。僧侶跋迦梨（Vakkali）病入膏肓，悔恨自己未能早點見到佛陀。對此，佛陀回答：

> 止止！跋迦梨！何必見此爛壞之身。跋迦梨！得見法者則見我，見我者乃見法。（SN 22:87）

看見佛和了知佛並非藉由身體力行而達成，而是透過心的增長。親近佛陀意味著實踐他所實踐的相同道諦和滅諦，我們的心能轉化而進入佛法的程度，即是我們能否見佛的程度。覺音在《顯揚心義》（*Sāratthappakāsinī*，《相應部注》）裡，對此引言有所解釋：

> 在此，世尊顯示（自己為）法身（*dhammakāya*），如段落所說的「如來，勝妙之王，即是法身」。因此，九出世間法（四聖道、四聖道之果與涅槃）被稱為如來之身。

法寶——滅諦與道諦

「法寶」由真正的寂滅（滅諦）和真正的道路（道諦）所構成。滅諦是修行的究竟目標，它是無為的，是涅槃，是無死的狀態。涅槃不是由因與緣而產生，它並非無常的，不會在每個剎那改變。涅槃從不同的角度來描述，有四個同義詞：

一、它是「滅」，滅除無明、執著、瞋怒，尤其是滅除貪愛。
二、它是「寂」，了無執著、貪欲、貪婪和愛欲。
三、它是「無死」，離於輪迴的生、老、病、死。
四、它是「殊勝」，無上、永不止息且永不竭盡。

道諦是指通往涅槃的出世間八聖道（巴ariya aṭṭhaṅgika magga；梵 āryāṣṭāṅgamārga）。為了發展道諦，我們先要藉由修持戒律、四念處和世間的八種定，來培養出世間的八聖道。隨著定力增長，我們將了解身體、感受、心和現象（法）是無常且無法令人滿足的，以及它們都不是「我」。當這樣的了解愈來愈加深時，我們將會因為智慧（paññāya abhisamaya；現觀慧）生起而有所突破，並證得涅槃。在心住於定時，智慧能洞察了悟勝義諦，某些雜染因而滅除；當出定時，我們即是聖者、入流者（stream-enterer）。這種定被譽為超越所有其他的定，因為它帶來持久且具利益的結果，而世間定則會使我們投生色界和無色界。

僧寶——證得涅槃的聲聞聖者

「僧寶」是由已證得涅槃而成「聖」的聖者所組成的社群（僧伽），這個社群是由歸為四組的八種人所構成，⑯即那些趨近和住於須陀洹（巴sotāpanna；梵srotāpanna，又稱「預流」、「入流」）、斯陀含（巴sakadagami；梵sakṛtāgāmi，又稱「一來」、「一還」）、阿那含（anāgāmi，又稱「不來」、「不還」）和阿羅漢（arhat）狀態者。在每一組的趨近階段，修行者處於發展「道」（path）的過程，而得到與此「道」相對應的「果」，則是「道」的終點。每條「道」都有其突破點，在此突破點上，修行者更加清晰地看見涅槃，因而降伏或根除某部分的雜染。這四組人被稱為「聲聞」（巴sāvaka；梵śrāvaka），字義為「弟子」或「聽聞者」。由於他們的修行成就，所以值得領受供養。那些供養聖聲聞的人積聚勝妙的功德，而能投生上三道和有利於修持佛法的環境。

了證四諦是聖道之要，在人們的修行成熟之前，佛陀先教導他們其他的佛法主題。修行者藉由修持三十七覺支和培養止觀，而得以全然地洞察四諦。修行者在成為一個須陀洹之際，他體驗到一種稱為「生起法眼」⑰的突破，因為這是他第一次直見佛法，即佛陀法教的真諦——涅槃。修行者現在便從一個凡夫變成聖者。

藉由直接了證涅槃，須陀洹徹底捨斷三結（巴saṃyojana；梵saṃyojana）：

一、他們不再有「身見」（巴sakkāyadiṭṭhi；梵satkāyadṛṣṭi），不再執著於有一個真實存在、與五蘊有關的「我」。這樣的一個「我」可能是一個和五蘊之一相同的「我」，也可能是一個擁有五蘊、被五蘊擁有、在五蘊之內（像盒內的一個珠寶）或包含五蘊（像包含五種珠寶的盒子）的「我」。

二、他們不再有「疑結」（巴vicikicchā；梵vicikitsā），他們對佛陀所傳之「法」產生直接的感受與體驗，因此對「佛、法、僧是可靠的皈依」不再感到懷疑。

三、他們盡除「戒禁取結」（巴sīlabbataparāmāsa；梵śīlavrataparāmarśa）。須陀洹持守戒律，行使各種儀式，但不執著於「規則或正確地修法具有帶來解脫的特殊力量」的想法。

須陀洹可以是出家人或在家修行者，前者嚴守出家戒，後者持守五戒。儘管須陀洹可能仍然會犯下小過失，例如因為生氣而口出厲言，但他們永遠不會隱瞞冒失的行為，並且會立刻懺悔，下定決心從今爾後要有所克制。由於他們了證的力量，須陀洹不可能會犯下六大過——殺母、殺父、殺阿羅漢、破和合僧、出佛身血等五逆罪，以及把非佛陀的其他人視為無上的心靈導師。因為這些的緣故，證得須陀洹果便受到高度讚譽。

須陀洹將永遠不會再投生為地獄道、餓鬼道、畜生道或阿修羅道的眾生，並且在證得阿羅漢果位之前，至多將會再投生輪迴七次。具有上等根器的須陀洹只會再投生一次，中等根器的須陀洹會投生二至六次，下等根器的須陀洹則再投生七次。

儘管他們擁有甚深的「觀」，並且在解脫道上堅定不移，但須陀洹只降伏了十結當中的三結，而且他們的心仍然會受到世間八法的影響，因為利、譽、稱、樂而欣喜，為了衰、毀、譏、苦而憂鬱沮喪。他們可能仍然會製造惡業，但其業力不會強大到足以讓他們投生惡趣。在某些情況下，他們外在的舉止甚至可能類似一般眾生，可能會執著於自己的家人，也喜歡受人讚譽，或與其他人競爭，有時甚至可能心不在焉。儘管如此，他們對三寶的信心卻堅定不移，而且肯定會持續在修道上前進，直到證得阿羅漢果。

相較於須陀洹，斯陀含（一還）雖然尚未徹底根除貪欲和瞋恚，但卻已將之大幅削弱，他們只會再一次地投生欲地。阿那含（不還）已經捨斷貪欲結和瞋恚結，永遠不會再投生欲地。如果他們未即身證得涅槃，便會投生色地，而且常常投生淨土。色地和淨土是只有阿那含或阿羅漢居住的特殊之地，他們將會在那裡證得涅槃。

在「道」的階段，接近證得阿羅漢果位者努力精進地修持佛陀的教法。在「果」的階段，他們達成目標而成為阿羅漢，不再受到貪愛的束縛。他們捨斷所有剩餘的色貪（rūparāga，渴望投生色地）、無色貪（arūparāga，渴望投生無色地）、慢（māna）、掉舉（巴uddhacca；梵uddharya）和無明等結，並且證得離於輪迴生死循環的無死狀態，享受真正解脫的寂靜。

梵文傳統中的「三寶」

梵文傳統對「三寶」的陳述，大多和前述的巴利語傳統相同。梵文傳統也依據《寶性論》（巴*Ratnagotravibhāga*；梵*Uttaratantra Śāstra*）等論著，藉以了解三寶的殊勝功德及其勝義和世俗的面向。聽聞和思惟三寶的殊勝功德及其勝義和世俗的面向，能激發我們對三寶的信心，顯示我們從事修行所要採取的方向，如此一來，我們就能夠成為三寶。

勝義與世俗面向的佛寶

三寶皆具有包含佛之四身（kāya）[18]的勝義和世俗兩種面向。勝義的佛寶是法身，具有「捨證圓滿」[19]的本質。法身有兩種：

一、智慧法身（jñāna dharmakāya）具有「遍知」、「慈悲」、「能力」三種主要的特質與功德。由於諸佛是「遍知」的，因而能夠任運且圓滿地了解整個現象世界，包括眾生的性格和根器。由於他們的「慈悲」與「能力」，他們能夠毫不猶豫或毫無自我懷疑地根據眾生不同的習氣，而教導他們適當的道路。

二、自性法身（svabhāvika dharmakāya）是無為且非依緣而生的，離於生滅。自性法身有兩種：

（一）自性無染清淨法身：是佛心本具的空性。

（二）離染妙極法身：是指佛的滅諦（真實寂滅）離於煩惱障（巴kilesāvaraṇa；梵kleśāvaraṇa）和所知障（巴ñeyyāvaraṇa；梵jñeyāvaraṇa）。煩惱障將我們束縛於輪迴之中；所知障則阻礙我們了知所有現象，並使我們無法任運地為了眾生的安樂而努力。

世俗的佛寶是佛的色身（rūpakāya）。色身有兩種：

一、樂受身或報身（saṃbhogakāya），此身住於淨土，教導諸聖菩薩。

二、化身（nirmāṇakāya），佛以凡俗眾生能夠感知、覺知的色相而顯現。

思惟佛的四身能夠讓我們更深入地了解釋迦牟尼佛，他以喬達摩佛陀的人身身相顯現，是為化身；他採取這個色相來迎合凡俗眾生的習氣和需求。化身是衍生自比較細微的樂受身或報身，而報身是源自佛的遍知心——智慧法身。智慧法身則在實相的本質（佛的自性法身）之內生起。

勝義與世俗面向的法寶

勝義的法寶是指聲聞、緣覺、菩薩三乘聖者心續內的滅諦與道諦。

一、道諦是充滿智慧之識，此一智慧直接且毫無概念地了悟細微的人無我與法無我。在這些道諦當中，「無間道」（uninterrupted path）是直接了悟空性的智慧，也是根除某種程度雜染的過程。當這些特定的雜染完全捨斷之後，那智慧就成為「解脫道」（liberated path）。

二、滅諦是心之空性的清淨面向，已經捨斷特定程度的障蔽。滅諦有兩個因素，即上述的自性清淨和離染清淨。滅諦是修行者處於觀修空性的等引之中，所有二元分立的顯相都已消失無蹤的狀態。

世俗的法寶是指佛陀傳授的佛法——八萬四千教法、十二分教，也就是佛陀以善巧和慈悲傳授自己親身經驗的話語。

勝義與世俗面向的僧寶

勝義的僧寶是指聖者心續內的了知（道諦）與解脫（滅諦）。滅諦與道諦兩者皆是勝義法寶和勝義僧寶。

世俗的僧寶是三乘的個別聖者或一群聖者，其中包括八種聲聞聖者和菩薩。僧寶具有內在的智慧，能夠正確地了知實相和多元現象的某些部分。聖僧伽離於某些煩惱障，例如無明、煩惱、無明和煩惱的種子，以及染污的「業」。一些聖者也離於部分只求個人涅槃的願望，這阻止了他們生起菩提心；一些聖菩薩則離於部分的所知障——無明和自性相。

由四或四個以上受過具足戒的僧人組成的社群，即是僧寶。

列舉三寶的殊勝功德，說明了他們的重要性，以及為何它們是全然的皈依處。在了解這一點之後，我們將衷心地一再皈依三寶，並且加深我們和三寶之間的連結。如此一來，不論我們在生活中或在臨終時面對何種情況，都將能喚請三寶的指引。

這個針對三寶所作的陳述，強調出宗教與心靈的內在體驗面向。我們皈依的對象是我們完全信任、可帶領我們達至解脫和全然覺醒的人，而這有別於某個宗教機構。儘管證悟者可能是宗教機構裡的成員，但這些機構通常是由凡俗眾生來營運的。重要的是，在皈依時，我們要覺察自己實際的皈依對象和宗教機構之間的差別。

佛陀的覺醒與般涅槃

三寶之所以被稱為「寶」，那是因為它們是稀有珍貴的。它們如同神話裡實現所有願望和需求的如意寶，持續不斷地樂意且能提供我們皈依，保護我們免於輪迴之苦，向我們顯示能證得永久、清淨和充滿大樂之成就的道路。佛寶是眾生善發心的根源，鼓勵我們追求善三道、解脫和正等正覺。

儘管巴利語和梵文傳統的追隨者都皈依佛陀，但他們或許對佛陀的覺醒、入滅和遍知有不同的看法。巴利語傳統認為，佛陀在證悟之前的生生世世都是以菩薩的身分在修行，然後當他身為悉達多．喬達摩的這一世時，於菩提樹下成就正等正覺。身為佛，他並無心的痛苦，卻須經歷身體的痛苦，因為他的身體是在貪愛和「業」的力量之下製造出來的。有人說，當他圓寂、證得大般涅槃（mahāparinibbāna）時，所有輪迴的投生因而止息，他的心識進入涅槃——一個無法從時間和空間角度來想像的恆久、穩定、無為、寂靜的實相。在此，「般涅槃」（parinibbāna）是一個相反於染污且無常之五蘊的實相。其他人則認為，般涅槃是雜染的止息和五蘊的相續。在此，五蘊的全然滅盡被視為寂靜。

一般而言，梵文傳統認為，喬達摩佛陀在身為悉達多．喬達摩這一世之前的諸多過去世，都是以菩薩的身分修行，並且成就正等正覺。然而，雖然他在那一世已成就正等正覺，卻顯現為一個尚未覺醒的眾生，藉以說明努力精進地修心的重要性。藉由他親身的範例，佛陀給予其他人信心，相信自己也能如佛陀般修行，並且證得相同的覺醒。

儘管梵文傳統同意在投生輪迴之因被滅除之後，染污的五蘊不會再持續下去，但該傳統也認為，沒有任何媒介或對治法可以完全止息心之明光和覺察本質的相續，而且它將會無間斷和無盡地保持下去。某些典籍則認為，修行者在證得般涅槃時會捨棄身心五蘊，龍樹對此的解釋是，這表示身心五蘊不出現在阿羅漢觀修空性的等引之中。一般而言，在證得般涅槃時，五蘊繼續存在，但現在它們是清淨的五蘊。由於佛陀是從報身顯現，但究竟而言，他是從法身顯現，而法身和報身兩者皆是無盡的，因此當他圓寂時，他覺醒心的相續仍然留存。儘管喬達摩佛陀不復存在，但他遍知心的相續卻繼續實現他長時間精進修持佛法的目的——帶領一切眾生成就正等正覺。為了達到這個目的，他任運地展現化身，在整個宇宙利益眾生。

就佛陀本身而言，他總是準備就緒，總是有能力幫助眾生，但因為我們欠缺功德和修行的體驗，因此無法看見佛陀。正如同陽光平等地照耀各地，佛陀的化身和覺醒事業也散播各地。然而，正如同一只上下顛倒的容器無法接收陽光一般，我們的業障和功德的缺乏限制了佛陀幫助我們的能力。當我們將容器翻轉過來，陽光便能自然而然地進入；當我們清淨自心、積聚功德時，我們的心接受佛陀之覺醒事業的能力因此而能增長，那麼，到了此時，我們將能感知自己之前可能覺得困惑難解的事物，例如四種佛身。

我曾經聽到一些精通禪修的上座部比丘說，明晰、光燦、覺知的心儘管表面上糾結在煩惱之中，但它不會像輪迴的現象那般徹底被摧毀。煩惱不是原本就存在於心中，但心需要清除障蔽它的雜染。在智慧止息所有的雜染之後，無死、不依賴時間與空間的心會繼續存在下去。在這些上座部比丘當中，阿姜曼尊者（Ajahn Mun）來自泰國的森林傳統，生於十九世紀末和二十世紀初。他擁有釋迦牟尼佛和阿羅漢的淨觀，使得他相信這些證悟者的心續不會在死亡時止息。當淨化雜染後，我們就有可能產生這樣的體驗。

佛陀的遍知

關於佛陀的「遍知」或「全知」（巴sabbaññutañāṇa；梵sarvākārajñāna），梵文傳統認為，過去、現在、未來三世之所有存在的事物（一切有為法），在每個剎那顯現於佛心。這是可能的，因為心性是明晰覺察的，而且一旦所有的障蔽被移除，就沒有任何事物可以阻止心去了知對境。

《巴利大藏經》裡的一些段落指出，儘管佛陀了知一切存在，但他並非用一種識同時感知一切。當遊方者婆蹉衢多（Vacchagotta）直接問佛陀，不論他在做何事，他是否真的都能了知一切，佛陀回答那不是真的。一般而言，巴利論師將佛陀的回答闡釋為儘管佛陀了知一切，但這種了知不是時時刻刻持續不斷地顯現於其心。更確切地說，儘管他了知一切，但他必須先把心轉向那個主題，該主題才會任運地顯現。當今巴利語傳統的追隨者對此有不同的想法。

有些人懷疑佛陀能夠預見未來，聲稱未來之事已經注定。然而，人無法參與其他事物，在任何特定的時刻，佛陀可以看見一系列相關的因緣可能會在未來形成一個特定的事件，並且在此同時了知，這些因緣會在下一個剎那改變。在針對《清淨道論》所作的注釋書說道，佛陀透過現觀而了知過去與未來的事件，⓴而《無礙解道》（*Paṭisambhidāmagga*）則證實，所有過去、現在和未來的現象都在佛陀的具知根㉑內顯現。

我們無須因為巴利語和梵文傳統對佛陀的陳述有所不同而感到困惑，也不必選擇一種觀點而捨棄另一種觀點。相反地，我們可以看看在特定的時刻，我們受到哪一種觀點的激發鼓舞。當感到心灰意冷時，我們可以思惟悉達多．喬達摩曾是一個凡夫，在修道上和我們一樣面臨相同的困境，生起這種想法是有幫助的；我們也可以像佛陀般精進修道，達到覺醒。

在其他時候，將釋迦牟尼佛視為在數劫前已經證得覺醒者，然後以化身住世，這種想法則更有助益。這種觀點讓我們覺得自己受到諸佛的照看和引導。

當我思惟早期巴利語經典所陳述的佛陀功德時，我覺得梵文經典所描繪的佛陀能力，似乎是那些佛陀功德的自然延伸。例如，佛陀告訴阿難（Ānanda），他記得他參加數百次剎帝利種（khattiya，印度的統治種姓）聚會，坐在那裡和他們談話。為了參加聚會，他採取剎帝利種的外貌和語言，以佛法開示來教導、啟發他們，使他們感到欣喜快樂。然而，這些人並不知道他是何許人，還納悶他是天眾或人。在教導剎帝利眾之後，他就消失無蹤。佛陀說，他在婆羅門、戶長、苦行僧和天眾的聚會也採取相同的作法。（DN 16:3.22）[22]這段文字讓我想起佛陀的化身事業。

巴利語和梵文佛經都未把佛陀視為全能者或造物者，佛陀不尋求我們的崇拜，而我們也不必為了要領受其恩惠而取悅他。他不獎勵追隨其教法的人，也不懲罰不追隨其教法的人。佛陀從他自身的經驗來描述覺醒的道路，而根據眾生個別的習氣和性情來利益眾生，這是他唯一的動機。

不論我們如何思惟佛陀，把他想成已經覺醒或他在住世期間證得覺醒，他的人生都是一個典範，他的證道都是一種啟發。他具有追求其心靈渴望的內在力量，他對人心潛能的

●印度艾羅拉石窟（Ellora Caves）。
（圖片提供：Mike Nowak）

信心堅如磐石。他不屈不撓、堅持不懈地修學止觀。

當我深思巴利語佛經提及的「三明」時，我認識到這和後來西藏聖哲宗喀巴大師所謂的「修道三要」相輝映，「修道三要」為出離心、菩提心和正見。儘管這三者是在修行者成佛之前生起，但它們卻在成佛時圓滿實現。

佛陀以第一明「宿命明」看見自己過去的生生世世，以及這些前世的痛苦和短暫無常。在了知這所有的痛苦都是由煩惱和「業」所引發後，他徹底地出離輪迴，下定決心要證得解脫。他以第二明「天眼明」看見眾生受到煩惱和「業」的支配影響而死亡且再生，面對此一驚恐，他生起無分別的慈心、悲心和菩提心。為了實現這個利他的承諾，他了悟細微的「人無我」和「法無我」的正見，使他的心離於所有的染污和障蔽。藉由一再地使用這種智慧來清淨他的心，他獲得第三明「漏盡明」，並且知道他的心已完全清淨，且已證得涅槃。

巴利語和梵文傳統都提及我們身處賢劫，而喬達摩佛是在此一賢劫住世的第四位轉法輪的佛，未來佛彌勒佛則是第五位轉法輪的佛。轉輪佛是那些在佛法不為人所知的時期和地點傳法的佛。根據巴利語傳統，這些佛是在此一賢劫僅有的佛，其他修行者將成為阿羅漢。根據梵文傳統，每個眾生都具有成佛的潛能，因而此一賢劫有許多佛。

皈依和持守皈依

我認為，皈依三寶可能有不同的層次，人們可能會在他們感到自在和合宜的層次上皈依。這幫助他們在修道上前進，並且鼓勵他們繼續學習和修持佛法。對某些人而言，讓他們感到自在的皈依是領會慈心與悲心的教法；但對其他人而言，它則包括「再生」的信念。重要的是，他們信任和敬重三寶。

在佛教接受「再生」觀點的背景脈絡之內，有幾個原因會讓人想要皈依：

一、擔憂自己可能會投生惡趣，是我們尋求皈依三寶的立即原因。對於「行苦」㉓的憂懼，刺激我們去尋求三寶的皈依，進而引導我們脫離輪迴。

二、在了解三寶的功德和三寶擁有引導我們的能力後，我們對三寶生起以這種認知為基礎的信仰和信心。

三、那些遵循菩薩乘的人懷著悲心皈依三寶，成就正等正覺，如此才能減輕其他眾生之苦。

重要的作法是，我們要深思三寶的功德、皈依三寶的理由，以及皈依的意義。在如此思量之後，我們認識到三寶是可靠的皈依處，並且衷心地將自己託付給三寶，把它們當成心靈的指引，進而找到皈依的真正意義而成為佛教徒。然而，即使並未成為佛教徒，人們仍然可以修持那些能夠幫助他們的教法，並且把其他的事物暫時擱置。

有些人希望參加法會來宣誓他們的皈依。在法會中，他們跟著上師念誦皈依文，領受在家五戒的全部或部分戒律。這五戒是不殺生、不偷盜、不邪淫、不妄語、不飲酒。

在皈依之後，人們遵守幫助他們持守和加深其皈依的準則。這些準則包括：避免傷害眾生；避免批評自己不喜歡的事物；避免粗魯和傲慢；不追逐討人喜歡的事物；不從事十不善業❷❹；不皈依世間鬼靈或神祇；不與批評三寶或行為不善的人為友。我們也要竭盡所能地追隨具格的上師；研習教法，並在日常生活中付諸實修；尊敬僧伽，效法其美好的典範；慈悲地對待其他眾生；每個月進行兩次為期一天一夜的八關齋戒；供養三寶；鼓勵其他人皈依三寶；每天早晨和傍晚皈依三次；在享用食物之前，先進行供養；敬重佛像和佛書。

持守清淨之皈依的一項準則是，不要轉而皈依其他的對象，那些對象缺乏帶領我們覺醒的能力和功德。釋迦牟尼佛是我們的導師，而釋迦牟尼佛像應該放在佛龕的正前方。我們將自己整個心靈的安樂交託給佛陀，如果我們對自己所做的有害行為感到懊悔，我們就要在佛陀面前懺悔和清淨。我們在佛陀面前生起善願，發願成為一個有如佛陀和其僧伽般的人。

大多數的佛教傳統談到「護法」——在修道上協助修行者的眾生，他們可能是出世或入世的護法。出世的護法已經直接了證空性，並且被包括在所皈依的僧伽裡。在西藏的背景脈絡之中，諸如四大天王和乃瓊（Nechung）㉕等護法是世間眾生，曾經對偉大的上師們立下承諾要保護佛法和修行者的誓願。他們並不列入三寶之列，我們可能為了良善的目的而仰賴他們所給予的世俗協助，如同我們仰賴一個有權勢的人提供即時的協助一般。然而，我們不向他們尋求心靈的皈依。

鬼靈是如同人類一般會輪迴的眾生，有些鬼靈會幫助人，另一些鬼靈則是對人有害的；有些鬼靈具有神通，有些則無；有些具有良善的特質，其他則易怒且居心不良。有些人由於無明，轉而向地方鬼靈或向多傑．雄登（Dorje Shugden）㉖等鬼靈尋求皈依。由於這些眾生只會提供世俗的協助，修行者的發心因而墮落衰退，不追求覺醒，反而透過取悅鬼靈來尋求財富或權勢。這使得修行者的佛法修持墮落腐敗，與佛陀的教法背道而馳。佛陀清楚地指出，我們要負起責任，棄絕具毀滅性的行為，創造具建設性的行為，藉以製造快樂之因。皈依三寶和遵循因果業報法則，才能真正保護我們免於痛苦。

世間人常常尋求護身符、加持過的水和金剛繩等外在的事物來保護他們免於危險。如果這些東西幫助他們憶念佛陀的教法，並且加以實修，那就無妨，但如果他們認為這些物品擁有某種本具的力量，那麼他們就是大錯特錯了。事實上，人類需要去保護護身符、護身繩等等，因為它們很容易就會受損！

我們必須時時記得在心中修持佛法，真正的修行讓我們認出自己的煩惱，並且應用對治法來對治它們。

①《菩提道次第廣論》卷一：「諸佛非以水洗罪，非以手除眾生苦，非移自證於餘者，示法性諦令解脫。」（宗喀巴著，法尊法師譯，《菩提道次第廣論》，台北：大千出版社，1996年，頁75）

❷ 恆常的法（常法）是無礙虛空、空性和寂滅等法，不仰賴因緣，所以不會時時刻刻地崩壞。

③「dhātu」意譯為「界」，含有「層」、「根基」、「要素」、「基礎」、「種族」等意義。

④ 眼根、耳根、鼻根、舌根、身根、意根等六根，色塵、聲塵、香塵、味塵、觸塵、法塵等六塵，以及眼識、耳識、鼻識、舌識、身識、意識等六識，合稱為十八界。

⑤ 六界為地、水、火、風、空、識。

⑥ 六內入處為眼、耳、鼻、舌、身、意等六根，六外入處為色塵、聲塵、香塵、味塵、觸塵、法塵等六塵；六內入處與六外入處兩者合為十二處。

⑦ 十二因緣為無明、行、識、名色、六入、觸、受、愛、取、有、生、老死。

❽ 這二十二根分別是眼、耳、鼻、舌、身、意等六根；兩種生殖器官，即男根和女根；生命力，即命根；體驗善業和惡業之果的苦、樂、喜、憂、捨等五受根；離於世間的信、勤、念、定、慧等見道的五善根；以及見、修、無學三無漏根。前十四根是輪迴之因，最後八根是解脫和正等正覺之因。（譯按：「根」為增上之意）

❾ 請參見第五章。（譯按：「八解脫」為：（一）內有色想觀諸色解脫；（二）內無色想觀外諸色解脫；（三）淨解脫身作證具足住解脫；（四）空無邊處解脫；（五）識無邊處解脫；（六）無所有處解脫；（七）非想非非想處解脫；（八）滅想受定身作證具足住解脫）

⑩「samāpatti」音譯為「三摩鉢底」、「三摩拔提」，意譯為「等至」、「正定現前」。它是遠離邪想而領受正所緣之境的狀態，亦即入定時，以定之力使身、心領受平等安和之相。九等至分別為四種色界定（初禪、第二禪、第三禪、第四禪）、四種無色界定（空無邊處定、識無邊處定、無所有處定、非想非非想處定）與滅盡定。

⑪ 五神通又稱「五神變」，即（一）天眼通；（二）天耳通；（三）他心通；（四）宿命通；（五）如意通（又稱「神足通」）。

⓬「心解脫」是指禪定，因為它離於貪欲和瞋恚；「慧解脫」是指智慧，因為它離於無明。一般而言，心解脫是「止」的果，慧解脫是「觀」之果。當這兩者雙運無漏時，它們是阿羅漢出世間道盡除染污的果。

⑬ 三明即宿命明、天眼明和漏盡明。

⑭「samahita」音譯為「三摩呬多」，意譯為「定」、「等引」、「平等住」、「根本」等，指引攝其心至於平等安和之地，是修定時一心專注「人無我」和「法

無我」空性所生的禪定。

⑮《相應部・蘊相應》第八十七經。引文出自《漢譯南傳》，相應部經典㈢，頁173。

⑯此四組共八種人，稱為「四雙八輩」。

⑰即經中所說的「無漏清淨智慧眼」、「清淨法眼」、「淨法眼」或「法眼淨」。

⓲此處的「身」是指一個軀體或功德的積聚。

⑲「捨證圓滿」是指捨斷與證悟都達到圓滿——捨斷一切的煩惱與習氣，一切圓滿證得本具的智慧。聲聞乘者只證得「人無我」，未究竟證得「法無我」，煩惱障與所知障也未能完全淨除。而菩薩乘者在初地以上，已經了解法性，至第七地時，淨除一切細微的煩惱；第八地以上則淨除所知障，至第十地圓滿後，最終成佛，故說佛具有「捨證圓滿」的本質。

⓴出自無著（Anālayo）比丘的〈佛與遍知〉（The Buddha and Omniscience）一文，刊載於《印度國際佛學研究期刊》（*The Indian International Journal of Buddhist Studies*）第七期，2006年。

㉑具知根：三無漏根（未知當知根、已知根、具知根）之一，是無學道的無漏智，能完全了知一切。

㉒《長部》第十六經《大般涅槃經》：「阿難！我憶念往昔曾參加幾百人之剎帝利眾，於其處我未就坐、言說、交談以前，其時，使我之顏色相同於彼等，我之聲音相同於彼等。我宣說教示、訓誡之法要令之歡喜。當我宣示之時，彼等不識我而自問言：『彼宣說者是誰耶？是神或是人耶？』我宣說教示、訓誡，令之歡喜後，我則隱形不見。彼等不知我何時隱形不見而自問言：『彼隱形者是誰耶？是神或是人耶？』」（《漢譯南傳》，長部經典㈡，頁60）

㉓「行苦」是三苦（苦苦、壞苦、行苦）之一，因有漏之法是生、住、異、滅四相遷流的生滅法，皆是無常、逼惱而不安穩的，故稱為「行苦」。

㉔十不善業分別為殺生、偷盜、邪淫、惡口、妄語、兩舌、綺語、貪欲、瞋恚、邪見。

㉕乃瓊（Nechung）是西藏的傳統巫師，居住在拉薩的乃瓊寺中，屬於寧瑪派，為達賴喇嘛的專屬靈媒。

㉖多傑・雄登（Dorje Shugden）是一種邪靈，其宗教儀式主要在格魯派和薩迦派內進行，此教派以信徒狂熱盲從、支持分派主義為特徵，他們會對其他學派以及在同一派內的反對者做出犯罪暴力的行為。

3

四聖諦的十六種行相

我們平常所知的四聖諦——聖者四諦，形成我們了解所有佛陀教法的架構。思惟聖者四諦，深深地激發我們去尋求解脫，並且使我們了解自己從事的修行是如何通往解脫。巴利語和梵文傳統都談到四諦的十六種行相（屬性和特質），雖然兩種傳統列舉出來的十六種行相有所不同，它們的細微意義也有所差異，但整體而言，它們的意義是類似的。

梵文傳統的「四諦十六行相」

依據世親的《俱舍論》和法稱（Dharmakīrti）的《釋量論》（*Pramāṇavārttika*）解釋，四諦的每一諦都具有四種行相，而此四種行相消除四種對四諦各諦的曲解。十六種行相根據四諦不同的功能來解釋四諦，並證實解脫的存在，以說明證得解脫的方法。

苦諦的四種行相

苦諦是指受到染污的色、受、想、行、識等五蘊，「染污」意指受到煩惱（尤其以無明為甚）和「業」的控制。「內苦」是在人的相續之中，並且包括我們受到染污的身與心；「外苦」則包括我們在環境中使用和享受的事物。

我們身心的五蘊之所以特別作為說明苦諦的範例，那是因為它們是煩惱和業的直接產物。除此之外，它們也構成「我」這假名（巴paññatti；梵prajñapti）的基礎。「我」一詞取決於背景脈絡，有兩種不同的意義：

一、在第四種行相（即「無我」）中，「我」指的是被證悟實相的智慧所破（否定）的對象。這被智慧所破的對象可能指的是一個恆常的「我」或靈魂——一個本自具足且實有的「人」，或所有現象本具、獨立的存在，就如在「所有現象皆無我」或「人無我和法無我」裡所說的「我」。此處的「無我」不是「自私自利」的相反，它是指「非我」。

二、「我」也可以指一般存在的人，或這個能行走、從事禪修等活動的「我」。

■ 第一種行相：染污的五蘊是「無常」

染污的五蘊是「無常」的，因為它們經歷相續不斷的剎那生滅。

了解這一點之後，就能消除將無常的事物視為恆常的「顛倒」（巴vipallāsa；梵vaparyāsa）①。在此，「無常」指的是時時刻刻的改變。一切有為法（所有依緣和合而生的現象）都經歷改變，從它們過去的樣子崩解，而成為嶄新的事物。粗顯的改變會在一件事物滅盡時發生，例如人死亡時，或一張椅子毀壞時；而細微的改變則在每個剎那發生，事物從一個剎那到下一個剎那並不會保持相同的樣子。

我們的感官觀察粗顯的無常。然而，當某件事物，例如我們的身體，以如此明顯的方式出生與死亡時，當中一定有個更細微的改變過程在每個剎那發生。若無這種細微的改變，那麼，人從童年到老邁這種粗顯可見的變化就不可能發生。

幾乎所有的佛教徒都接受這樣的事實：在一件事物生成的剎那，它就具有崩解（滅）的本質，而這純粹是因為它是諸因的產物。這不是在說一個「因」製造了某件事物，然後那件事物保持不變一段時間，最後另一個「緣」促使它止滅。相反地，使某件事物生起的那個因素，也就是使其止滅的因素。從事物存在的第一個剎那，它就具有崩解的本質。「剎那」表示生與滅並非相互抵觸的，而是同一過程的兩種特性。

「現在」不具實體，它是介於過去（已經發生的事）和未來（尚未發生的事）之間一道找不著的門檻。我們投入大量的時間緬懷過去、計畫未來，但「過去」和「未來」兩者都不可能發生於「現在」。我們真正活著的唯一時刻是「現在」，但是「現在」卻難以捉摸，在每十億分之一秒就會產生變化。我們無法停止時間的流動，以檢視一個固定不變的「現在」剎那。

了解無常是對治有害情緒的強大解藥，有害的情緒是建立在「執著無常的事物為恆常」的基礎上，而這些無常的事物包括我們摯愛的人、財物、心情和疑難問題。切勿落入「萬事萬物皆會改變，因此沒有什麼是值得的」這種虛無主義的思惟（斷見）。相反地，要思惟由於事物短暫無常，因此對它們生起執著和瞋怒是不切實際的作法。「無常」也意味著，當我們創造善因時，諸如慈愛、悲憫和利他等正面的特質也將會增長。

巴利語經典描述無常為「生與滅」，這些佛經有時也談到「在事物生、住、滅時有所了知」，這種說法概述了「生」、「住」、「滅」三個階段，阿毘達磨同意這種順序。禪修者將焦點放在佛經陳述的「生」與「滅」之上，而且尤其將焦點集中在「滅」之上，因為它極為強調無常。禪修者在修持正念時，他們極為留心地觀照身心的過程，進而了解到看似相同一致的對境或事件，事實上由於因緣之故，而在每個剎那生滅。隨著正念加深，修行者可以透過直接的體驗清楚地看見細微的無常。

看清「生」可以消除「斷見」——事物完全不存在，或人和因果業報之相續在死亡時徹底停止的見解。看清「滅」可以消除「常見」——人和事物具有一個實質存在、恆常、永久之實相的見解。

■ 第二種行相：染污的五蘊是「苦」

染污的五蘊是「苦」的，因為它們受到煩惱和業的控制和支配。

了解這一點，可以消除將事物「苦」的本質執持為「樂」的顛倒想。由於我們的五蘊受到煩惱和業的控制，因此它們注定受制於苦苦、壞苦和行苦等三種苦。「苦苦」包括肉體的痛苦，以及一切眾生視為痛苦的心理感受。「壞苦」包括受到染污的快樂感受，因為它們不穩定、不持久，並且使我們感到不滿足。我們持續不斷地追求任何愉悅可喜的活動，最終都會變得令人感到不自在。「行苦」是指我們的五蘊受到煩惱（以無明為甚）和業的控制。

儘管我們所有人都想要獲得快樂，但它卻無法企及，而且使我們感到迷惑，因為我們的身心都受到煩惱和業的支配。了解輪迴的現象皆苦，我們就不會再將它們視為永久之樂和喜悅的來源，並且放下對它們所產生的不切實際的期待。看清執著於輪迴的事物是無用且令人沮喪的，我們就會放棄執著，轉而修道以及實踐滅諦。

■ 第三種行相：染污的五蘊是「空」

染污的五蘊是「空」（巴suñña；梵śūnya）的，因為它們不是恆常、單一、獨立的「我」。

這種了解能消除視不淨的身體具有一個完美無缺之持有者的顛倒。

對於第三和第四行相的意義，上座部、瑜伽行派和中觀派的教義有一些類似的想法，也有一些不同的觀點。所有的佛教學派都接受的一個解釋是，「空」是指了無一個恆常、單一、獨立的「我」或靈魂，這個「我」或靈魂不同於五蘊的一個本體。在這個背景脈絡之內，「恆常」是指永遠不變、

●斯里蘭卡迦爾寺（Gal Vihara）佛像。（圖片提供：Mike Nowak）

不生或不滅；「單一」是指不仰賴組成的部分，而是一個整體；「獨立」是指不依賴因緣。

■第四種行相：染污的五蘊是「無我」

染污的五蘊是「無我」的，因為它們欠缺一個本自具足、實有的「我」。

了解這一點，可以消除執取無體自具足、實有的「我」的五蘊為「我」的顛倒。所有的佛教徒都接受這樣的解釋：「無我」即是欠缺本自具足、實有的人，這樣的一個人和五蘊是相同的本體——一個有如統治者控制其臣民般控制五蘊的「我」。當我們說「我」或「我的身體、我的心」時，我們有「一個我擁有和支配五蘊」的想法，我們覺得這個「我」不是「唯以分別安立」（merely imputed）於五蘊而有。此處的「唯以分別安立」，是指一個人如果未認同諸如五蘊等其他事物，就無法被辨識出來。

在巴利語傳統中，「無常」、「苦」和「無我」是受無明制約之事物的三種特徵（行相）。以「觀」來觀修此三種行相，是修道的核心。在梵文傳統中，禪修者先了悟「無常」和「苦」兩種行相，然後再將焦點放在「無我」、「空性」和「菩提心」之上。

瑜伽行派接受人是「空」的且是「無我」的。它也接受其他現象是「無我」的，也就是它們無有一個不同於感知它們之識的本質，並且也無有如名相所指稱的、透過行相而存在的事物。

中觀學派遵循般若諸經提出的「空」和「無我」的意義。在此，「空」和「無我」兩個詞都是指「了無本具的、真實的或獨立的存在」，並且適用於所有的現象。自性（svabhāva）是在「唯假名」②的基礎上可找得到的一種本質，而且應該無須仰賴假立的名稱和概念而存在。人和其他現象皆是虛假的存在，所有的現象皆是「空」的且是「無我」的，因為它們仰賴其他因素而存在。

為了將這四種行相放在一起，我們的身心不斷地剎那變異，這是它們的本質。我們的五蘊受到五蘊之「因」的控制，而這些「因」最終要追溯到無明。任何由無明引起的事物，其本質皆苦，它是行苦。一旦我們生起這種覺知，那麼，不論事物看似多麼美麗、討喜和迷人，我們都會知道它們並不值得去執著，因為它們是「空」的且是「無我」的。

思惟苦諦的這四種行相（無常、苦、空、無我），讓我們頭腦清醒，並且大幅地改變自己對「我們是誰」、「什麼才會帶來快樂」的觀點，使我們捨離對染污之五蘊的渴望和迷戀，進而追求涅槃和真正的寂靜。我們之後將討論「四念處」的修行，它是一種力量強大、了悟苦諦四種行相的法門。

集諦的四種行相

煩惱和染污的業是苦的真正起源（集諦）。業或行為受到貪、瞋等煩惱的驅動，而貪、瞋等煩惱則源自於根本的煩惱——無明。無明阻止我們看見五蘊是「空」的且是「無我」的。

根據巴利語傳統的說法，「無明」是對真理一無所知和障蔽的狀態。這種無明以兩種方式運作，它是一種心的黑暗，隱藏和障蔽現象的真實自性。它也創造了謬誤的顯相或顛倒，即前述關於苦諦的四種顛倒。這些顛倒在三個層面運作：（一）我們不正確地感知事物；（二）在這個基礎上，我們以錯誤的方法看待事物；（三）這導致我們不正確地了解我們的經驗。③了解這三個特徵，可以清除這些顛倒，藉由聽聞與思惟，我們正確地了解這三種特徵；藉由禪修，我們對它們生起內觀洞見。

根據瑜伽行派和中觀學派的說法，無明不僅僅是一種無知的狀態，也是一種謬見，把不存在的事物執著為存在。根據應成中觀派的說法，人和現象都不是本具存在或獨立存在的，而無明執著於與實相對立相反的事物，並認為它們以此方式存在。

諸如貪、瞋等情緒根植於無明，我們對「獨立的我」的執著愈強烈，對這個「我」的關注和執著就會愈強烈。我們執著於對「我」看似重要的事物，對阻礙實現「我」的利益和興趣的事物產生敵意。例如，我們在商店裡看見一件漂亮的商品，當它在商店裡時，我們想要擁有它。在購買它並貼上「我的」的標籤後，我們執著於它。雖然那件物品是相同的，但我們對它所產生的情緒反應卻因為貼上「我的」標籤而改變。「這個『我』的享樂是重要的」的信念隱藏在這個「我的」標籤的背後，如果某個人弄壞了那個東西，我們就會生氣。駁斥「我具有獨立的實相」，可以斷除我們的貪執與瞋怒。

貪愛（巴taṇhā；梵tṛṣṇā；渴愛）是滿足自己欲望的渴望，也是煩惱（苦的根源）的顯著範例。除了在我們活著時貪戀事物之外，在臨終時，貪愛會激起執著（upādāna，取），使業的種子成熟，推動另一個輪迴的投生。

■第一種行相：貪愛和業是苦「因」

貪愛和業是苦的「因」（hetu），因為它們是苦的根本，「苦」因為它們而時時存在。

思惟那種苦是衍生自貪愛和業，使我們更深刻地相信所有痛苦皆有其因——貪愛和業，這駁斥了「苦是隨機而起或無因而生」的想法。一些唯物主義者排斥因果業報法則，不相信我們的行為具有倫理道德的面向，而過著快樂主義者的生活方式，沉溺於感官欲樂之中，幾乎未曾想過他們的行為對自己和他人所帶來的長期影響。

■第二種行相：貪愛和業是苦「集」

貪愛和業是苦的集起（samudaya）之因，因為它們一再地製造各種形式的苦。

了解這一點，消除了「苦只有一個起因」的想法，例如每件事物起源於一個主要的物質和材料。如果苦只依賴一個「因」，它就不會仰賴許多其他的因素。如果一個「因」不需要相互和合的「緣」來產生一個「果」，那麼，那個「因」將永遠不會產生「果」，或它永遠不會停止產生「果」。如果芽只仰賴種子，種子不需要其他東西來成長，那麼，它應該能夠在冬天發芽。或者，由於種子不需要其他的條件來發芽，那麼，春天的溫暖將不會使它生長。事物依賴許多「因」而生起，雖然它們不是預先注定的，但卻要仰賴各種因素的聚合。

■第三種行相：貪愛和業是苦「生」

貪愛和業是力量強大的生產者（巴pabhava；梵prabhava；起源），因為它們大力地製造強大的痛苦。

了解這一點，可以消除「苦源自不一致的因」的見解，例如苦源自一個外在的創造者。如果真是如此，就不可能創造出這個世界和其中的苦。每個眾生的體驗，皆由他們的心所創造，也就是由善、不善和無記的發心，以及這些發心所推動的身業和語業所創造。所有這些都是業——源自眾生之心的刻意行為，這些行為影響我們的感受與體驗。

煩惱和業帶來強烈的苦，例如下三道的眾生所體驗的苦。即使一般的眾生懷著無煩惱的慈善發心來行動，他們的善業仍然受到無明的染污，使他們投生輪迴。寂靜和安樂無法從無明或貪愛中生起。

當我們了解貪愛和業是苦的起源時，我們會停止將自己的問題歸咎到他人頭上，並且為自己的行為和經驗負起責任。如果我們下定決心去消除貪愛與業，我們就具有改變處境的力量，並且藉由聞、思、修佛法來創造快樂之因。

■第四種行相：貪愛和業是苦「緣」

貪愛和業是「緣」（巴paccaya；梵pratyaya），因為它們是使苦生起的助緣。

了解苦仰賴「因」與「緣」兩者，就可以消除「事物的本質固定不變」的見解，這也斷除了「事物基本上是恆常的，而非短暫且稍縱即逝」的想法。如果苦是恆常且永久的，它就不會受到其他因素的影響，也無法被消除。然而，當苦因盡除，頑強棘手的苦將不會產生。了知這一點，將使我們立刻重新修持佛法。

思惟這四種行相（因、集、生、緣），能夠增強我們捨斷苦之集諦的決心。

滅諦的四種行相

滅諦是各層次煩惱的止滅，並且藉由在修道上前進，以及獲致阿羅漢的果位和正等正覺來達成。煩惱有兩種，一種是俱生（sahaja）煩惱，從這一世持續不斷地延續到下一世；另一種是分別（parikalpita）煩惱，也就是從不正確的哲理所學習來的煩惱。阿羅漢、涅槃是最終的滅諦，也是滅諦的範例，而這需要根除俱生煩惱和分別煩惱。

■第一種行相：涅槃是「滅」

涅槃是苦的滅盡（nirodha），因為在已經捨斷苦的源頭的狀態下，苦肯定不會再被製造出來。了解「藉由根除煩惱和業的相續，即有可能證得滅諦」，可以斷除「煩惱原本是心的一部分，而且不可能解脫」的誤解。認識到解脫確實可能存在，鼓舞我們樂觀且精進地去證得解脫。

■第二種行相：涅槃是「靜」

涅槃是寂靜（巴santa；梵śānta），因為它是一種「分離」。在此「分離」當中，煩惱已被盡除。這一行相斷除「諸如色界定和無色界定等純淨但仍染污的狀態即是滅」的信念。儘管這些狀態比人身更寧靜，但卻只暫時壓制外顯的煩惱，而尚未從根本拔除俱生煩惱。一些人不了解止息所有的貪愛即是究竟的寂靜，因此仍然滿足於輪迴之內的這種色界定、無色界定的較優越狀態。相信貪愛和業是有害的人，將會明白貪愛和業的止息才是永久的寂靜和喜悅。

■第三種行相：涅槃是「妙」

涅槃是勝妙（巴paṇita；梵praṇīta）的，因為它是利益與安樂的無上來源。滅諦徹底離於三種苦，因此毫不虛妄。沒有任何其他解脫狀態可以取而代之，它是無上且莊嚴的。了知這一點，可以預防我們認為「有某種狀態比止息苦與苦因更為勝妙」的想法，它也預防我們將某種暫時或部分止滅的狀態誤以為是究竟的涅槃。例如，一個在欲界、具有神通的人看見在色界體驗到的樂，但因為他的神通有限，而無法看見那個狀態的盡頭，所以誤將它當作是永久的解脫。

■第四種行相：涅槃是「離」

涅槃是「出離」（巴nissaraṇa；梵niḥsaraṇa），因為它完完全全地、不退轉地脫離輪迴。解脫是「出離」或「永出」，因為它是一種不退轉的、遠離輪迴痛苦的脫出。這反駁了「解脫是可退轉的，究竟的寂靜狀態是會退墮」的誤解。因為滅諦盡除所有的煩惱和業，所以，不會再有投生或引起輪迴的苦因。一旦證得滅諦，解脫就不會退墮。

思惟這四種行相（滅、靜、妙、離），鼓勵我們不要半途而廢，而要繼續修行，直到證得涅槃。

道諦的四種行相

巴利語傳統將道諦描述為八聖道，中觀學派則說，一條真正的道路（道諦）是聖者的了證，其了證充滿直接證悟「自性空」的智慧。道諦存在於所有三乘聖者的心續之內，了悟空性（無我）的智慧是首要的道諦，因為它直接牴觸無明。無明執著於「自性」，而了悟空性的智慧卻看清「自性空」。因此，它能夠徹底根除無明和源自於無明的煩惱。當煩惱止息，染污的業也不再被創造出來，因而不再有投生輪迴的動力，解脫於焉證得。

■第一種行相：了悟無我的智慧是「道」

直接了悟無我的智慧是「道」（巴magga；梵mārga），因為它是通往解脫的無謬道路。這是通往解脫的智慧，了知這一點，可以反駁「沒有道路可以使我們脫出輪迴」的誤解，並且賦予我們修持道諦的信心。如果我們相信沒有這樣一條道路，我們就不會勇於學習和修持，因而繼續陷在輪迴之中。

■第二種行相：了悟無我的智慧是「如」

直接了悟無我的智慧是契合正理（巴ñāya；梵nyāya；如）的，因為它是直接對抗煩惱的力量。了悟無我的智慧即是正道，因為它是一種力量強大的對治法，直接斷除我執，盡除痛苦。了解這一點，可以斷除「這個智慧不是解脫之道」的誤解。在認識這是一條解脫道之後，我們將會熱切地培養這種智慧，了知束縛的本質，並且如實地解脫輪迴。

■第三種行相：了悟無我的智慧是「行」

直接了悟無我的智慧是「行道」（巴paṭipatti；梵pratipatti），因為它無誤地了悟心性。世俗的道路無法達成我們究竟的目標，但這個智慧卻通往無誤的修行成就，因為它是一種

「智」，直接了悟究竟的心性——心的自性空。藉由這麼做，它根除煩惱，成就解脫。了解這一點，根除「色界定和無色界定等世間之道可以盡除痛苦」的誤解。它們或許充滿樂，但這些禪定不保證真正的解脫。同樣地，極端苦行的世間道路也不會斷除貪愛。

■ 第四種行相：了悟無我的智慧是「出」

直接了悟無我的智慧是永遠出離（巴niyyānika；梵nairyāṇika）的，因為它帶來不退轉的解脫。現象（法）缺乏自性，自性和無自性兩者是相互排斥的。藉由了悟現象缺乏自性，智慧可以確鑿地去除執著於自性的無明。這種智慧不會中途而廢，肯定會盡除所有的障蔽，將我們從輪迴徹底地救度出來，使苦永遠無法再現。這斷除了「煩惱可以再生，無法徹底根除」的誤解。它也根除「某些道路或許能夠止息一些苦的行相，但並無道路可以徹底止息苦」的錯誤見解。

思量這四種行相（道、如、行、出），鼓勵我們觀修道諦，摧毀苦與苦因，證得究竟的滅諦。

巴利語傳統的「四諦十六行相」

巴利三藏的經藏裡，舍利弗（Sāriputta）所作的《無礙解道》闡釋了四諦的十六種行相。❹

苦諦的四種行相

五蘊以及我們的家、朋友、財物和聲譽等一切有為法，都包括在苦諦之內。在此「一切有為法」是指受到無明和業影響的事物。「逼迫」是苦諦的主要行相，其他三種行相則顯示說明了五蘊和其他依緣和合而生的事物是壓抑、沉悶且令人窒息及無法承擔的。

■ 第一種行相：五蘊是「逼迫」

五蘊是逼迫（pīlana）的，「苦」意指受到生與滅的逼迫。五蘊都會墮落，在連下一剎那都無法持久的情況下，它們的本質是苦和不滿。不論我們生在輪迴的哪一道，從最高的天道到最低的地獄道，一般的眾生都受到輪迴、五蘊和環境的逼迫。

■第二種行相：五蘊是「有為」

五蘊是有為（saṅkhata）的，創造投生善三道之因的需求，是「逼迫」的一個面向。為了投生為梵天界的天神，身而為人的我們必須創造證得禪那的「因」，這不易做到。布施和持戒是投生為欲界天神的「因」，當我們懷著解脫的熱望來修持布施和持戒，就不會覺得這些挑戰過度沉重。但是當我們的目標是投生善三道時，同樣的修持就會變成單調、沉悶的苦差事，因為它們只會帶來另一次輪迴的投生。

眾生因為從事十不善業而投生下三道。不善的行為在眼前帶來微乎其微的歡樂，之後通常會受到罪惡感的折磨。此外，我們會在現世體驗到其他人對我們加諸的傷害所作出的反應。

■第三種行相：五蘊如「燃燒」

五蘊如火般燃燒（santāpa，折磨），下三道的五蘊痛苦悲慘地「燃燒」，幾乎無一刻緩解。即使我們投生善三道，仍然時時刻刻受到痛苦不滿的折磨。梵天界的天神飽受我慢、邪見和其他煩惱之苦；欲界的天神受到貪愛、自我中心和執著的折磨；人道眾生受到強烈煩惱的逼迫。為了活著，我們必須努力工作，但即便如此，也永遠不會感到心安，「工作」這個行為替從事十不善業搭起舞台。我們的錢財會散盡或被偷走，身體也會生病，我們渴望被愛、被欣賞、被尊敬，但這些從來比不上我們為了掙得愛、欣賞與尊敬所作的努力。

動物飽受被其他動物或人類吃下肚的痛苦。當牠們被捕獵、撲殺或虐待時，牠們無法為自己爭取辯護。餓鬼飽受飢渴和挫折之苦；地獄道眾生飽受身體痛苦的折磨。那些下三道的眾生甚至連絲毫短暫的快樂都難以尋獲，更別提佛法的安樂了。

■第四種行相：五蘊的本質是「變易」

五蘊的本質是變易（vipariṇāma），對一切眾生而言，就是必須一再地死亡和再生是悲慘不幸的事。善三道的眾生離開舒適的環境，投生更痛苦之「地」，而下三道的眾生則極難創造投生善三道的「因」。擁有一個輪迴的身體，就注定要面對失去、死亡和更多的再生。

一切有為法都注定會變易；在它生起的剎那，沒有任何事物會停駐。如果我們懷有深刻的正念，就可能以智慧看見這快速的變化。當我們真的看見這種變化時，它幾乎彷彿什麼也沒有，因為不論生起什麼，它在下一剎那就消失無蹤。

我們的五蘊、環境和享受是沉重的，因為在最初我們就必須費盡九牛二虎之力去創造得到它們的「因」。當擁有它們之後，我們受到它們引起的煩惱的折磨，並且最終必須在迷惑和不定的情況下與它們分離。藉由深思苦諦的四種行相（逼迫、有為、燃燒、變易），我們心中生起脫離輪迴的強烈欲望。

集諦的四種行相

集諦要為苦的生起和增長負起責任。貪愛是惹是生非的首腦，而且有三種類型：

一、欲愛（kāma taṇhā）：即對感官對境的貪愛和渴求。渴望六種感官對境，以及因為與它們接觸而生起的愉悅感受。它也使我們從事不善業，以獲得和保護我們渴望的事物。

二、有愛（bhava taṇhā）：即對存在（existence，有）的貪愛和渴求。渴求色地和無色地之樂，並尋求投生該處。它使得人們滿足於證得禪那，而不去培養帶來解脫的智慧。

三、無有愛（vibhava taṇhā）：即對不存在（nonexistence，無有）的貪愛和渴求。它使人們相信在死亡時，「我」的止息是寂靜且無上的，並且對此有所渴求。就較輕微的形式而言，它渴求我們所不喜歡的一切止息。

無明和貪愛攜手合作，齊時並進。無明是展開一連串緣起的第一個環節，而貪愛則是積極活躍地創造新業的因素，貪愛也使那個業在死亡時成熟。無明和貪愛兩者都無明朗且清晰可辨的起始，它們並非由一個無上的眾生所創造，也不是無因而生。它們是有為法，而且都是因為我們在過去生中擁有無明和貪愛而生起。

■第一種行相：貪愛是苦的「積聚」

貪愛積聚（āyūhana）苦因，它持續不斷地渴望去觀看、聽見、嗅聞、品嘗、觸摸、想像美麗的對境，因而展開狂亂的搜尋，使心散亂，而對世界無動於衷，並以藥物來治療自己的痛苦。如此一來，我們永遠無法真正地處理問題的核心。

我們通常認為自己是因為沒有心想事成而感到痛苦，但事實上，貪愛才是痛苦之因，由貪愛引起不滿足和痛苦。我們就如身上長滿跳蚤的狗一般，從未看見問題其實就出在自己身上。狗無法舒舒服服地待在一個地方，於是跑到另一個地方，滿心以為那裡沒有跳蚤。在我們的心離於貪愛之前，痛苦都會如影隨形。離於貪愛的心即是寂靜的心。

■第二種行相：貪愛是苦的「因緣」

貪愛是使苦源源不斷的因緣（nidāna），它並不會在我們如願以償時停止，這如同飲用鹽水，得到渴求的事物愈多，我們的渴求就會愈多。我們得到一件新東西，在短時間地享用它之後，就再度感到無聊乏味、不滿足，以及渴求其他的事物。在此同時，每個貪愛的剎那都創造更多貪愛的潛在因素，使我們在未來產生貪愛的傾向。

■第三種行相：貪愛是「結縛」

貪愛帶來束縛，並將我們和苦繫縛（saṃyoga）在一起，我們從來不想和人們、財物、處所、構想、娛樂以及自己所尋求的榮譽分離，貪愛將我們和苦結合在一起，它使我們想要和那些激起渴望和不足感的事物扯上關係。我們因為渴求認可和褒獎而與他人競爭，如果證明自己更為優秀，我們就會害怕失勢，並且因為維持地位的壓力而感到痛苦。如果其他人超越在前，我們就會因為羨慕嫉妒而受苦。不論在任何情況下，貪愛都不會帶來寂靜。

■第四種行相：貪愛是離苦的「障礙」

貪愛是阻止我們離於痛苦的障礙（palibodha），貪愛阻礙我們與所執著的事物分離。在深入檢視自己的感受和體驗後，我們會看見甚至在實現自己的渴望時，我們的心仍然無法平靜，反而充滿失去喜歡事物的恐懼。佛法是真正寂靜的唯一來源，但貪愛卻以這種方式阻止我們擁有平靜的心，並阻礙我們修持佛法。

儘管巴利語和梵文傳統都將貪愛視為苦之集諦的主要範例，但仍然有其他的障礙。巴利語傳統和梵文的《俱舍論》探討十種結縛（saṃyojana）——把我們束縛於輪迴，阻礙我們證得解脫的心所（心理因素）。在十種結縛當中，五下分結是身見結（個人身分認同之見）、疑結（迷妄的疑慮）、戒禁取結（戒律和修行之見）、欲貪結（巴kāmachanda；梵kāmacchanda；感官欲望）與瞋恚結。五上分結是色貪、無色貪、慢、掉舉與無明。

巴利語傳統和《俱舍論》概述三種「漏」（巴āsava；梵āsrava），也就是將我們束縛於輪迴之中根深柢固、無有片刻喘息的根本雜染——欲漏（巴kāmāsava；梵kamāsrava，感官肉欲的染污）、有漏（巴bhavāsava；梵bhavāsrava，存在〔有〕的染污）與無明漏（巴avijjāsava；梵avidyāśrava，無明的染污）。巴利語傳統的阿毘達磨（論）加入第四種「漏」——見漏（diṭṭhāsava，見的染污）。

巴利語經典列舉出一長串煩惱，以及從根本煩惱衍生出來的隨煩惱（巴upakkilesa；梵upakleśa；隨染）。梵文傳統所列出的煩惱和隨煩惱，有很多和巴利語傳統相同。

梵文傳統通常將六種根本煩惱視為解脫的首要障礙，這六種根本煩惱分別是貪欲（感官肉欲的執著）、瞋恚、惡見（巴diṭṭhi；梵dṛṣṭi）、憍慢、疑和無明。這六種根本煩惱加上有貪（bhavarāga，對存在〔有〕的貪欲），就相對應於巴利語傳統舉出的一系列隨眠（巴anusaya；梵anuśaya，潛在的習氣）。它們被視為潛在的習氣，能夠使煩惱現行成為纏縛煩惱（pariyuṭṭhāna）。

巴利語的注釋書釐清結縛和其他雜染存在於三個層次。隨眠是潛伏在心裡的潛能，當隨眠煩惱顯現為纏縛煩惱時，它們積極活躍地奴役心，進而成為違犯煩惱（vītikkama），使我們做出不善的身業和語業。當煩惱處於隨眠的層次時，我們的心相對來說是平靜的，我們可能因而產生迷妄，認為自己不再有特定的煩惱。我們的正念因而鬆懈，很快地，全面爆發的煩惱壓垮我們的心。我們無法壓制這纏縛煩惱，它滿溢出來，成為一種違犯煩惱，使我們做出有害的身業和語業。

滅諦的四種行相

涅槃是苦和苦集的真正止息。須陀洹（入流）、斯陀含（一還）、阿那含（不還）和阿羅漢等四種聖者經歷道果（magga-phala）而感知涅槃。

■ 第一種行相：滅諦是苦的「出離」

滅諦是出離苦，須陀洹享受離於身見、疑、戒禁取和其他邪見的寂靜；斯陀含儘管並未離於新的雜染，但他們已經減少貪欲和瞋恚；阿那含離於五下分結，阿羅漢則離於所有的結縛、雜染和染污。阿羅漢首先證得有餘涅槃（巴saupādisesa；梵sopadhiśeṣa），在出生時所領受的染污五蘊仍然留存，但是阿羅漢在死亡之後，五蘊就會永遠被拋棄，而證得無餘涅槃（巴anupādisesa；梵

anupadhiśeṣa）。

■第二種行相：滅諦是煩擾「遠離」

滅諦是遠離煩擾，凡夫受到雜染的折磨，他們的投生起伏不定，可能從地獄到無色地。四種聖者則遠離（paviveka）這些煩擾，他們的心變得愈來愈平靜，直到證得解脫。

■第三種行相：滅諦是「不死」

滅諦是「不死」（amata），即使四種聖者仍然擁有在出生時所領受的染污五蘊，但滅諦卻不會消退或消失。儘管須陀洹、斯陀含和阿那含可能會死亡和再生，但他們的滅諦卻從不喪失，並且會繼續下去。涅槃是不生不滅的，離於不斷死亡和再生等難測的變化。

■第四種行相：滅諦是「無為」

滅諦是無為的（asaṅkhata），我們痛苦的輪迴五蘊是有為且無常的，時時刻刻帶來不安和恐懼，滅諦則完全離於這種緣起，是真正的寂靜。四種聖者的滅諦永不退減或止息，他們無須每天或在每個禪座重新生起滅諦。

道諦的四種行相

八聖道是道諦，也就是心直接證悟涅槃；道諦帶來苦與苦因的滅盡。觀修五蘊的細微無常而生起觀智（巴vipassanā ñāṇa；梵vipaśyanā jñāna），進而了知五蘊是不可靠且痛苦的。五蘊在每個剎那生滅，因此它們不可能是一個獨立的「我」。這種令人解脫的觀智觀察（巴passati；梵paśyati）「無常」、「苦」和「無我」三種行相，並且了知（巴pajānāti；梵prajānāti）這三種行相是五蘊（或六根、十八界等）的特徵。因此，五蘊、六根（六處）等是「觀」的直接對境，並且可以根據這三種行相來理解。隨著這種觀智的加深，就會產生一種出世間的突破，以涅槃作為對境的道智（path wisdom）於焉生起。

■世間與出世間的八正道

正見、正思惟、正語、正業、正命、正精進、正念和正定等八正道，每個道支都具有世間的（lokiya）和出世間的（lokuttara）兩種面向。世間的面向與染污並存，由那些尚未證得聖者果位的人來修持。修持世間面向的八正道是值得稱讚的，而且會使修行者投生善三道。聖者擁有出世間的道支，能根除不同層次的結縛，並且通往解脫。八正道是循序漸進的，修行者首先培養世間的道支。當它們成熟，而且「止」、「觀」穩固堅定時，出世間的道支將在修行者專注於無為法（涅槃）的定中一起顯現。

佛陀在《中部．大四十經》（*Mahācattārīsaka Sutta*, MN117）裡闡釋每個道支，以及與其相對立的事物。

一、正見與邪見

邪見包括相信我們的行為沒有倫理道德的價值或不會產生任

●日本禪僧托缽。（圖片提供：Don Farber）

何結果；生命不會相續，一切在死亡時結束；輪迴的其他生存地並不存在；解脫是不可能的；以及雜染本具於心。

世間的正見是這些邪見的相反。它包括了知我們的行為具有倫理道德的面向，而且會帶來後果；在死亡之後，有生命的相續；輪迴的其他生存地確實存在；有已經實現八正道的聖者等等。

出世間的正見是在聖者心流內的慧根、慧力、擇法覺支和正見道支。出世間的正見直接通達四諦，直接證知涅槃。

二、正思惟與邪思惟

邪思惟是貪欲、瞋恚和殘害。

世間的正思惟是出離、無瞋（慈愛）和無害（悲憫）。在此，「出離」是平衡的心，離於對感官對境的執著；「無瞋」包含堅毅、寬恕和愛；「無害」是非暴力。正思惟促使我們生起正語、正業、正命，並且和他人分享我們的知識和了解。對於那些遵循菩薩乘的人而言，正思惟還包括菩提心。

出世間的正思惟包括在聖者心流內的尋（巴vitakka；梵vitarka）和伺（vicāra）、念頭、思惟和心的專注。正見和正思惟被包括在增上慧學裡。

三、正語與邪語

邪語是虛誑語、離間語、雜穢語和粗惡語等四種不善語。

世間的正語是遠離四種不善語的善語。培養正語需要刻意的努力，以及下定決心在適當的時機說真實語、溫柔語和仁慈語。

四、正業與邪業

邪業是殺害眾生、偷盜和邪淫。

世間的正業包括捨棄殺生、偷盜和邪淫等三種邪業，以及身體力行地去護生和保護他人的財物。對在家修行者而言，它也牽涉了明智和仁慈地從事性行為。對出家眾而言，它牽涉獨身禁欲。儘管飲酒不包括在邪業之中，但為了培養八聖道，放棄飲酒是必要的。即使在心明晰時，都難以培養正念，那麼，當心因為飲酒而迷醉時，就更難生起正念了。

五、正命與邪命

對出家眾而言，邪命包括用阿諛奉承、暗示、強迫、偽善、餽贈小禮來換取大禮的方式來獲得生活必需品。它也包括不當地使用信眾給予的供養，例如使用它們來取樂。對於在家修行者而言，邪命是指生產或販售武器；殺害牲畜；製造、販賣或提供酒類飲品；出版或行銷色情刊物；經營賭場；消滅昆蟲；向顧客索取高價；貪污和侵占公款；以及剝削他人。

世間的正命是捨棄暗示、奉承、賄賂、強迫和偽善等五種邪命，並且以誠實無害的方式來獲取生活必需品。在家修行者應該從事能夠貢獻社會、使社會正常運作且利益他人的工作。正命也是離於禁欲苦行和豪奢兩種極端的生活方式。

正語、正業和正命屬於增上戒學。世間的正語和正業是身、語七善業，相對於身、語的七不善業。出世間的正語、正業和正命是聖者遠離和捨棄邪語、邪業和邪命，並且從事正語、正業和正命。

六、正精進

世間的正精進是努力防止不善的生起（未生惡令不生）、捨棄已生起的不善（已生惡令永斷）、培養新的善（未生善令得生）、增長已有的善（已生善令增長）等四種正勤。藉由正精進，我們遠離有害的念頭，將精力導向發展具有利益的特質，並且努力過著非暴力和充滿悲憫的生活。正精進使我們能夠捨棄五種障礙，並且獲得禪定和智慧。藉由正精進，我們可以成就構成增上定學的正念和正定。

七、正念

世間的正念是四念處。在日常生活中，正念使我們能夠記得戒律。在禪修時，它將注意力集中於禪修的對境，使我們能夠辨識它的特徵、關係和特質。在深定的心裡，正念能帶來「觀」與智慧。

在證得涅槃時，出世間的正精進和正念和其他道支一同現起。

八、正定

正定包括四種禪那，直接導入解脫的定以正念來審察現象的本質。對初學者而言，正定是在日常的禪修當中，漸進地發展禪修的能力。

出世間的正定是在感知涅槃時，與智慧和其他道支相結合的四種禪那，正定即是出世間的道路。在正定當中，所有的八個道支都同時現起，各司其職。正定帶來正見、正智和正解脫。注釋書描述正智是一種了知心的觀察智（reviewing knowledge），徹底離於雜染。

第一道支「正見」將焦點放在因果業報和佛教的世界觀上，這對剛開始修行的人而言是必要的。修行者若未在某種程度上接受因果業報和佛教的世界觀，可能仍然會從修持其他七道支而獲益，但他不會獲得和具有正見的人同樣大的利益。

每一個相繼的道支都與其之前的道支相互關連。正見和正思惟提供修行的適當基礎；正語、正業和正命是日常生活的指引，也是首先要從事的修行。在這一基礎上，我們以正精進、正念和正定來培養禪修，進而使我們了解與實相本質有關的正見。這是更深層次的正見，因為它將焦點放在究竟的本質和涅槃之上。八聖道是三乘所有追隨者的共同修行。

■第一種行相：八聖道是「出」

八聖道通往解脫和出離（niyyāna），它直接消除所有的結縛和雜染，使我們從中解脫。

■第二種行相：八聖道是「因」

八聖道是證得所有滅諦之因，尤其是證得阿羅漢的滅諦之因，由於已經修持八聖道，因此修行者在成為聖者的剎那，就進入通往解脫之流。他們繼續發展三十七覺支，而且不會在生生世世之間退滅，直到證得究竟的涅槃。

■第三種行相：八聖道是「見」

八聖道了證和智見（dassana）四諦，藉由徹底了證四諦，聖者智見凡夫無法看見的事物。他們不再迷惘困惑，或對何者當修持、何者當捨棄而猶豫不決。

■第四種行相：八聖道是「力」

八聖道調伏各種貪執，賦予修行者威力或主權（ādhipateyya）。聖者們從不懼怕失去他們的果位，他們知道觀智和道智會堅定不移地留在他們的心續之中。藉由修持三增上學，聖者已經成為自己的主人。在見到涅槃後，即使只一瞥而過，他們已經對佛法產生全然的信心，擁有佛陀和僧伽的成就。

當修行者以正慧（sammāpaññāya）徹底見到苦諦的三相或四相時，他（她）就自然而然地了解四諦的其他十二相。

① 苦諦為四種顛倒所覆藏，這四種顛倒為：（一）常顛倒：執世間「無常」之法以為「常」；（二）樂顛倒：執世間諸「苦」以為「樂」；（三）淨顛倒：執「不淨」之身以為「淨」；（四）我顛倒：執「無我」之法以為「我」。這些顛倒是無明與愚痴有力且普遍的顯現，阻擋人對苦諦的了解，也因而妨礙對其他聖諦的認識。

② 「唯假名」意指一切法的存在皆為施設的存在，皆為原因與條件下的存在。

③ 四種顛倒可以顯現在三種層面之一：（一）一般的錯誤認知（想顛倒）；（二）思考方式的錯誤（心顛倒）；（三）表現在完全錯誤的見解與理論（見顛倒）。

❹《清淨道論》引用《無礙解道》（*Paṭisambhidāmagga*）所談的十六行相。以下的解釋是以緬甸學問僧雷迪（Ledi）大師所給予的開示為基礎。請參考網頁：http://mahajana.net/texts/kopia_lokalna/MANUAL05.html。

4 增上戒學

四諦為佛法修行建立了動機和架構。為了證得涅槃，我們必須培養戒、定、慧三增上學（DN 10: 1.6）。①三增上學不同於三學，因為前者的目標更為崇高。圓滿三學是為了完成在輪迴之中的目標，例如投生善三道，但三增上學的目標卻直接導向解脫和正等正覺。

戒律的重要性

佛教徒都同意人身具有更深奧的目的，而投生善道、解脫和正覺是重要的目標。由於煩惱阻止我們實現善的目標，因此我們試圖減少煩惱，最終根除煩惱。佛教專門設計出各種戒律，幫助我們調伏身業、語業和意業，藉以達到根除煩惱的目標。

根據梵文傳統，了證無我的智慧可以根除障蔽，而為了使智慧能夠適當地發揮功能，它必須伴隨專注於一境的禪定。為了達到深定，我們需要堅定不移的正念和正知（巴sampajañña；梵samprajanya）來調伏細微的內在障礙。剛開始，修行者藉由持戒來克制不善身業和語業的粗重外在障礙，進而培養堅定的正念和正知。

「戒」是指克制自己從事有害的行為，這適用於在家眾和出家眾。藏傳佛教包含別解脫戒（巴pātimokkha；梵prātimokṣa）、菩薩戒和密續戒等三種層次的戒。別解脫戒的焦點在於捨離有害的身業和語業；菩薩戒強調捨離自我中心的念頭、言語和行為；密續戒的目標則在於克服細微的心理障蔽。由於它們著重的焦點愈來愈細微，因此修行者依循別解脫戒、菩薩戒和密續戒的順序漸進地領受這三種戒。

為了獲致證悟，持守所受的戒律和誓戒是必要且不可或缺的。有些人在談到戒律和誓戒時，嘴上說得很勇敢，但當要持守時，卻變得膽小怯懦。我們應該採取相反的作法，在受戒之前仔細考量，謙卑地請求上師授戒，之後則適當且充滿喜悅地持戒。

不論修行者主要修持的是聲聞乘或菩薩乘，「戒」皆是修行的基礎。別解脫戒幫助我們調節身業和語業，並且在如此做時，我們必須與驅動這些行為的心合作。

雖然所有的佛教徒都試圖捨離十不善業，但領受戒律也牽涉了不共誓戒，因而能夠帶來不共的利益。身體力行地持戒可以預防具毀滅性的業，並且淨化惡習。它也使功德快速且穩固地累積，因為我們不犯戒的每個剎那，都是在積極地捨棄具毀滅性的行為，我們的心也因為從事具建設性的行為所累積的功德而變得豐沛。

戒律能平息煩惱之火，使心準備就緒，獲得更高等至的狀態；它也是三乘的覺醒道路，並且能實現我們的願望。持守戒律可以預防愧疚、悔恨和焦慮，可以避免恐懼和他人的指責，也是自尊的基礎。戒律促進世界和平，而人們在一個立誓放棄傷害他人的人身邊，也會感到信任和安全。人們無法偷走或侵占盜用良好的戒；它是投生善三道的基礎，而投生善道是繼續修持佛法的必要條件。身體力行地持戒創造了遇見善緣之因，並且能繼續在未來的生生世世修持佛法。在未來的生生世世中，我們因為已經習慣於修道和捨棄執著，所以，將會迅速地證得覺醒。

以別解脫戒調伏自心

下定決心要脫離輪迴，是領受八種別解脫戒的主要動機。在八種別解脫戒當中，有五種戒由出家眾所受持。持守第一種和第二種戒的出家眾分別是受具足戒的比丘和比丘尼，持守第三種戒的是式叉摩那（巴sikkhamānā；梵śikṣamāṇā，學法女或學戒女），持守第四種和第五種戒的分別是沙彌和沙彌尼。有三種戒是由在家眾所受持，持守第六種和第七種戒的分別是優婆塞（upāsaka，在家男眾）和優婆夷（upāsikā，在家女眾），以及持守第八種一日戒的近住（upavāsa）。

在家眾領受在家五戒，並且終身受持不殺生、不偷盜、不邪淫、不妄語、不飲用致醉品（包括酒類、消遣性毒品和濫用處方藥物）。當在家眾進行八關齋戒時，除了遵守五戒之外，也不從事性行為；不坐臥在高廣大床或座椅上；不唱歌、跳舞、聽音樂；不塗抹香水和化妝品，或穿戴飾品；不在不適當的時機飲食（即不在中午之後和隔天黎明之前的這段時間進食）。

人的能力和興趣各有不同，因此你可以選擇最適合自己的別解脫戒。不論你選擇哪一種，都要懷著良善的動機和發心來持戒。躲債、避免照顧孩子或年邁的雙親，以及為了獲得棲身之所或免費的食物，都不是領受出家戒的好理由。

有些人認為，出家戒限制身和語的不當行為，因此持戒清淨只涉及外表——行止得宜。然而，我們需要調伏自心，才能真正地調伏外在的行為舉止，因為所有身和語的行為活動都源自心的意圖。

對於選擇出家的人而言，持戒使他們更感到心滿意足。由於我們是自願地限制自己的所作所為，因此要練習去滿足於自己所擁有的事物，並且放下渴望的衝動。僧人可能只在某些時段飲食，而且不可要求特定的食物，不論領受到何種食物都必須接受。佛教僧人不必茹素，但是持守菩薩戒的中國僧人則要茹素。僧人只能擁有一套屬於自己的僧袍，不能身穿昂貴的僧袍，而且只能擁有少數幾件個人的物品。除此之外的任何物品，應該都被視為僧團或與其他僧人共享的財物，這減少了渴望「更多和更好」的不滿足之心。

僧人限制與家人之間的連繫，以避免情感的依賴和捲入使自己遠離佛法修持的活動之中。僧人使用法名，象徵拋棄自己曾經是其他人的親友身分，並採取僧人的生活方式。

持戒可以發展正念和正知。如果我們即將從事某些行為，應該訓練自己立刻如此思惟：「我是僧人，已經選擇不去做這件事情。」藉由培養這樣的正念，檢查自己清醒時的行為舉止是否合宜，我們的正念因而變得更加堅定穩固，並且也會在夢中生起正念。

持戒也有助於發展忍辱（巴khanti；梵kṣānti）。《解脫戒經》（*Prātimokṣa Sūtra*）說道：

> 忍辱是第一且首要的道路，
> 佛陀宣說其為證得涅槃的無上途徑，
> 已經離開家庭生活，但仍然傷害他人者，
> 不能被稱為出離者。②

為了提升出家人的善德，佛陀指示要在四種情況之下修持忍辱：

一、如果他人對你動怒，不要以怒還怒，而要忍辱以待。

二、如果他人毆打你，不要挾怨報復。

三、如果他人批評你，不要羞辱對方或使對方難堪。

四、如果他人羞辱你或使你難堪，不要以相同的方式來回應。

這些是真正的苦行，可以增長你的忍辱，為你的人際關係和社會帶來和諧，並且通往覺醒。

有些人認為，戒律是由一個絕對的權威制定、無有轉圜餘地的規則。很自然地，這讓他們感

到不自在。但是別解脫戒並非如此，它們是有用的修學和訓練，可以帶來善果。例如，如果想要身體健康，我們要自行採取新的飲食習慣，並且避免從事使身體虛弱的活動。同樣地，若要捨棄貪、瞋、痴，我們就要減少從事受到貪、瞋、痴驅動的行為，並且避免觸發貪、瞋、痴的對境。因此，戒律並非由一個外在的權威強加在我們身上，它們是我們為了實現修行目標而自行持守的訓練。

在僧伽成立的最初十二年裡，僧伽並無任何戒律。但是當一些僧人因行為不檢而被告發之後，佛陀便制定戒律來棄絕那種行為。後來，當不同的情況出現之後，佛陀破例或給予其他的指導方針。因此，戒律並非絕對的規則。

有些戒律涉及禮儀，由於每個文化的禮儀各有不同，因此我們必須入境隨俗，採取適合該文化的行為舉止。

別解脫戒是三乘修行者共有的戒律，那些從事菩薩或密續修行的人不可忽略或小看別解脫戒。事實上，菩薩戒和密續戒嚴格禁止修行者疏忽別解脫戒，如果對別解脫戒心生不敬，那是一種嚴重的過失。我們必須竭盡所能地持守所有的戒律。

僧人為何必須禁欲？

由於現代社會高度讚揚「性」的歡悅，因此，有些人納悶為何僧人有禁欲獨身的戒律。這其實和我們的修行目標有關。

在佛教修行的第一個層次上，我們在「人性」這個範圍內運作，而人性源自我們所擁有的這個輪迴的身體。這個層次強調調伏粗重的煩惱，避免從事十不善業，並且鼓勵人們克制極端強烈的性欲，捨棄邪淫（不明智或不仁慈的性行為），因為邪淫會為自己或他人帶來痛苦和迷惑。然而，在家修行者可以適當地從事性行為。知名的越南比丘一行禪師認為，沒有「愛」和「承諾」的性行為，即是不明智的性行為。雖然佛經並未提及這一點，但我也認為真的是如此。若要一段關係能長久穩定地維持，對伴侶的愛和責任感是很重要的。

在佛教修行的第二個層次，我們不再尋求輪迴的歡悅，而是想要超脫輪迴。由於貪愛是輪迴生起的主因之一，因此若要證得解脫，我們必須離於對五種感官對境的執著。在所有形式的執著當中，性欲最為強烈且錯綜複雜，因為它不但牽涉了所有五種感官，也涉及了心。因此，佛陀建議那些想要離於貪愛的人，必須克制性欲。

在修道的這個層次上，我們甚至必須質疑和違反一般被視為人之常情和生理構造的習氣，其中包括性欲。現在，我們的目標是解脫，而執著於性關係則會阻礙我們解脫。雖然性欲會自然而然地在體內生起，但我們可以加以控制。因此，人們懷著要超脫輪迴的決心而領受出家戒，其中就包括禁欲獨身的戒律。

那些技藝嫻熟、目標遠大的運動員，都亟於

●供養食物給僧伽。（攝於馬來西亞，圖片提供：Losel Chuah）

避免某些會阻礙他們訓練或達成目標的活動。他們願意克制自己不吃特定的食物，也不參與笙歌樂舞的社交生活，而將時間投入於持續不斷的訓練。這種克制不是不健康的壓抑，而是達成他們渴望之目標的必要條件和助力。同樣地，出家人願意放棄性關係，不沉浸於性的歡悅，便是因為這些會阻礙他們達成修行的目標。

在選擇如何或是否使用性欲時，其中牽涉了許多因素，而每個人都必須小心謹慎地考量這些因素。佛陀並未說每個人都必須放棄性行為，這是個人的選擇。然而，如果一個人已出家，他（她）就必須獨身禁欲，絕對沒有「有配偶的僧人」這回事！

三個部派的戒律

所有的戒律部派都含納在聲聞乘裡。雖然許多修持菩薩乘的人出家而持戒，但佛教並無大乘戒的出家戒。現存的三個戒律傳承源自早期佛教原始的十八個部派，這三個傳承是：

一、上座部的律藏（即《上座部律》）：以巴利語寫成，主要由南亞和東南亞國家的僧伽受持，它源自於印度阿育王的兒女在西元前三世紀引進斯里蘭卡的戒律傳承。

二、法藏部（Dharmaguptaka）的律藏（即《四分律》）：在西元四一〇至四一二年間由佛陀耶舍（Buddhayaśas）翻譯成為中文。西元七〇九年時，唐中宗下令法藏部戒律是唯一在中國使用的戒律。中國、台灣、韓國和越南主要遵守此一戒律。

三、根本說一切有部（Mūlasarvāstivāda）的律藏（即《根本說一切有部毘奈耶》）：是由那瀾陀寺的寂護大師帶入西藏，並且盛行於西藏、蒙古和喜馬拉雅山區。

這三個部派的戒律在書寫成文之前，是經由口述的方式傳承下來，達數個世紀之久，而且三個部派的地理位置之間有相當大的距離。因此，它們對出家生活的描述，其中的相似性令人驚歎。基本上，它們全都遵循相同的戒律，都行使相同的僧羯磨（巴saṅghakamma；梵saṅghakarma）③。

上座部的《上座部律》

《上座部律》分為三部分：

一、《經分別》（*Suttavibhaṅga*）：包含別解脫戒。每條戒律都以四部分來解釋：（一）促使佛陀制定此戒的背景故事；（二）戒的本身；（三）從古注釋書《文句分別》（*Padabhājaniya*）中逐字解釋該戒條；（四）引用更多的故事來顯示與此戒律有關的特殊情況，以及如何加以處理。

二、《犍度》（巴*Khandhaka*；梵*Skandha*）：有兩卷：（一）《大品》（*Mahāvagga*）處理的主題包括：受戒；每半月的布薩（巴uposatha；梵poṣadha）；入雨安居（巴vassa；梵varṣā）；自恣（巴pavāraṇā；梵pravāraṇa）；皮革（鞋子）；醫藥；供養迦絺那衣（kaṭhina）；衣著；合法的活動；破僧。④（二）《小品》（*Cullavagga*）則描述：呵責處分；懺悔、察看和施以處分；平息紛爭；房舍寢室；破僧；儀法；取消說戒；比丘尼；佛教的兩次結集。⑤

三、《附隨》（*Parivāra*）：是附錄，總共十九個章節，其內容涵蓋《經分別》和《犍度》。它似乎是後來才添加的部分，由斯里蘭卡的長老撰寫或彙整而成。

十五世紀時，覺音針對別解脫戒撰寫了一本具權威性的注釋書——《善見律毘婆沙》（*Samantapāsādikā*）；一個世紀之後，法護也針對同一個主題撰寫了注釋書。覺音和法護兩人都極為仰賴幾本在斯里蘭卡的大寺撰寫的注釋書，在這些注釋書之後，又有數本針對戒律所寫的注釋書。

法藏部的《四分律》

法藏部律藏也稱為《四分律》，因為它總共有六十卷，被分為四部。它也被區分為三個類別：

一、《經分別》：包含比丘和比丘尼的別解脫戒。

二、《犍度》：解釋僧眾應該從事的各種修行法門，而且這些修行法門是由二十「事」（vastu）或「基礎」組成。它的內容類似《上座部律》的《犍度》。

三、《附隨》：是大約在西元前三世紀彙整而成的，作為《經分別》和《犍度》的增補，其中探討戒律的編輯和佛教的第一次和第二次結集。它釐清了疑慮，描述與戒律有關的非常情境，並且處理其他相關的主題。

根本說一切有部的《根本說一切有部毘奈耶》

《根本說一切有部毘奈耶》有「毘奈耶阿笈摩」（vinaya-āgama，律教）四大部，是由梵文翻譯成藏文。

一、《律本事》（*Vinayavastu*）：相對應於《犍度》，由戒學的十七事所構成，包括出家事、布薩事、隨意事、雨安居事、皮革事、藥事、衣事、迦絺那衣事、拘睒彌事、羯磨事、黃赤事、補特伽羅事、別住事、遮布薩事、臥具事、諍事和破僧事。

二、《律分別》（*Vinayavibhaṅga*）：以原始的故事來說明比丘和比丘尼戒，詳細解釋每條戒和例外的情況。它相對應於巴利語的《經分別》。

三、《律雜事》（*Vinayakṣudrakavastu*）：討論比丘和比丘尼別解脫戒的次要重點。

四、《律上分》（*Vinayottaragrantha*）：釐清以上三部中深奧艱難的要點。

西藏人遵循的是印度大師德光（Guṇaprabha）和釋迦光（Śākyaprabha）所著的釋論。德光是印度學者，精通經、律、論三藏。人們使用他的釋論《律經》（*Vinaya Sūtra*）和《百一作法》（*Ekottarakarmaśataka*）來研究出家戒。

三個部派戒律的條數（見【表4-1】、【表4-2】，頁113）和意義都非常類似，其中只有微小的差異。例如，在《根本說一切有部毘奈耶》裡關於如何穿著下衣的七條戒律，在《上座部律》裡被歸納為一條戒。

僧伽的責任

在梵文傳統裡，我們皈依的僧寶可以是任何已經直接了證空性的僧人或在家人。僧伽也是指一個至少由四個受具足戒的僧人所組成的團體。雖然不是每個僧人都已經直接了證空性，但出家僧伽卻代表著僧寶。為了成為一個發揮完善功能的僧人，他們必須從事布薩說戒、雨安居、自恣懺悔等三種主要的出家修持。

佛陀也談及「四眾弟子」，這是佛陀的追隨者組成的廣大社群，包含已經領受具足戒的比丘和比丘尼，以及已經皈依、領受五戒的在家男眾和女眾。將佛法中心裡的一群在家眾稱為「僧伽」會令人感到困惑，尤其如果人們誤以為這群人是皈依的對象——僧寶，那就更會令人感到困惑了。基於此一理由，使用「僧伽」傳統上的意義來指稱僧人所組成的團體，這會比較清楚，也能避免誤解。

縱貫古今，僧伽之所以一直受人尊敬和珍視，那是因為它的成員藉由領受奉行比丘戒和比丘尼戒而修持增上戒學。由於僧伽的成員過著簡樸的生活，遠離家庭的掛礙，不必以工作來提供家庭所需，因而有更多的時間來研習和修持佛法。因此數世紀以來，僧伽背誦、研習、思惟

【表4-1】各傳統的戒律條數

戒律	比丘戒	比丘尼戒
上座部	227	311
法藏部	250	348
根本說一切有部	253	364

【表4-2】各部派比丘戒的分類及其條數

比丘戒的分類	上座部	法藏部	根本說一切有部
波羅夷（pārājika）——最嚴重的違犯⑥	4	4	4
僧伽婆尸沙（巴saṅghādisesa；梵saṅghāvaśeṣa）——向僧伽大會發露懺罪⑦	13	13	13
不定（aniyata）⑧	2	2	2
尼薩耆波逸提（巴nissaggiya-pācittiya；梵naiḥsargika-pāyattika）⑨	30	30	30
波逸提（巴pācittiya；梵śuddha-pāyattika）⑩	92	90	90
波羅提提舍尼（巴pāṭidesanīya；梵pratideśanīya）⑪	4	4	4
眾學法（巴sekhiya；梵śaikṣa）⑫	75	100	112
滅諍法（巴adhikaraṇasamatha；梵adhikaraṇaśamatha）⑬	7	7	7

和觀修佛陀的教法，並且將教法傳授他人，一直擔負延續佛陀教法的重責大任。在家修行者也能做同樣的事情，但是在家眾的家庭所發揮的功能不同於寺院；寺院為全天專事修行和存續教法提供了一個實體的處所。當人們思量出家生活和研習、修持佛法的目的時，他們會感覺受到激發與鼓舞。他們生起一種樂觀的感受，希望並期待前往寺院、寺廟或佛法中心，一起和僧伽修行。

為了未來的世代而護持佛法，是一件重要的事情。當人們研習和解釋佛法時，就等於是在護持「經教教法」（transmitted doctrine）；當人們修持並在心中實證這些教法的意義時，就是在護持「實修證法」（realized doctrine）。在此一關連當中，僧伽是重要的，因為他們廣泛地修持和了證增上戒學，而增上戒學是培養禪定（定）和智慧（慧）的基礎。

根據經典的說法，佛教教義是否能在一個地方發揚光大，取決於四眾弟子是否在該地出現；有四眾弟子之處，即是「中土」（central land）。持戒的僧伽，尤其是修持三大出家戒法的僧伽，是使佛教在社會成為一個活生生的傳統的關鍵。一個個人雖然可能擁有高深的修行證量，但這無法使佛教教義在某個地方發揚光大。

藉由深思佛教的基本法教，就會自然而然地生起想要成為僧人的堅定興趣。藉由思惟「悲心」和「緣起」，人們對心性產生興趣，進而領會空性、再生和「業」，這進一步使人們了解獲得解脫的可能性。當人們相信這個可能性之後，將自然而然地喜歡依照戒律而過活，進而可能領受出家戒。在《中部．心材喻大經》（MN 29:2）中，佛陀解釋受戒的正確發心：

> 某個族人出於信心而離開家庭生活，成為無家之人。他思量：「我是生、老、死、哀傷、悲痛、痛苦、憂傷和絕望的受害者。我是苦的受害者，苦的獵物。我肯定可以了知這整個痛苦的盡頭。」⑭

佛陀建立僧伽有其目的。為了調伏煩惱，我們需要正慧，而為了持有這樣的見地，心專注於一境是必要的。為了達到定，我們需要正念和正知，而這兩者需要透過戒學來培養。出家戒比在家戒嚴格，因此能夠更有效地調伏心。在家眾的生活或許比較多彩多姿，但出家生活比較穩定。雖然出家生活是困難的，並且需要放棄性生活等，但即使在今生出家也有其利益。出家生活受到讚揚，因為它和發展三增上學有直接關係。

成為僧人的條件

下面這個論點是重要的——人們認為出家生活是落伍的，或與現代生活格格不入。我們的導師釋迦牟尼佛是一位僧人，從他離開宮殿，直到圓寂，都過著僧人的生活，超過五十年。他的持戒克己和出家的生活方式，皆是他的清淨心自然的展現。因此，許多偉大的佛教大師也都如此地過生活，而他們的生命典範傳達了出家生活的重要性和利益。

然而，並非每個人都適合出家生活。人們必

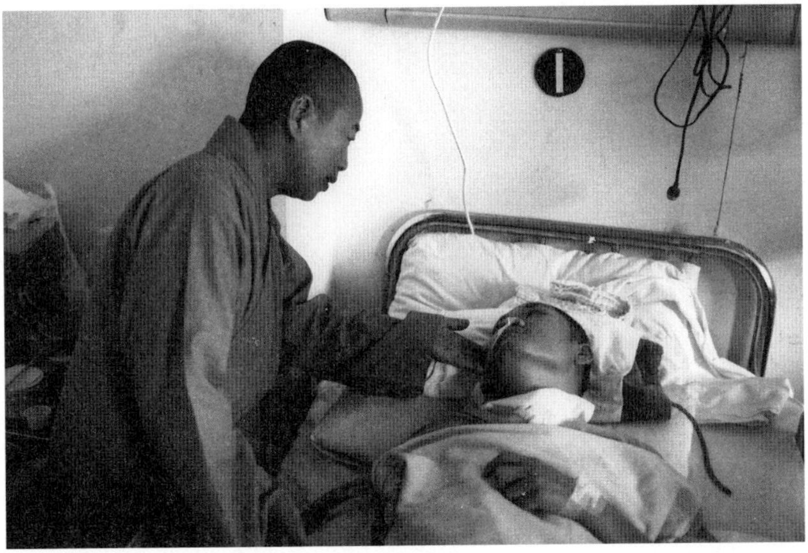

●佛教尼師安慰病患。（攝於台灣花蓮的慈濟醫院。圖片提供：Don Farber）

須選擇最適合自己的生活方式，並且對自己從事修行的能力具有信心。精進的在家修行者也能夠證得高深的證量，馬爾巴（Marpa）及其弟子密勒日巴（Milarepa）都是具有高深證量的在家修行者、瑜伽士和上師。

佛陀描述如何過出家生活（DN 2:42）：

在離開家庭生活而過著無家的出家生活之後，他依波羅提木叉的禁戒，持戒而住，堅守正當的行為，看見最輕微的過患所帶來的危險，持守身、語、意的誓戒，致力於過著善巧、清淨的生活，圓滿戒律，守護諸感官之門，善巧於正念、正知，並且知足。⑮

人們必須受到出離心的驅動而領受出家戒，也就是受到離於輪迴、證得涅槃的熱切期望所驅使。儘管如此，有些人仍然懷著比較世俗的動機來出家。這樣的結果是，有些僧人是真正的修行者，而另一些則不是。如果那些行為不當的僧人能夠還俗，做一個好的在家修行者，會是比較好的作法。我相信，我們有必要去強調僧人的品質重於數量，同時應該更小心謹慎地篩選想要出家的候選人，並且在他們出家之後，確定他們接受適當的訓練和睿智的出家長老的指引。

穿袈裟和剃髮這兩個動作不足以構成僧人的條件，還必須好好地持戒。接受供養，但如果不好好地持戒，就會製造惡業，惡業將在投生惡趣時成熟。針對《增支部》所作的注釋書解釋四種受用或使用食物、衣物、住所和醫藥等生活必需品的方式。

一、「盜賊受用」：指僧人違犯戒律、舉止低劣，但卻懷著信仰來使用供養的生活必需品。這就有如盜賊，因為這些生活必需品是供養給修行良好者使用的。

二、「負債受用」：指行止正當的僧人受用供養，但未思量施主的仁慈、布施和功德，並沒有為了施主的安樂而迴向。這位僧人使用這些生活必需品，但未實現他（她）對施主的承諾。

三、「繼承受用」：指修學的聖者受用供養，由於他們即將成為阿羅漢，因此這彷彿他們在使用日後將要繼承的遺產。

四、「主受用」：指阿羅漢使用這些生活必需品。由於阿羅漢已經盡除所有的染污，圓滿修道的目標，因此這些是他們可受用的供養。

如佛陀在《中部．心材喻大經》（MN 29:2）所指出的，一些人可能懷著真誠的發心而展開出家生活，但後來卻受到世間八法⑯的破壞。他們執著於供養和人們的敬重，進而使他們讚揚自己、誹謗他人。他們迷醉於利譽，愈來愈自得意滿和粗心大意，活在當前的痛苦當中，並且製造未來痛苦之因。

其他人雖持戒精嚴，卻傲慢並讚美自己持守戒律，並誹謗他人放逸散慢。這種傲慢使他們變得自滿，疏於發展進一步的善德。同樣地，出家人可能獲得「止」，或在深定中體驗到短暫的解脫，但他們欠缺正知，執著於自己的成就而驕傲自大，自得意滿，進而不再精進地去實現修行的目標。因此，保持謙遜，將焦點放在解脫和正覺的究竟果位上，才是重要的。

僧人必須時時強化自己捨離世間八法、捨離苦以及證得解脫的動機和發心。身為僧人，我們的任務是盡可能地學習、思考和觀修廣大甚深的教法。在此之後，我們應該教導、翻譯、撰寫和帶領他人修行，如此佛法才能長存世間。

僧人並非完美無缺的，我們可能會看見僧人行為失當。此時，我們應該竭盡所能地幫助他矯正其行為，但必不可因為個人的惡劣行為而對整個僧伽失去信心，同時避免因為一個人的行為失當，而批評所有的僧人。

僧俗該有的區別

在西藏，有「白」和「藏紅／褐紅」兩個修行者組成的團體。「白」是指在家修行者，因為他們身穿在家佛教徒常穿的白衣。儘管他們不奉行剃髮等外在形式的出家生活，卻遵循五戒、菩薩戒和密續戒。「藏紅」是指獨身禁欲者，遵循出家戒；在外表上，他們身穿藏紅色的出家僧袍。

在西藏，這兩個團體都清楚且有方向地修行。然而時至今日，我們發現人們既非「白」，也非「藏紅」。我們發現僧人穿上在家人的服飾，在家人則穿上看似出家僧袍的衣物。大眾因此感到困惑，並且質疑：「這個人看似僧人，但卻娶妻，又佩帶珠寶。怎麼回事？」連我看見這些人時，都會感到困惑！

這在國際佛教團體內也是一個問題。人們因為無法清楚地判定一個人的身分而感到困惑：這個人是僧人、在家上師（lay teacher）或已婚上師（priest）？如果我無法區分他們之間的不同，我怎能對不同的修行者有所期待？

名稱也是一個困惑點。由於日本並無別解脫戒，因此日本的僧人通常是已婚的。我建議將所有佛教傳統的已婚上師稱為「priest」。世界佛教徒聯誼會（World Fellowship of Buddhists）將受具足戒者稱為「尊貴的」（venerable），而已婚的上師則稱為「可敬的」（reverend）。這點非常地有幫助。

就衣著而言，如果僧人、已婚上師和在家修行者穿其獨特的衣裝，那就會比較好了。在許多場合，我要求藏傳佛教的在家上師穿著西藏或西方在家眾的服飾，或白長袍加上有幾條藏紅色條紋的白色披巾。如此一來，人們就知道他們不是出家人，也能夠與其相應對。然而，在這些人當中，仍然有許多人繼續穿著看似出家僧袍的衣服，我對此束手無策。

僧人應該穿著僧袍，除非穿僧袍會帶來危險，例如從事手工操作的工作。

西藏僧人的生活

上座部、法藏部和根本說一切有部傳統的一些僧人過午不食，而許多上座部的僧人托缽乞食，並且不持金銀，這真是太棒了！由於僧人占西藏人口的極大比例，這實際條件的限制，阻礙了每個人嚴格遵守這些常規慣例。

在一九五九年以前，大約西藏男性人口的四分之一都是僧人。在西藏和現今的印度，一些寺院可容納數千名僧人，其規模有如一座小型的城鎮。這些大寺院也是佛學院，提供為期大約二十年的完整學習課程，其中包括教法、背誦、辯經、戒儀、個人學習和共修法會。許多年輕男孩加入寺院，由於背誦和學習的孩童和年輕人為數眾多，因此寺院裡充滿了活動。年長的僧人於是前往僻靜的處所從事禪修，以避免受到干擾。

「辯經」的傳統源自古印度，佛陀本身也曾和當時的沙門和婆羅門進行哲學辯論。在後來的幾個世紀，大規模的印度僧伽大學將辯經當作是一個學習的工具。同時，在面對非佛教學者的挑戰時，辯經可以確立佛陀教法的真實正確性。藏傳佛教一直持續這個傳統。

辯經的關鍵要素是擁有一大群可分享其不同想法的僧人，但這些主要寺院的人口眾多，當地村民無法負擔每日的施食，而且村莊的街道上會擠滿數千個托缽化緣的僧人，所以儘管在家眾捐贈食物給寺院，但卻很難為數千個人烹煮食物，因此，許多僧人在寺院群居的屋舍裡準備食物。他們必須購買和烹調自己的食物，而這需要手持金銀。

儘管如此，在西藏和西藏人流亡印度的早期，一些僧人仍然經常餓著肚子繼續學習和修行，我知道一些如今是傳法導師的優秀僧人曾經如此過活。

西方僧人面臨的挑戰

藏傳佛教的西方僧人的處境特別艱難，因為在西方國家少有寺院，而且居住在印度要面臨簽證、健康和語言的困難。一些上師在授予西方人士出家戒之前，並未作充分且適當的篩檢，或在授戒後未提供適當的訓練；一些西方僧人也面臨財務的困境。一九九三年，在與西方佛教導師進行一場會議期間，一些西方僧人對我述說他們所面臨的困境，而我除了哭泣之外，什麼也幫不上忙。

我們必須思考如何彌補這個情況，然後採取行動。對西方僧人而言，最佳的解決之道是興建寺院，並且發展他們自己的訓練課程，西藏人則可從旁協助。

在許多寺院，欲出家者在領受具足戒之前，必須通過許多階段和次第，我欣賞這種漸進的方法。這給予欲出家者時間去思考出家的生活，並且評估自己是否適合出家的生活。同樣地，僧團也因此有機會去評估欲出家者是否適合出家。我鼓勵那些考慮領受出家戒的西方人士，以在家修行者的身分住在寺院一段時間，體驗這種生活和修行的方式。如果他們適合這種生活方式，便可以慢慢循序漸進地受戒，並且能夠在更深入地投入之前，去適應每個層次的戒律。

和其他僧人一起生活是重要的，這些僧人可能是我們的上師、同儕或學生。雖然目前在西方國家的寺院極為稀少，但我們希望未來將興建更多寺院。不住在僧團裡的僧人應該和那些持有類似戒律、見地和熱望的法友建立情誼，並且與住在其他地方的僧人保持連繫。如此一來，他們可以和這些法友一起討論佛法及其所面臨的挑戰。

藏傳佛教女性受具足戒的議題

多年來，我已經多次談論比丘尼受戒這個議題，並且表達我希望根據根本說一切有部戒律傳統來授予比丘尼戒。當寂護大師在八世紀將比丘受戒傳承引進西藏時，很不幸地，他並未順帶引進比丘尼的受戒傳承。因此，比丘尼受戒從未在西藏生根。然而，我們的導師佛陀本身卻在其住世期間建立比丘尼僧團，並肯定女性證得解脫和正等正覺的能力。他也表達，他希望四眾弟子得以存續，並說這四眾和諧地修持佛法，將會使他的教法常住於世間。基於所有這些理由，比丘尼存在於西藏社群是重要的，而且如今尼師們的教育大獲改善，因此這一點尤其真確。我們現在看見許多尼師成為優秀的學者，甚至有一些尼師領受「格西瑪」（geshema）⑰的學位，這表示她們通曉佛教哲學。

不論我前往世界何處，我都看見許多女信眾，而且在許多地方，她們的數量多於男性。因此，唯有讓女性承擔和得到領受具足戒所帶來的責任和特權，才是正確的作法。我個人並未擁有在西藏社群建立比丘尼受戒傳承的威權，但這是僧伽作為一個團體所必須決定的議題。多年來，我一直建議召開一個國際僧伽會議來決定此一議題。為了作好準備，如果西藏比丘能夠針對如何授予根本說一切有部比丘尼戒來達成共識，那會是一件好事；我很高興許多藏傳佛教傳承的領袖都支持這個作法。我也和寮國、緬甸的佛教領袖分享一些戒律的資料，我們將進行嚴肅的討論，我相信我們最後一定會達成一些共識。

西藏人在九世紀受到藏王朗達瑪（Langdarma）的迫害之後，非常幸運地能夠重新恢復當時快要消失的比丘傳承。這樣的結果是，許多男子能夠成為領受具足戒的比丘，聽聞、思惟和觀修佛法，而這也一直嘉惠西藏社會和整個世界。因此，我們應該竭盡所能地研究此一議題，尋找建立比丘尼僧伽的方式。在台灣、韓國、越南等目前擁有比丘尼受戒傳統的國家，比丘尼在許多方面都能利益佛法和社會。最近，斯里蘭卡重新恢復上座部佛教的比丘尼受戒傳統，而且截至二〇一四年為止，已經有幾近一千位比丘尼，甚至目前在泰國也有一些比丘尼。

擁有平等的受戒機會是很重要的。一些西藏戒師引用律藏的段落，建議在特殊的情況下，僅僅由比丘僧伽舉行的比丘尼受戒儀式是有效的。這些特殊的情況包括沒有比丘尼可以授戒，因為並無比丘尼住於當地，或要比丘尼旅行至該地太過危險。過去和當代的中國僧團戒師也同意這一點。

在此同時，幾位修持藏傳佛教的女性已經從中國、越南或韓國僧伽那裡領受了法藏部的比丘尼戒。我們承認她們是比丘尼，我鼓勵她們從事三大僧伽事業。

除了引進比丘尼戒，比丘尼也必須受人敬重。因此，我們必須檢視佛教典籍裡的段落，以及僧團對女性所存有的偏頗態度和常規。佛陀要他的僧伽遵循當時的許多文化態度，身為二十一世紀的僧伽，我們也必須如此奉行。由於現代社會和聯合國都強調兩性平等和尊重女性的重要性，我們佛教徒也必須這麼做。

給僧人的忠告

我現在想要對僧人說一些話。由於我們已經獲得珍貴的人身，擁有利於修持佛法的所有順緣，因此現在是終止輪迴痛苦的時機。出家生活提供修持佛法的時間和機會，因此，我們必須竭盡所能地捨棄不必要的活動，並培養知足常樂的態度。身為僧人，捨斷煩惱是最重要的修行。

出家生活不僅僅是持戒。為了持戒，我們必須審視自心，並對抗和避免煩惱。為了這麼做，佛陀建議我們隱居。隱居不僅僅表示獨自住在偏僻的處所，其更深刻的意義是與煩惱、具毀滅性的行為和世間八法隔離。離於自我中心和無明是最好的，這樣的隱居使我們增長正念和正知，並且能長時間安忍且精進地修心。

我們之所以受戒，是因為我們是試圖調伏自心的不完美眾生。犯錯是人之常情，但不能掉以輕心。當我們違犯戒律時，就必須承認過失，並且使用戒律所教導的來清淨惡業和違犯。違犯根本戒會導致失去戒體，因此，我們必須特別刻意地避免違犯根本戒。

儘管出家與否是個人的決定，可是一旦受戒出家，就必須認真修行。如果我們穿上出家人的僧袍，但行為舉止不當，那麼在家眾會對僧伽失去敬意，那就太令人難過了。僧人必須好好地修行，使自己成為值得尊敬的對象。

僧人彼此告誡，相互扶持地在佛法中成長。當僧人行為不檢，卻又不承認其過失時，我們應懷著慈悲的動機而加以告誡，如此他可以糾正自己的行為。當我們受人告誡時，必須尊敬地傾聽，思惟那些戒臘較長者或在持戒方面更為睿智者所提出的忠告。對於佛陀的忠告或僧伽的告誡抱持頑固倔強、蠻橫無禮的態度，會替修行製造諸多障礙；而懷著謙遜和感恩之心來領受告誡，則能夠使我們在佛法中成長。

不論我們是否受戒，重要的是去體會簡樸、持戒的出家生活，這將種下我們在來世受戒出家的種子。

受持別解脫戒的喜悅

為了簡短地表達我對出家戒律的尊重，我想要和大家分享我在一九七三年所寫的偈頌，此偈頌名為「別解脫戒的喜悅」（The Joy of Prātimokṣa Discipline）：

吾等幸者，
追隨無上無暇之師，
吾等因而懷淨信，
持守無可妥協之戒。

外清淨、內清淨，
於當下和未來，皆充滿利益與喜悅，
此乃自我和他人之藥，
不可思議！
吾等已遇佛陀之道！

儘管艱難，
但此次吾等已遭遇，
緊握它者甚至更為稀少。
懷著堅定的決心，
盡可能地奉行淨戒。

此戒超越疑慮，
調伏極為粗重之煩惱。
苦乃凡夫生命之本質，
何須言此戒亦可抒解其苦？

無上菩提心，
菩薩道之命脈，
如止觀雙運之定等，

尚有何者不是源於此戒？
勝妙且不可思議之甚深密續道，
以最細微之心了證無我之法門，
也存乎此戒之內。

佛之狀態，
悲空之無別雙運，
噯瑪吙（emaho）！⑱
通往此一雙運之最迅捷道路，
亦仰賴此戒為其因。

因此，聰明的朋友們！
切勿作賤或輕視
源自聲聞乘經典之別解脫戒。

須知戒律被譽為教義之根基，
以研習和分析為支持，
懷著正念、正知和責任心
努力遵循戒律。

以最大的努力、正直誠實和尊敬
善護戒律，
切勿屈服於淡漠和怠惰，
以免虛擲那不動搖之安樂的根本。

菩薩戒和密續戒

那些修持菩薩乘的人領受菩薩戒，並且懷抱為了利益一切眾生而成就正等正覺的願望。菩薩戒強調調伏我執，而我執是生起菩提心和從事菩薩行的主要障礙。西藏、中國和日本佛教有不同版本的菩薩戒。

修行者在領受密續戒時，懷抱著更為強烈的菩提心，希望迅速成就正等正覺，以便很快就能利益眾生。密續戒包含十四根本戒、八重罪和其他戒律，其主要目的是在幫助修行者減少二元分立之見，也禁止批評別解脫戒和菩薩戒，禁止輕蔑教法和捨棄慈心與菩提心，藉以增強各種形式的戒律。

菩薩戒和密續戒律強調心意層次的戒律，而不像別解脫戒將焦點放在身業和語業之上。在此，發心最為重要。這表示，如果發心是清淨的，我們就可以把所有的行為轉化成為佛法。然而，這並不容許我們說「我的發心是慈悲的」，而將自私自利和不善的行為合理化。

持戒所強調的是減少執著，因此，僧人不容許碰觸黃金或其他珍貴的物品。菩薩戒意味著修行者已經在某種程度上降伏執著，重視他人的福祉，因此菩薩戒具體地說明，如果施主會因為我們拒絕她的金錢餽贈而傷感情的話，我們就應該接受餽贈，並將它用於利益其他眾生。雖然這些行為表面上看來相互牴觸，但它們都是適用於修行者處於不同修學時期的戒律。

遵守密續戒和誓戒的修行者也應該奉行律藏的戒律，這些戒律比較容易持守，而且可以為領受菩薩戒和密續戒律作好準備，我們不應將修持密續當作忽略戒律的藉口。相反地，我們應該更嚴格地修持戒律，因為如果我們不這麼做，我們又怎能期待自己能遵循更難以持守的密續戒呢？

①《長部．須婆經》（DN 10: 1.6）：「童子！彼世尊稱讚三蘊。於此處勸導、令入、使諸眾安立而住。三者何耶？乃聖戒蘊、聖定蘊、聖慧蘊是。童子！此等之三蘊，是彼世尊所稱讚，又於其處勸導、令入、使諸眾安立其處。」（《漢譯南傳》，長部經典一，頁 222）

②《解脫戒經》：「忍辱第一義，佛說涅槃最，出家惱他人，不名為沙門。」（《大正藏》第二十四冊，頁 659b）

③佛教制度中，每半月都要誦戒，主要進行羯磨（kamma）和誦出戒文。「羯磨」相同於「業」（kamma），即是讓犯戒者先行發露懺悔。

④《大品》包括十犍度：（一）大犍度：有關出家和受戒的規定。（二）布薩犍度：有關每月望日或朔日說戒懺悔的規定。（三）入雨安居犍度：有關每年雨季比丘安居修行的規定。（四）自恣犍度：有關雨季安居結束時比丘自恣懺悔的規定。（五）皮革犍度：有關穿鞋和使用皮革的規定。（六）藥犍度：有關藥物和食物的規定。（七）迦絺那衣犍度：有關雨季安居結束後比丘接受迦絺那衣的規定。（八）衣犍度：有關比丘所穿袈裟的規定。（九）瞻波犍度：有關僧團活動合法或非法的規定。（十）拘睒彌犍度：有關比丘分裂與和合的規定。

⑤《小品》包括十二犍度：（一）羯摩犍度：有關呵責與處分犯戒比丘的規定。（二）別住犍度：有關比丘接受別住處分的規定。（三）集犍度：有關處分犯僧殘罪比丘的規定。（四）滅諍犍度：有關平息比丘紛爭（七滅諍）的規定。（五）小犍度：有關比丘日常生活用品的規定。（六）臥坐具犍度：有關房舍和臥坐具的規定。（七）破僧犍度：有關提婆達多反逆事的判定。（八）儀法犍度：有關各類比丘的威儀規定。（九）遮說戒犍度：有關犯戒比丘不參加布薩的規定。（十）比丘尼犍度：有關比丘尼的規定，其中包括八重法和二十四障法等。（十一）五百結集犍度：有關佛教第一次結集的事。（十二）七百結集犍度：有關佛教第二次結集的事。

⑥波羅夷（pārājika）：是斷頭罪，若犯此類罪不通懺悔，違犯者將被逐出僧團。

⑦僧伽婆尸沙（巴 saṅghādisesa；梵 saṅghāvaśeṣa；僧殘）：是次於波羅夷的重罪，若犯此類罪是僧團淨法中的傷殘者，尚有懺罪的餘地。

❽不定（aniyata）：並無一定犯那種罪名的罪，可能是波羅夷，也可能犯僧殘或波逸提，故稱「不定」。

❾尼薩耆波逸提（巴 nissaggiya-pācittiya；梵 naiḥsargika-pāyattika）：「尼薩耆」意指「盡捨」，「波逸提」意指「墮」，合為「捨墮」。這是由於取用不應取用之物，首先將該物捨給僧中，然後再以懺波逸提罪的方法懺罪。

⑩波逸提（巴 pācittiya；梵 śuddha-pāyattika）：指墮地獄罪，有兩種，一是「捨墮」，即須捨財物而懺悔的墮罪；二是「單墮」，即單對他人懺悔即可清

淨的墮罪。

⑪波羅提提舍尼（巴 pāṭidesanīya；梵 pratideśanīya）：意指「向彼悔」，違犯以後，須立即面對（彼）一人宣說悔過，所以又稱「悔過法」。

⑫眾學法（巴 sekhiya；梵 śaikṣa）：通過學習應當學習者，故又稱為「應學法」，主要是關於出家眾行止威儀的規定，共有七十五條學處。

⑬滅諍法（巴 adhikaraṇasamatha；梵 adhikaraṇa-śamatha）：是平息僧團紛諍的方法，共有七種。

⑭《中部．心材喻大經》（MN 29:2）：「於此一善男子，以信由在家而為出家行者，以思惟：『我為生、老死、愁、悲、苦、憂、惱所沈溺，沈溺於苦，為苦所征服。然！實知作此全苦蘊之終。』」（《漢譯南傳》，中部經典一，頁263）

⑮《長部．沙門果經》（DN 2:42）：「如是出家，依波羅提木叉之禁戒，持戒而住，精勤於正行，見小罪亦恐怖，受學處而修學。具足清淨之身業、語業，過清淨生活，戒具足，守護諸根門，圓滿具足正念、正智。」（《漢譯南傳》，長部經典一，頁72）

⑯「世間八法」即指利、衰、毀、譽、稱、譏、苦、樂，世間的人因這八法而隨世流轉。

⑰「格西瑪」（geshema）：相當於佛教哲學女博士的學位。

⑱「噯瑪吙」（emaho）：表驚奇和讚美的語氣詞。

5 增上定學

禪定的重要性

「定」（samādhi；三摩地）和「止」（巴śamatha；梵śamatha；奢摩他）具有眾多利益。「止」與「觀」（巴vipassanā；梵vipaśyanā；毘婆奢那）雙運至「無我」，能根除輪迴之因。「無我」能夠增長善功德，將對佛法的了解融入我們的心，獲得神通；神通是最有效地利益其他眾生的必要條件。如果我們真的想要證道，必得修定。

我們如果能夠專注於一境地把焦點集中於心，那是有幫助的，但我們首先應該對佛法有廣泛的了解，並對修持佛法生起出離心或菩提心等正確的發心。如果我們增長「定」是為了擁有神通、成名或住於樂的禪修狀態，那麼，我們不但是在傷害自己，而且相較於為了解脫或覺醒而修定，前者幾乎不會帶來任何利益。

「定」的意義取決於其條件或背景，我們的定心所目前雖然尚未增長，但它早已經存在於我們心中。例如，藝術家、學生、運動員和技工都需要定，但八聖道的定是不同的，後者特別是指專注於一境的定，它會達到四種禪那（巴jhāna；梵dhyāna；靜慮）。「定」是一種力量強大的心之狀態，它能夠控制心的活動和煩惱的生起。「止」是以輕安（巴passaddhi；梵praśrabdhi）為所依的定，能夠使心對其對境保持平等而專一。「定」也是指特殊的禪修，能使修行者從事特定的活動。

「定」平衡地結合了心及其與禪修對境相關的心所。它確保我們對禪修對境保持不間斷的注意和正念，進而產生心的寂靜。它有如鏡子般映現對境，而讓心離於纏縛煩惱。當這樣的心與智慧結合之後，會帶來深刻的了證，這與我們慣常散亂的心有天壤之別，散亂的心只會看到表面，而且常常充滿煩惱。

重要的是，我們必須在具格上師的引導下修定。與心共事是一項微妙棘手的冒險行為，若無適當的指引，我們很可能就會走入歧途。優秀的禪修大師了解在禪修期間可能會生起的各種感受和體驗，因而能夠善巧且正確地帶領我們，確定我們有所進展，避免憂慮以及在修道上不必要的迂迴。

佛陀也強調獲得定和禪那的重要性。在巴利語傳統中，許多注釋書和《清淨道論》都有詳細的禪修教導。在梵文傳統中，彌勒、無著和蓮華戒大師（Kamalaśīla）都深度探討「止」與「定」。

生存地與三界之心

在進行修定而得定之前，熟悉巴利語的阿毘達磨（論）所提出的「地」（bhūmi）與「界」（avacara），將有助於修定。輪迴由欲地、色地和無色地等三地所構成，與此三地相對應的是欲界心（kāmāvacaracitta）、色界心（rūpāvacaracitta）和無色界心（arūpāvacaracitta）等三界心；（CMA pp.29–31）①此外尚有出世間心（lokuttaracitta）。心的「界」是指心的狀態，而「地」則是眾生出生的生存地。

三界之心是世間心的狀態，它們被包括在輪迴和苦諦之內。一個特定之「界」的心最常出現在與其相對應的「地」之內，但不僅限於該「地」。例如，色界心最常出現在生於色地的眾生。然而，欲地的人可能會培養深定，因此當他進入等至時，他的心就成為色界心。根據他入定的深度，他獲得初禪、第二禪、第三禪或第四禪。如果他的定甚至更細微，他的心就成為無色界心，但是當他出定時，他的心再度是欲界心。

如果一個人到達等至的特定層次時，並且終其一生都維持此種禪定狀態，那麼，他就創造了死後投生該地的「業」。例如，禪修者獲得無所有處的無色界心，就創造了死後投生無所有處地的「業」。

巴利語傳統的四十種禪修對境

《清淨道論》使得巴利注釋書的傳統形式化，它確認「止」或許可以透過四十種業處（禪修對境）而培養出來。根據弟子的性行，禪修導師通常為弟子指定以下的業處之一：

十遍（kasiṇas）：地遍、水遍、火遍、風遍、青遍、黃遍、赤遍、白遍、光明遍和限定虛空遍。

●泰國的上座部佛教僧人托缽乞食。（圖片提供：Don Farber）

十不淨（asubha）：屍體的各種腐敗狀態。②

十隨念（巴anussati；梵anusmṛti）：佛隨念、法隨念、僧隨念、戒隨念、捨（布施）隨念、天（諸天之德）隨念、死隨念、身至念、入出息隨念和寂止（涅槃）隨念。

四梵住（brahmavihāra）或四無量（appamaññā；梵apramāṇa）：慈心（mettā；梵maitrī）、悲心（karuṇā）、喜心（muditā）和捨心（巴upekkhā；梵upekṣā）。

四無色定：由下至上分別是空無邊處、識無邊處、無所有處和非想非非想處。

一想（ekasaññā）：食厭想。

一差別（dhātuvavaṭṭhāna）：四界差別。

這四十個業處並非全是佛教所獨有，其他信仰的禪修者也使用十遍和四無色定作為業處。觀修身至念、入出息隨念、食厭想和四界差別，只會帶來「近行定」（upacāra samādhi）；而其他所有業處則會帶來「安止定」（appanā samādhi）——禪那。③十遍之中的任何一遍都是培養前五種神通的條件。

具有特定性行的人比較適合特定的業處。具有強烈執著的人將焦點放在十不淨和身至念上；飽受瞋怒之苦的人則使用四梵住其中一個梵住，或青、黃、赤、白等四遍其中一遍作為業處；心容易散亂的人觀修出入息；具信之人會受到前六種隨念的吸引；具聰明才智者則將焦點放在死隨念、寂止隨念、四界分別和食厭想上。每個人都可以使用其餘六遍和四無色定為業處。

在前往僻靜處修行之前，想像你將生命交託給佛陀，此舉可以增強心的力量，而良善的發心和面對處理煩惱的堅定決心也是重要的。請上師提供一個業處，並且領受如何使用此一業處來生起「定」的教導。

在從事一座禪修時，先回顧感官欲望的過患，並且培養想要離於感官欲望的願望。憶念三寶的功德，為你正在進入所有聖者遵循的出離道而感到喜悅，並相信你將證得涅槃之樂。

「定」的進展

在增長「定」的過程當中，會培養出三種「相」（nimitta）——遍作相（parikamma nimitta，修行的準備相）、取相（uggaha nimitta）和似相（paṭibhāga nimitta）。

讓我們以十遍裡的「地遍」為例，禪修者製作了一個「遍」的曼陀羅（kasiṇa disk），即一片用乾淨的泥土製作的圓形碟片，大約四指寬，④放置在禪修者面前的一塊板子上。禪修者以眼睛注視它，心想「地、地、地」。當「地」的影像清楚、穩定地出現在她的心中時，她閉上雙眼，繼續專注於「地、地」。此時，「地」的影像才是真正的禪修對境，它是第六意識的對境，而非眼識的對境，這就是遍作相。

如果影像消退，她張開眼睛，注視地遍，重新恢復她的觀想，再度調低她的目光，觀修出現在她第六意識上「地」的影像。她如此這般地「發展此相」，時而睜眼、時而閉眼地在她的心上形成此一影像。在這個最初的修行階段，她的定被稱為「遍作定」（parikamma samādhi），而她投注大部分的心力於對境上保持正念，注意那些令人散亂的事物或其他障礙的生起，運用對治法，將心帶回禪修對境之上。

她繼續增長遍作定，直到取相生起為止。當禪修者閉眼所看見的心的影像如同她睜眼注視地遍那般清晰時，這個更細微的對境於焉生起，並且取代遍作相。此時，她停止注視外在的地遍，只把焦點集中在心的對境——取相。然而，如果她對取相的領悟消退，那麼，她就必須再度用眼睛注視實質的地遍。此時，為了建立對取相的熟悉度，「尋」是重要的。

隨著她繼續禪修，五蓋（nīvaraṇa，五種障礙）逐漸受到五種禪支（jhānaṅga）⑤鎮伏。在此，

「鎮伏」是指纏縛的障礙並未顯現。鎮伏五蓋帶來更勝妙的明晰和省察心之功能的能力 。身與心是輕安的，心是善的，而修行者感到喜樂或平等捨。

修行者在未受到纏縛煩惱和五蓋的困擾之下，心變得更加專注，似相因此生起，並且獲得近行定。取相仍然有其不圓滿之處，但似相卻更明亮光燦，更加清淨。似相明亮、美麗、栩栩如生，並無實質的顏色或形狀，它只是第六意識的對境，它欠缺無常的三相。要使似相達到穩定是困難的，因此，禪修者必須小心謹慎地守護它，並且繼續修行來獲得安止定。

「止」始於初禪之前的近行定狀態，近行定也稱為「鎮伏斷」（vikkhambhana-pahāna）的階段，以鎮伏五蓋為標記；而初禪則是安止定，是以圓滿穩定地發展五種禪支為標記。儘管五種禪支在近行定階段已經呈現，但它們並不穩定，而且禪修者很輕易地就會失去近行定。但在安止定的階段，五種禪支已經穩固堅定，該界的心於是產生轉變。處於安止定的心，不會感知到感官的對境，卻會發揮如色界心的功能。此時，修行者是在從事坐禪。

許多禪修大師建議使用呼吸作為禪修的對境，因為將焦點放在呼吸上，可以減緩思惟的過程，並且清除散亂的念頭。在這種情況下，修行者首先觀察氣息進出時在鼻孔和上唇的身體感受。取相是從這個身體感受所生起的影像，當它生起時，禪修者把她的注意力轉向禪相——五彩繽紛、明亮光燦的光團，而此禪相即成為她的禪修對境。

障礙修定的煩惱：五蓋

巴利語和梵文傳統都談到，修行者從一開始就必須運用善巧和精進來調伏五蓋及運用其對治法。

「貪欲」製造貪愛和執取。儘管感官歡悅的體驗本身並非「不好的」，但如果執著它，卻會使心遠離修行。憶念無常和感官歡悅的無常本質，有助於平靜我們的心。性欲是人類所擁有的最強烈欲望，它嚴重地干擾人的心。以心來觀察身體的組成部分，看清它們不迷人之處，是對治性欲的有效方式。

我們可能會對一個人、身心的痛苦、孤單寂寞、某些想法、聲音、念頭等生起「瞋恚」。觀修慈心或安忍是其對治法。

「昏沉睡眠」（巴thīnamiddha；梵styānamiddha）展現在身心兩方面。「昏沉」是心的沉重狀態，心欠缺能量、感到無聊乏味或感覺處在一團迷霧中。「睡眠」是昏昏欲睡，但與缺乏睡眠或身體疲累無關。思量三寶的功德、人身的珍貴難得、培養善妙之修行特質的機會等等，都能使我們的心精神煥發。想像燦爛的陽光充滿我們，驅散心的黑暗，也是有益的作法。

「掉舉惡作」（巴uddhaccakukkucca；梵uddhatyakaukṛtya）使心沉湎過去或瞻望未來。「掉舉」是一種激動不安的心理狀態，包括焦慮、恐懼、憂慮和擔憂；「惡作」是為所不當為或不為所當為而產生的不安情緒。將焦點放在呼吸或任何其他可以舒緩平息心的對境之上，可以有效地平息掉舉和憂慮。把注意力帶回當下，也是有用的作法——我們正坐在一個安全的地方，培養善德，並且將焦點放在禪修對境上。

「疑」牽涉懷疑自己的能力、佛陀的教法或實現修行目標的可能性。在認清我們處於迷妄疑慮的心理狀態之後，把心帶回禪修的對境。迷妄的疑慮不同於好奇、想要學習的善心，當我們因為不了解某個主題而產生疑慮時，應該請上師為我們釐清疑慮。

培養五禪支

佛陀教導，當心失去其禪修對境時，有五種修心的法門。（《中部．想念息止經》，MN 20）

當某個蓋障不是那麼強大時，只要把心轉向禪修對境就已足夠。如果這個方法不可行，我們就必須暫時離開禪修的對境，去思惟另一個主題，藉以積極地對治障礙，把心帶回一個平衡的觀點。我們可以依序來應用對治法：

一、將注意力放在另一個善的對境上，思惟相反於散亂的念頭或情緒的事物。

二、審察這些念頭的危險性和損害。

三、別注意那些念頭，去做別的事情。

四、將注意力放在平息那些念頭上，例如自問：「促使這個念頭或情緒在我的心上生起的因素是什麼？」從這個無執著的立場觀看念頭流過，直到它們漸漸平息下來為止。

五、以善心擊潰不善心。

藉由持續不斷和適切地運用這些對治法，五蓋因而減少，我們也能夠回到禪修的對境上。經過一段時間之後，心將會變得安靜、一境和專注。

在獲得「止」的過程中，我們培養五種禪支，五禪支的圓滿增長代表修行者進入初禪的階段。「尋」一再地將心導向禪修對境，這就是似相；「伺」（vicāra）是對禪修的對境保持覺察，它審察和了知對境，使心持續地觀照對境。「尋」被比為搖鈴，而「伺」則被比為鈴聲的共鳴。

「喜」（巴pīti；梵prīti）是關注對境而產生的喜悅和滿足。當心因為粗重的「尋」、細微的「伺」和身心的輕安而安頓下來變得寂靜時，「喜」於焉生起。「樂」（sukha）是因為心寂止（stillness）的深度伴隨「定」而來的愉快、喜悅和快樂的感受。在「尋」、「伺」變得更細微，「定」加深之後，「喜」與「樂」繼而生起。「喜」帶有茂盛充沛、興高采烈之意，相較於「樂」，「喜」是粗重的，而「樂」則是寧靜和滿足的。

一境性（巴ekaggatā，梵ekāgratā）結合心及其對境所伴隨的心所，心的寂止使心能夠放鬆地住於禪修的對境上。

隨著禪修者趨近禪那，五種禪支從而增強。當五禪支呈現，一起把心投入禪修對境而使心徹底融入它時，禪修者便獲得了初禪。

我們必須耐心地培養五種禪支，因為我們無法以意志力使自己獲得近行定，或從近行定達到安止定。如果我們以始終不疾不徐的精進來培養五種禪支，那麼，當它們成熟堅定時，心將會自行進入安止定。

安止定的心如同一個只有一張椅子的房間。當椅子被占據時，進入房間的客人會立刻離開，因為他沒有地方可以坐下。同樣地，當「定」一境地專注於禪修對境時，其他的念頭就無法停留在心中。

「定」並未徹底根除五蓋和煩惱，它只是鎮伏現起的五蓋和煩惱，只有止觀雙運所發展出來的智慧能夠徹底加以根除。

四種禪那的進展

人道的禪修者可能證得四色定和四無色定。在每個相繼的安止定的狀態，定變得更加深入。然而，無色定並無助於培養智慧，因為心過度入於安止定。

在巴利經典裡，佛陀就四種禪那來描述正定，而正定由組成它們的禪支來區分。儘管經典的陳述和論著的分析可能在表面上有所差異，但它們都殊途同歸。【表5-1】（左頁）顯示了兩者的陳述。

禪那是敏銳、專注和離於緊綳的，它透過平衡、堅定但不過緊的精進而達成。雖然人們對處於禪定的心是否能辨認音聲有不同的意見，但禪定的心確實徹底地離於感官的對境。即使這個狀

【表5-1】四種禪那的進展

禪那	論著的分析	佛經的說明
初禪	現起：1. 尋 2. 伺 3. 喜 4. 樂 5. 一境性	捨離：1. 感官的歡悅 2. 心的不善狀態 現起：1. 尋 2. 伺 3. 喜 4. 離於五蓋所生之樂
第二禪	現起：1. 喜 2. 樂 3. 一境性	捨離：1. 尋 2. 伺 現起：1. 內在的寂止 2. 一境性 3. 喜 4. 從定中生起之樂
第三禪	現起：1.樂 2.一境性	捨離：喜 現起：1.捨 2.正念 3.正知 4.身體之樂
第四禪	現起：1. 不苦不樂受 2. 一境性	捨離：1. 身體的樂受與苦受 2. 喜悅與憂傷 現起：1. 不苦不樂受 2. 正念清淨 3. 捨 4. 心清淨、皎潔、無穢、無垢、柔軟、堪任和確立不動

態的心能辨認音聲，心也不會受到音聲的擾動。心遠離不善的狀態，而且五蓋已經被鎮伏。

有些人誤以為佛教要求人們放棄歡樂。在此，我們了解事情並非如此。我們積極地培養在初禪階段遍及全身的「喜」與「樂」（MN 39:15）。⑥「喜」與「樂」有助於停止心對感官歡悅的迷戀，進而停止製造惡業，這些惡業與獲得、保護感官的對境有關。

正如同在獲得初禪之前，需要有穩定的近行定一般，在達到第二禪、第三禪、第四禪之前，我們也需要精通初禪。這牽涉了圓滿較低層次的禪那技巧，如此我們可以毫無困難地入定、在定和出定。我們可以隨心所欲地留駐在禪那中，想留多久就留多久；而且當我們出定時，心是清晰的，而非迷惑恍惚，不知自己置身何處或周遭發生了什麼事情。在出定後，我們可以回顧自己的體驗，注意自己入定、在定和出定的過程，並且清楚地加以分析，了知每個現起的禪支。

在進入下一個禪那之前，禪修者必須發展當前這個禪那的數個技巧（參見《相應部．禪定相應》，SN 34）：

一、了知該禪那所現起的禪支。
二、輕易地進入禪那。
三、心穩定於禪那之中。
四、能夠在我們進入禪那之前所決定的時間出於禪那。
五、放鬆我們的心，使其靈活有彈性。
六、了知對境，並且對其感到自在。
七、了知某個禪相或三相之一是否為對境。⑦
八、決心要把心提升至下一個更高深的禪那。
九、小心謹慎地進入禪那。

十、保持禪修的相續性。

十一、圓滿「定」所需的必要且具利益的特質。

隨著我們發展這些技巧，並且熟悉初禪之後，我們開始思惟，儘管初禪是勝妙的，而且肯定勝過欲地的歡樂，但它也有一些過患。初禪近於欲界心及其五蓋和纏縛煩惱，而且「尋」和「伺」是相對粗重的禪支。我們想起佛陀曾經談及另一個甚至更殊勝且寂靜的等至狀態，而且它了無「尋」和「伺」。在重複思惟初禪的過患和第二禪的利益後，我們決心獲得第二禪。根據巴利語的注釋書，這種分析是在我們已經自初禪出定，重新恢復一般的意識之後才產生的，因為安止於禪那中時，我們並無念頭或思慮。

在座下期間，我們以正命來領受食物、住所、衣物和醫藥等四種生活資具，交替從事行禪和坐禪，並且在半夜適度地睡眠。接著於座上修法期間，在持續專注於禪修對境並增強定根（faculty of concentration）之後，我們進入近行定，並且直接到達第二禪，而無須經過初禪。

為了獲得初禪，我們需要「尋」、「伺」將心導向禪修的對境，並且住於對境。此時（第二禪），其他禪支行使這些功能，因此我們捨離「尋」、「伺」兩個禪支。因此，內在的寂止和心的明性（clarity）變得更加顯著突出。「喜」與「樂」兩禪支仍然現起，心的一境性更加強大穩固，因此禪定的深度增加。在此之前，「喜」與「樂」因為離於五蓋而生起，此時它們則因為「定」本身的力量而現起。

我們如之前那般熟悉和修學此一禪那，增長上述的技巧。雖然我們最初體驗第二禪遠勝於初禪，但經過一段時間之後，我們看見第二禪的過患——隨著禪定加深，「喜」使心過度振奮愉悅。我們覺察到更深層次的定，因而決心要獲得它。我們懷著捨離「喜」的意圖，重新使用禪修對境來修行，增強定根，直到「喜」平息為止。當「喜」確實平息之後，第三禪顯露曙光。

「樂」和「一境性」兩禪支仍然現起，但正念、正知和「捨」（禪捨）卻變得顯著突出。我們的身體充滿「樂」，我們愉悅地安住於定中。我們離於「喜」，但「樂」遍滿全身。我們培養和修學第三禪各個面向的技巧，並且達到精通熟稔的境界。

在精通第三禪之後，我們了解第三禪也充滿過患，因為「樂」的感受相對是粗重的，而且對「樂」的細微執著可能會生起。「不苦不樂受」會是「捨」（遍淨捨）的最佳所依。我們知道有一個優越的定的狀態，因而決心獲得第四禪，並且為了捨離「樂」而修行。當我們的禪支足夠強大穩固，而「樂」消退時，我們便進入了第四禪。此時，歡樂與痛苦消失，遠比「樂」更寂靜的「遍淨捨」獨占鼇頭，堅定的「遍淨捨」徹底淨化正念，而且「一境性」是堅固的。此時，禪修者「坐著，清淨皎潔的心遍及全身，因此他的整個身體沒有一部分不充滿清淨皎潔的心」。（MN 39:18）⑧這清淨皎潔的心住於「遍淨捨」，甚至不受「樂」的干擾。

禪那是世間心的更高深層次，相較於欲地迷惑、障蔽的心的狀態，它們更專注、靈活，並且擁有更好且清楚感知的能力。人們獲得四種禪之中的任何一禪之後，便會視感官歡悅是無用、無聊的事物，而寧願投入禪那的修持之中，並且可以住於禪那數天，然後耳目一新、精神煥發地出定，不像人們去度假之後，筋疲力竭地回來。

一些禪修大師鼓勵弟子在出定之後，使用「觀」來分析禪那的狀態。修行者以此方式來審察「定」的狀態，因而看清甚至連這些

●韓國的比丘在三個月的冬安居期間從事禪修。（圖片提供：韓國佛教曹溪宗）

「樂」的狀態都是由各種因素所構成，皆從因緣中生起，皆是無常的、客觀的，且無法執取。這樣的分析使禪修者為了自己著想，而不貪戀、渴望這些禪修的感受和體驗，同時也預防他們生起邪見，認為這些狀態是一個「我」或與某個神的邂逅。再者，這樣的分析也防止生起「慢」，他們再次看清一切事物皆欠缺一個「我」。

超離色法繫縛的四種境界：四無色定

在四種禪那之後是四無色的狀態，也就是更深入的禪定狀態，在這些狀態之中，心保持寂靜而不受干擾。從一個禪那前進至下一個禪那，需要透過相繼地捨離粗重的心所來使心更加微細，而要依序通過四種無色的狀態，則需要更加微細的禪修對境。依照四種無色狀態的禪修對境的名稱，這四種無色的狀態分別被稱為「空無邊處」（巴ākāsānañcāyatana；梵ākāśānantyāyatana）、「識無邊處」（巴viññāṇancāyatana；梵vijñānanantyāyatana）、「無所有處」（巴ākiñcaññāyatana；梵ākiñcanyāyatana）和「非想非非想處」（巴n'evasaññānāsaññāyatana；梵naivasañjñānāsañjñāyatana）。最後的非想非非想處也被稱為「有頂天」（peak of saṃsāra），因為它是輪迴內最微細的心的狀態。

為了進入無色定，我們將焦點集中在一個明亮的光團或明燦的光芒，例如藍色的光芒，這是禪定相對應的似相。我們延展這個光團或光芒，直到它如虛空般廣大浩瀚。藍色無分無別、無漏無瑕，遍滿所有虛空，它是我們覺知領域內的唯一事物，我們第四禪的心定在這個廣大浩瀚的藍色之中。

為了進入空無邊處定，我們思惟第四禪雖然是寂靜的，但仍有過患，因為它的對境是一個色相，而了無色相的等至狀態會更優越、更寂靜。我們決心證得空無邊處，並且因為決心「讓此色相消失」之故，我們在心裡移除遍及所有虛空的藍色。當我們的心準備妥當，藍光消失，而唯一留存下來的是那明燦的光芒一直存在於其內的無邊虛空，此一無邊虛空則作為覺知的對境。此時，心融入此一無邊虛空之中，完全了無色想。我們因而進入並住於第一個無色定——空無邊處。

在熟悉了「虛空無邊」之後，我們省思「識」覺察虛空無邊，彷彿「識」充滿那無邊虛空一般，我們因此將注意力從空無邊轉移到遍滿無邊虛空的「識」，進而下定決心去獲得識無邊處定。藉由此一決心和一再地修持，虛空想消失，只有無限延展的「識」。我們因而進入第二個無色狀態——識無邊處定。

在精通識無邊處定之後，我們思量它了無障礙和障蔽。我們現在將焦點放在識無邊的無礙本質，直到我們對「識」的覺知消失，只剩下對「無所有」的覺知為止。我們將焦點集中在無邊虛空之「識」的無有，因而進入無所有處定。

在熟悉無所有處定之後，我們將注意力轉向能覺知無所有的「識」上。這個「識」非常細微，當我們將焦點放在其上時，就進入了第四個無色狀態——非想非非想處定，其對境即是覺知無所有之「識」。這個定非常微細，當置身其中時，我們無法說「想」是否存在，所以，此定的對境是「非想非非想」。

曾經生而為人的眾生在獲得這些等至狀態後而投生無色界，並且住於這些定的狀態達數劫之久。當住於這些狀態的「業」耗盡之際，這些眾生將投生至其他的輪迴地。當佛陀仍身為菩薩時，他師從兩位禪修導師，並且精通非想非非想處定。在佛陀了解他的心尚未徹底離於雜染時，他恭敬地離開這兩位導師，在菩提樹下圓滿智慧與「觀」，成就正等正覺。

八種背棄三界煩惱的禪定：八解脫

佛陀談及八種解脫（巴vimokkha；梵vimokṣa；八背捨）⑨，即帶來暫時從雜染解脫的深定狀態。（參見《中部·善生優陀夷大經》，MN 77:22）四種禪那使用：

一、一個內在的色相，注釋書將它詮釋為修行者身體上的某個顏色；

二、一個外在的色相，注釋書將它詮釋為一個色遍或另一個人身體的某個顏色；

三、「美麗的事物」，注釋書將它詮釋為一個清淨、色彩美麗的遍或四無量心；

四～七、四無色定；

八、滅受想定（巴saññāvedayitanirodha；梵samjñāveditanirodha），也稱為「滅盡定」（nirodhasamāpatti）。最後這滅受想定暫停六識所有的纏縛活動，這需要「定」與「觀」兩者來達成。凡夫可以獲得前面七種解脫，但滅受想定解脫只能由那些已經精通四種禪那和四種無色定的阿那含和阿羅漢獲得。

在梵文傳統內，彌勒所作的《現觀莊嚴論》（*Abhisamayālamkāra*）裡也解釋八種解脫，並且將它們定義為「不受其所屬層次的煩惱染污的尊貴了知者」。前三種解脫被稱為「化身三道」，因為菩薩捨斷對色相的執著而盡除障礙，化現為眾多色相來實現眾生的需求。在此，他們能：

一、化現為眾多色相，但其他眾生仍然看得見他們的身體；

二、化現為眾多色相，但其他眾生看不見他們的身體；

三、分別化現為美麗和不吸引人的色身，藉以對治眾生的喜惡。菩薩為了利益眾生而修持八種解脫和九等至。

「定」的副產品：神通

儘管佛陀的教法最重要的目標在於止息受到「無明」和「業」支配影響的再生，並且證得涅槃，但佛經也讚揚其他的修行成就。其中之一是精通嫻熟心的面向——禪那和四無色定；佛經讚揚它們的寂靜和輕安。另一個是掌控自然和外在現象，而這是藉由圓滿前五種神通來獲得。這五種神通是「定」的副產品，賦予禪修者超凡的身心力量，使他們能夠行使科學無法解釋的神蹟。儘管一些非佛教徒把這些成就視為修道的目的，但佛陀卻強調，唯有涅槃才是真正地從苦中解脫。因此，在培養神通時，重要的是懷有善的發心，並且小心地別墮入「慢」和執取當中。慈悲地運用這些能力來利益其他眾生，傳播佛陀的教法，才是充滿意義的作法。這些神通分別是：

一、神變（巴iddhi；梵ṛddhi）：是以力量強大的第四禪那的定為基礎所培養發展出來的。它使我們掌控自然，挑戰一般的科學法則。藉由神變力，我們可以將自己的身體變成數個身體，然後把這些身體融攝為一。我們可以隱形，任意地出現和消失，輕易地穿牆貫山，能出沒地底或行於水上，並且能在虛空中飛翔。⑩

《清淨道論》第十二品陳述，若要證得神變力，必須嚴格地修學，運用各種「遍」來獲得每個禪那，依照正、反的順序經歷所有八種定（四色定和四無色定），交替地從事各種禪定，並且極為快速地入定和出定等。藉由這種超凡的心的力量，我們引導心去練習神變。我們透過此一動機的力量，同時以定甚深的敏銳度和靈活性為基礎，進而獲得上述的神變力。

二、天耳通：是能聽見人間、天界和眾生居住之生存地，以及各種方向裡的聲音的能力。我們可以輕易地聽見遠方的聲音，彷彿它們就近在咫尺。

三、他心通：是能了知其他眾生心之狀態的能力。我們了知是否有受到三毒（貪、瞋、痴）影響的心、崇高和低下的心、定與不定的心、解脫和未解脫的心。我們清楚地了知其他眾生心的狀態，彷彿在一面清潔的明鏡上看見自己臉上的斑點一般。

四、宿命通：能了知我們過去數劫以來生生世世的各種細節。

五、天眼通：能看見眾生死亡，並且根據其業力而再生。我們了知眾生所從事的哪些行為，促使他們投生於某地，並能看見在遠處和宇宙其他範圍發生的事件。具有天眼通的佛法導師或許使用它來了知眾生的業，進而得知他們能夠利益哪些眾生，以及哪些眾生已經成熟，可以進入佛法的道路。然後透過神變，他們可以前往這些地方來教導眾生。

六、漏盡通：不像其他神通那樣需要定的全部力量作為先決條件。我們可以在四種禪那的任何一個禪那的基礎上獲得漏盡通，或者根據注釋書的說法，以近行定來獲得漏盡通。漏盡通了悟「心解脫慧解脫」（巴cetovimuttipaññāvimutti；梵cittavimuktiprajñāvimukti），即全然離於雜染的涅槃。

儘管佛陀教導涅槃、等至和神通等三種修行成就，但他並不期望所有的弟子都能夠成就後兩者，因為他知道他的追隨者有不同的天資和興趣。一個證得涅槃但未獲得其他兩種能力的人，是「慧解脫」（巴paññāvimutta；梵prajñāvimukta）。此人可能獲得禪那，或可能證得解脫卻未獲得禪那，而在近行定的基礎上發展智慧，以及盡除雜染。那些證得涅槃和各種等至者精通於各種心的狀態，而被稱為「二分解脫」（巴ubhatobhāgavimutta；梵ubhayatobhāgavimukta），即以兩種方式解脫之人）。那些證得涅槃，並精通各種心的狀態和繼之而來之神通的聲聞，被稱為「六神通阿羅漢」（巴chaḷabhiññā arahant；梵ṣaḍabhijña arhat）。直至今日，我們仍然能夠在上座部佛教國家找到這三種人。

我聽說有個印度優婆夷蒂帕嬤（Dipa Ma），以身為須陀洹而聞名，並且大約在二十前年過世。在她的禪修導師的要求下，她精通所有八種等至和五種神通。她會設定時間，安住於一個特定的等至當中，並且剛剛好在她設定的時間出定。她的老師在證實其能力時提到，他有一天看見蒂帕嬤飄浮在他窗外一棵樹上方的天空中；另一次，他看見她出沒地底。有一天，蒂帕嬤的老師和一個教授安排某個人在某個地點陪伴蒂帕嬤，但她和十里外的教授同一時間抵達赴會的地點。

她有許多諸如此類的故事，但她一直是謙卑誠懇的佛法修行者。她過世的方式耐人尋味——她向佛陀頂禮，然後在她能夠站起來之前過世。

前五種神通是透過四種禪那而證得的世間能力，漏盡通則是出世的。儘管非佛教徒可能了證前五種神通，但唯有佛教徒才會發展證得第六種神通漏盡通（阿羅漢的解脫）所必要的智慧與「觀」。宿命通、天眼通和漏盡通等最後三種神通，是佛陀在菩提樹下所證得的三種神通。

有時，觀智和意生身（manomayakāya）這兩種能力被納入六神通之首，總共為八神通。觀智了知「我此身是由色和四界所組成，由父母生育而出，依靠煮熟的米食粥飯而成長，注定無常……而我的識依靠此身，並與其束縛在一起」。（MN 77:29）⑪

由於禪那的能力之故，我們可以創造意生身，此一意生身有四肢和感官，和我們的身體一模一樣。一旦意生身從身體抽離，就如同把蘆葦從鞘中抽出那般，我們可以用心意來控制它。儘管在其他人眼中，它看起來像是一個正常的身體，隨著自己的意識而移動，但它本身卻沒有心。我們可以留在寺院內，但意生身卻可以旅行至遠方，出現在其他地方傳授佛法，等到目的達成之後，我們再把它融攝入自己的體內。

根據梵文傳統的說法，菩薩為了廣大利益眾生，積聚成就正等正覺所必要的廣大福德，因此有必要培養前五種神通。菩薩前往淨土，親臨佛陀座前聽聞教法，並且化現出豐沛莊嚴的供品，供養淨土諸聖眾而累積極大的福德。

藉由天耳通，菩薩可以聆聽在他處傳授的教法。他們了解所有的語言，因而能夠聽聞廣泛的教法，對弟子們說他們的語言。藉由他心通，菩薩直接了知他人的興趣、性情、情緒模式和習慣性的想法，如此他們可以善巧地施教。藉由宿命通，菩薩可以找出他們在前世就認識的上師、佛法修行法門和善知識，使他們能夠在修道上迅速前進。

天眼通可以使菩薩了知其他眾生的業習，以及他們對佛法的感受度和接受力，如此他們就能夠依此而與其互動。他們也知道人們此時此刻正在製造的業果，因而使他們能夠更有效率地引導弟子。他們能夠找出前世的弟子，並且因為他們與弟子之間的業緣，而能夠以現世的身相來幫助弟子。漏盡通讓他們了知自身的證量層次和所證之道。

佛陀擁有神通，卻未施展炫耀，而他也禁止追隨者這麼做。我們的戒律之一是不公開宣稱自己是阿羅漢或具有這些特殊的能力，藉以確保出家人保持謙卑。從古至今，佛陀的弟子們一直慎重地運用這些能力，不招搖過市，並且以不顯眼的方式來利益其他眾生，傳布佛法。

如果修行者透過定而證得這些能力，卻無正確的發心，會是危險的。如果某人未生起悲心，他可能使用這些神通來獲取權勢、敬重或名利，這便大大地遠離了佛道獲得解脫和正等正覺的目標。

一些凡夫可能因為業力之故而擁有某種神通，可能預知未來或知曉某個人的想法。這些因業力而獲得的能力範疇很有限，在死亡時即會喪失，而且他們所感知的事物也不一定完全正確。擁有這些能力，並不表示此人就具有修行的證量。

安止修與觀察修

就培養「止」而言，巴利語和梵文傳統的許多教導都是相同的，因此以下只解釋說明之前尚未解釋或稍微有點不同的要點。

就禪修而言，一般可說有「止」和「觀」兩個過程，以及「安止修」（stabilizing meditation）和「觀察修」（analytical meditation）兩種禪修。安止修主要被用來發展「止」，而觀察修則被用來發展「觀」。「止」和「觀」之間的差異不在於禪修的對境，而在於心與對境互動的方式。「止」一境地專注於對境之上，而「觀」則深刻地分析對境。

海拔、溫度、時間和健康等外在因素，都影響著我們禪修的能力。在沒有良好的條件之下，我們或許能夠發展一些「定」，卻不是全然的「止」。因此，我們需要尋找適當的內在和外在的禪修環境。無著和蓮華戒兩位大師鼓勵我們具備以下的條件來閉關修「止」，而在從事每日禪修期間，則盡可能地多擁有這些條件。首先，居住在寧靜、安全以及水和空氣潔淨之處，並且可以輕易地取得食物、衣物和住所。其次，閉關處要靠近其他的禪修者、老師或法友，如果有疑問或障礙生起，可以方便向其尋求協助。在開始閉關之前，要先清楚且正確地了解如何修行和克服可能生起之障礙的方法。此外，離於粗重的欲望，並且知足，避免涉入世間的活動和喧鬧。最後，持守清淨的戒律，奉行你曾經領受的戒律，並且至少捨棄十不善業。

「離群索居」的真正意義必和棄捨輪迴的誘惑有關——捨棄過去念和未來念，捨棄對當下對境的貪欲（參見《中部・鋸喻經》，MN 21:10）。若不捨棄這些，我們就會因為住在與世隔絕之處而生起這樣的想法：「其他人應該讚揚我、供養我，因為我是偉大的禪修者，正在做其他人做不到的事情」，憍慢進而增長。我們可能已經放棄美食，卻在滋養憍慢！

重要的是，我們要前後一致、貫徹始終地修行，避免期待速成的誇大妄想。我建議修行者從事短時間的禪座，勉強自己長時間地禪坐，會使心變得緊繃而抗拒禪修。當心變得比較穩定時，可以逐漸延長禪坐的時間。在座下期間，以正念從事適當的活動，此舉可以幫助心在下一個禪座期間安頓下來。

禪修的姿勢

毘盧遮那七支坐可以拉直體內細微的脈，讓風息（巴 pāṇa；梵 prāṇa）流動順暢，心愈來愈清晰、平靜。

一、坐在蒲團上，雙腿呈金剛坐姿，即左腳置於右大腿上，右腳置於左大腿上，也可採取不會使膝蓋疲累的其他雙腿交盤的坐姿。如果無法雙腿交盤，或許可以坐在一張小凳子或直背椅上，並將雙腳平放在地板上。

二、將右手放在左手上，掌心向上。拇指輕觸，雙手放在靠近肚臍的大腿處。一些禪修大師建議把雙手掌心向下地置於膝上。

三、雙肩等齊。

四、背部挺直。

五、頭微微前傾，但不要下垂。

六、雙唇和牙齒保持自然。舌頭應該輕抵上顎，以避免口渴和過多的唾液。

七、雙眼注視鼻尖。如果有困難，就把目光向下，但不要把焦點集中在任何事物上。

在從事禪修時，雙眼微啟可以預防昏沉。眼睛注視的方向可能根據你的修行法門而有所不同。身體的姿勢應該穩固，但也要放鬆。

在開始一座的修法時，要先皈依三寶，發菩提心。念誦能啟發人心的偈頌，請求三寶和上師提振你的心。在圓滿一座的修法時，將功德迴向給一切眾生的安樂。

修「止」的對境

剛開始時，任何內在或外在的對境都可以被用來修「止」，但最終或真正的對境則必須是第六意識感知的對境。這是因為「定」是以第六意識來發展的，而非感官的前五識。雖然在剛開始時，我們可能因為以眼睛注視對境而能熟悉對境，但卻是以第六意識來觀修對境。

佛陀描述的四種所緣

由於眾生有不同的習氣和性情，因此，佛陀描述了從事止禪的四種對境：

一、遍滿所緣（extensive objects，廣泛的對境）：之所以有這樣的名稱，是因為它們被運用來增長「止」與「觀」兩者。

二、淨行所緣（Objects for purifying behavior，淨化行為的對境）：這相對應於我們的性行，幫助我們以特定的煩惱來對治串習。貪欲強大的人，將焦點專注於他們所執著對境的醜陋面向。懷有強烈瞋怒的人，則觀修四無量心。飽受迷妄之苦的人，須思量緣起。憍慢的人則省思身心五蘊、十二處和十八界，此舉闡明了並無一個特別的獨立之「我」。擁有許多散亂念頭的人，則觀修呼吸，藉以靜心。

三、善巧所緣（objects of skillful observation，善巧觀察的對境）：之所以有此名稱，那是因為精通或熟知這些對境，有助於我們了證空性。這些對境是五蘊、十二處、十八界、十二緣起，以及各種業因之善與不善的「果」。

四、淨惑所緣（objects for purifying afflictions，淨化煩惱的對境）：這有助於暫時淨化三界粗重和細微的煩惱。這可以藉由視較低層次的禪那為粗重、較高層次的禪那為寂靜而達成，或者透過觀修四諦的十六行相而斷斷煩惱之根。

其他修「止」的對境

除了這四種對境之外，修行者也可以使用其他數個對境來修「止」。

■ 以心的世俗本質為對境

●中國敦煌莫高窟。（圖片提供：Keith Adams）

「心的世俗本質」（the conventional nature of mind）是指心的明性和覺性，「心專注於心」是指當下的心專注於剛剛前一剎那的心。為了這麼做，我們需要明白什麼是「心」，並且能夠辨識心。當心因為外在的對境和內在的遍計（conceptualizations）而散亂時，它本身的明性和覺性就會受到障蔽。當心可以被單獨見到時，心的明性（能將對境的樣貌清晰地映現）和覺性（了知對境）就會變得顯明。

為了辨識出心，你凝視一個有著單一淺色的對境，並且將焦點集中在感知此一對境的心上。當你立即辨認出任何可能生起、令人分心散亂的事物時，將注意力返回到心的明性和覺性之上。隨著你這麼做，令人分心散亂的事物將會漸漸止息，你也將會感知到一個穩定、明晰的心之狀態。

當心能夠住於當下，不受到過去和未來的念頭所干擾時，我們或許會體驗到一種空虛感，因為心已經離於它熟悉且專注的外在對境。在這種體驗延長一段時間之後，我們將瞥見心的明性和覺性，而此心即是發展心世俗本質之「止」的對境。大手印和大圓滿兩種修行法門都強調透過觀修心本身來培養「止」。

把心當作專注之對境是一項挑戰，因為心了無色相，我們可能會因而輕易地落入觀修「只不過是一個欠缺實體的概念」，或頭腦空白地觀修「空無」（nothingness）。在這兩種情況下，我們都失去了禪修的對境。

■以空性為對境

只有那些極具聰敏才智且已從正理了證空性的人，才能將空性當作培養「止」的對境。他們暫時放棄觀察分析，專注於已經從概念上了解的空性之上。此處的危險在於，如果他們未清楚地確證空性，就可能會變成觀修「空無」而非空性。

■以佛陀為對境

將佛陀當作修「止」的對境具有諸多優勢，因此許多大師都推薦這種方法。它幫助我們憶念佛陀的功德；鼓舞人心；積聚大量福德；也能幫助其他與觀想佛陀有關的修行法門。

修行者可以先注視佛陀的聖像，或思量針對佛陀所作的意味深長且動人的描述，然後稍微調低目光，觀想佛陀就在你面前的虛空，他是立體且活生生的，其身體是由燦爛的金光所構成。觀想一尊小佛像可以使心更加警覺機敏；觀想明亮燦爛之像，可以對治「沉沒」（laya，鬆懈）⑫；想像它是沉重的，可以預防掉舉和散亂。

在心裡一一觀想佛陀身體的特徵，然後一境地專注於他的整個身體。如果觀想的影像消退，那麼，就再度重複觀想佛身的特徵，然後專注於整個身相。如果佛陀身體的某個部分特別清晰，那麼就把焦點置於其上；當它消退時，把注意力回到整個身體。在能夠專注於影像之前，別堅持一定要清楚地觀想每個細節。

■ 以呼吸為對境

「呼吸」是一個良好的禪修對境。在專注於呼吸很長一段時間之後，心會變得寂止且安住，暫時停止煩惱的生起。

在我們能夠認真地修「止」之前，必須降伏最強大的煩惱，如此在禪修之時，它就不會入侵。藉由遵循此一忠告，在禪修時，我們的心將會更加柔軟，戒律和心之安樂也會增長。更穩定的心提供了增長禪定、菩提心和智慧的機會。

在修「止」時，我們應該在每一座修法使用一個禪修對境，不要隨意更換。在閉關修「止」時，建議主要從事安止修，只要加上些微的觀察修即可，因為分析會干擾定。在獲得「止」之後，禪修者從事觀察修以結合「止」與「觀」，而此時，分析不會干擾定。

禪修的五種過患和八種對治法

彌勒所著的《辨中邊論》（*Madhyāntavibhāga*）談及干擾修「止」的五種過患，以及根除五種過患的八種對治法。⑬

以「心輕安」對治懈怠

懈怠（巴kosajja；梵kausīdya）或許有三種——睡覺和躺著不動、忙著從事無用之輪迴的活動，以及灰心喪志。「心輕安」（mental pliancy）是懈怠的真正對治法，但由於增強此一心所需要一段時間，因此，我們先從培養其他三種對治法來著手。

對「止」的利益所生起的信心，可以使我們領會禪修的殊勝。在此一「信心」的基礎上，對修「止」產生興趣，以及想要從中獲益的「意欲」（chanda）就會輕易地生起。意欲帶來「精進」

心所，使修行者歡喜地修持禪定。我們透過修行而根除掉舉和沉沒，並且增長「輕安」心所，離於身心僵硬、沉重和艱難的感受。在身心輕安之後，我們的身體感覺靈活輕盈，並且能夠毫無困難地將心專注於所選擇的善對境之上。

以「正念」對治忘失聖言

忘失聖言（avavada-sammoṣa）是指失去禪修對境。心偏離對境，反而走向貪、瞋等對境，這個過患主要發生在以下解釋的「心住」（sustained attention）的前四個階段。其對治法是「正念」心所——熟悉禪修的對境，並且把心定於其上，阻止分心散亂和失念。為了增長禪修期間的堅穩正念，在生活的各個面向培養正念是重要的。

以「定性」、「明性」對治掉舉與沉沒

由於掉舉與沉沒兩者擁有相同的對治法——「正知」，因此它們一起被歸類為第三種過患。心的一境性具有「定性」（stability）和「明性」兩個特徵。定性是住於禪修對境的能力，而掉舉是定性的主要障礙，因為掉舉會使心散亂而跑到貪執的對境上。粗重的掉舉使我們徹底失去禪修的對境；細微的掉舉雖然不會使我們盡失禪修對境，但由於貪執的對境快要從心上冒出來，我們因而無法徹底地將心投注於禪修的對境上。

明性是心領會禪修對境的明晰，而沉沒是其主要的障礙。沉沒降低明性的強度，心領會對境的方式因而變得鬆散。「沉沒」不同於「昏沉」（巴thīna；梵styāna），後者是身心快要入眠的沉重，使我們喪失定性和明性兩者。當粗重的沉沒生起時，我們對禪修對境仍然有一些定性，但明性已經減低，對境不再清楚地顯現。此時，心雖然並未散亂到另一個對境，但它因為有一種愉快適意的感受而欠缺力量，因此保持在一種模糊不清的狀態中。

細微的沉沒特別危險且難以辨識，因為它類似兼具定性和明性兩者的定，此時的心寂靜，體驗到一種愉快的感受。雖然明性仍在，心或許一境地住於對境之上，但心卻太過放鬆，之於對境的掌握也太過鬆弛。禪修者的呼吸可能停止，而且可能坐在那裡禪修數天，而相信自己已經獲得「止」，但事實上，細微的沉沒已經生起。

正念和正知一起合作來根除過患。正念持有禪修的對境且記得它，而正知則評估掉舉或沉沒是否已經生起而干擾定。正知是掉舉和沉沒的對治法，卻並非真正的對治法，它讓我們了知需要運用對治法。在此，正知有如間諜，偶爾檢查看看定的過患是否已經生起。如果並未生起，請繼續禪修；如果已經生起，請運用該過患的特定對治法。

粗重的掉舉要以思惟無常、死亡或輪迴的痛苦來對治，使心變得更加清醒、穩重；細微的掉舉則要稍微鬆弛定的強度來對治，但不要多到失去禪修的對境。

粗重之沉沒的對治法是放大對境，使其細節更加明亮燦爛。如果粗重的沉沒頑強不屈，那麼暫時離開禪修的對境，思惟諸如珍貴人身、「定」的美好特質、菩提心的利益、三寶的功德等振奮人心的主題。當細微的沉沒現起時，心要更堅定地持守禪修對境。

以「運用適當的對治法」對治不作行

不作行（anabhisaṃskāra）是當我們知道掉舉或沉沒現起時，不運用對治法。其對治法是針對已生起的過患「運用適當的對治法」，並努力根除它。

以「捨」對治作行

作行（abhisaṃskāra）是當掉舉和沉沒尚未出現或已經被根除時，卻仍使用對治法。「捨」是作行的對治法，此時修行者稍微放鬆精進的程度。

重要的是，我們必須能夠辨識那些在體驗中生起且干擾定的心所，以及那些支持定的心所。我們需要時間和正知來觀察心如何運作，一旦我們開始這麼做，佛法就會生動活現起來。

九心住：「止」的九個階段

彌勒菩薩概述「九種心住」（nine stages of sustained attention）；⑭修行者為了獲得「止」而依序成就九種心住。每個階段各有顯著的過患，因而強調特定的對治法。我們發展六種力（bala）⑮，以及四種作意（manaskāra）⑯，藉以通過這些次第。

一、內住（cittasthāpana）：在此，我們的目標是去尋找禪修對境，即便心無法長時間地停駐，也將心安住於其上。我們聽從上師的教導而學習修「止」，將心安住於對境之上，因此，這個次第是透過「聽聞力」而成就。我們運用「力勵運轉作意」，因為要使心住於對境之上，需要極大的努力。

二、等住（pravāhasaṃsthāpa）：用於對境的「思惟力」可以收攝心，並且至少短時間地將心攝住於對境之上。在此階段，我們仍然需要運用「力勵運轉作意」來使心持守在對境上，但現在的心不會立刻散亂，並且能夠稍稍相續地住於對境之上。

三、安住（pratiharaṇa）：在此階段，心的散亂減少，而且當散亂生起時，我們能夠迅速地辨識，將心帶回對境。由於在前兩個次第所增長的「正念力」，心很容易地就回到禪修的對境之上。從第三到第七個次第，我們運用「有間缺運轉作意」，因為這些階段的定不是相續的。

四、近住（upasthāpana）：在一座修法之始，我們生起正念，而且能夠更輕易地將注意力停駐在對境之上，散亂也更少了。由於粗重的掉舉和沉沒仍然存在，因此，我們對禪修對境的作意仍會中斷。

五、調順（damana）：此時，心是調伏的，幾乎可以相續不斷地住於對境而不散亂。粗重的沉沒和掉舉不再是問題。此時的心太過融攝於對境，因此細微的沉沒會生起。儘管作意因為細微的沉沒和掉舉而中斷，但我們很容易就能夠運用「正知力」來恢復定。「正知力」看清感官對境、散亂念頭和煩惱的過患，並且阻止心走向它們。

六、寂靜（śamana）：藉由「正知力」，我們對專注於一境之禪修的所有抗拒全都消失。在第五個次第，我們緊固「定」，藉以根除沉沒。現在禪定可能太過緊固，因而使細微的掉舉生起。細微的沉沒可能仍然會偶爾生起，因此我們仍然使用「有間缺運轉作意」來使心住於對境。在此階段，「正知力」有時能夠在掉舉和沉沒生起之前就加以辨認處理。

七、最極寂靜（vyupaśamana）：在此階段，即使細微的念頭或煩惱顯現，也可以輕易地調伏止息。細微的沉沒和掉舉偶爾生起，因此作意仍然受到干擾中斷，但「精進力」卻可以輕易迅速地止息沉沒和掉舉。此時，正念、正知和精進增長，但「不作行」仍然可能會出現。

八、專注一趣（ekotīkaraṇa）：在一座修法之始，我們只需要稍稍努力去辨識對境的細節，防禦沉沒和掉舉的生起。在此之後，心可以運用「精進力」而住於對境，「無間缺運轉作意」於焉現起，專注於一境的定因而持續更久。

九、等持（samādhāna）：由於「串習力」（paricaya）加上前五力之故，心任運地住於定中。我們不再需要努力去維持正念和正知。一旦正念住於對境，心就進入等引之中，任運地住於一境。「無功用運轉作意」於此現起，而專注於一境的禪修自然而然地持續很長一段時間。在禪修期間，根識完全融攝，不再對外界的刺激生起反應。這是欲界心可證得的最高禪定。它類似於「止」，但此時，完全的「止」尚未證得。

隨著我們在這些定的次第進展，心和禪修的力量相輔相成地增強，而與其相對應的明性和定性也隨之增長，帶來寂靜和安樂。我們的膚色變得青春燦亮，感覺輕盈有活力，對粗重食物的依賴度也隨之降低。

「止」與更深的等至

在獲得九種心住之後，我們仍然必須獲得「身輕安樂」和「心輕安樂」。有些人能夠迅速達成目標，其他人則必須禪修數個星期之後，才能獲得「止」。

無著將「輕安」定義為「一種止息身心粗重的身心堪能性，具有排除一切障礙的功能」。（LRCM 3:82）⑰「身粗重」與風息有關，它使身體在行善時沉重不適；「心粗重」則阻止我們對根除煩惱的好樂。

隨著我們對定的熟悉度增長，因而能克服「身粗重」。此時，粗重的風息從頭頂而出，頭部因而出現輕安之樂和愉悅的麻刺感。在此之後，「心粗重」的狀態也立即調伏，獲得「心輕安」。這是心的堪能性（可用性），輕安、明晰，能夠隨意地將心安住在任何善的對境之上。「心輕安」引發風息的堪能性，在體內流動，發揮調伏煩惱的功能。「身輕安」的風息遍及全身，因而克服身體無法從事禪修的問題。「身輕安」是指身體的輕盈、輕快和可用性，使我們能夠任意地使用身體來行善事，而毫無痛苦或困難。這進而產生「身輕安樂」，那是一種非常有形且能觸知的樂受。⑱

隨著定的持續，我們感覺到身體融入禪修對境。此時，我們體驗到「心輕安樂」，心非常喜悅、輕安，並且對「定」充滿信心。繼此之後，我們會有一種類似一隻清涼的手放置在剛剛剃過的頭上的感受。「心輕安樂」稍微減少，而且當它變得穩定時，我們感受到「定的不動之樂」（unchangeable bliss of concentration）和「不動的心輕安」（unchangeable mental pliancy），此時便已獲得「止」和「近行定」。身為人類，我們是欲地眾生，但觀修近行定的心，卻是一個色界心。

修行者在獲得「止」之後，可能會遵循世間的道路去獲得五神通，並投生色地和無色地。這個過程牽涉了「世間觀」（mundane insight），也就是在七加行位期間，修行者思惟較低層次等至的過患，以及較高層次等至的利益，並鎮伏干擾修行者獲得高層次等至的煩惱。佛教徒和非佛教徒都可能這麼做。

佛教徒在獲得「止」之後，也可能會遵循出世間的道路，將「止」當作培養洞見無我和空性的基礎。為了證得涅槃，此舉是必要的，也是佛教獨一無二之處。

修行者無須獲得色界心和無色界心的所有八種等至，才得以證得了悟空性的「觀」。宗喀巴大師說，修行者可以在「止」的基礎上培養「觀」，而證得止觀雙運和解脫，也就是仰賴近行定來證得。（LRCM 3:95）⑲然而，不像聲聞藉由近行定來證得「見道」（path of seeing），菩薩則在第四禪從事禪修時，即初次直接感知空性，而進入菩薩的「見道」。在修學的某段時期，菩薩發展色地和無色地的所有八種等至，藉以增強定的

● 緬甸仰光大金寺（Shwedagon Pagoda）（圖片提供：Dekyi Wong）

靈活性。

當人道眾生獲得近行定或近行定以上的定之後，他們專注於一境的定不會在座下期間完全消失。然而，這種專注於一境的定即使未完全消失，但也不顯明，而且當他們從事日常活動時，其五種感官發揮作用。他們的煩惱因為定的強大影響而減弱，但煩惱可能仍會生起，因此修行者必須在各種活動中維持正念和正知。

如果修行者皈依三寶，那麼「止」就成為佛教的修行法門。當「止」結合解脫的決心和證悟空性的智慧，「止」就會帶來解脫。當「止」結合菩提心和證悟空性的智慧，「止」就會帶來正等正覺。為了確保修「止」會帶來解脫或正等正覺，初學者不應該只追求禪定而排除其他修行法門，他們應該要觀修輪迴的過患和獲得解脫的可能性，藉以發展正確的發心，並為修「觀」奠定穩固的基礎。

聲聞、緣覺和菩薩修「止」的方式都是相同的。那些經乘的追隨者和修持密續⑳前三部的修行者，都以類似的方式來修「止」，並且先獲得「止」，再獲得「觀」。《無上瑜伽續》包含特殊的技巧，藉以從事觀修細微對境的定，這使得心變得更加微細。如果密續修行者藉由觀察修，而已經對觀修空性非常熟悉，他（她）就能夠同時獲得「止」與「觀」。

為了根除所知障所需的定，其深度遠比降伏煩惱障所需的定來得深。基於此故，菩薩培養不可思議的禪定狀態，七地菩薩能夠在剎那間出入觀修空性的無二禪定。他們的「心輕安」是如此殊妙，以至於他們能夠在剎那間從專注於一境的禪定，轉換到相同深度、觀修另一個對境的禪定，其他修行者無法如此快速從容地這麼做。

儘管許多偉大的中國禪修大師都曾經撰寫關於修「止」和修「定」的著作，但是天台宗智顗大師（538–597）的著作則最為清晰、重要。他的著作之所以特別重要，是因為它們在中國佛教史的早期便已問世，當時認真的出家修行者都可以取得適當的禪修教導，但一般的佛教修行者則否。智顗大師全面且清晰的教導源自印度的經典，對其時的修行者發揮極大的提振和助益的作用，而且直至今日，許多中國佛教宗派的禪修者仍然依據智顗大師的教導來從事修行。他強調以一種平衡的方式來修持「止」與「觀」，其精神符合彌勒和無著兩位大師之著作所提出的觀點。

智顗大師的著作《修習止觀坐禪法要》是一本修定的全面指南。他談到修「止」的必備內、外條件，並且強調懺悔、清淨業障和捨離五欲的重要性。他也討論採取適當的坐禪姿勢，鎮伏五蓋，並且在進入禪修時調整呼吸和心；安住於禪修時，調整身體、呼吸和心；一座禪坐結束時，也調整身體、呼吸和心。他的著作也涵蓋感官刺激，以及在座下期間行、住、坐、臥的修持。至於禪修的對境，他特別談到「呼吸」、「身體的不淨」、「慈心」、「緣起」和「佛陀」。他陳述禪那真偽的各種禪相，以及如何解決身體的失調、失衡和源自神鬼的障礙。最後，智顗大師以聲聞和菩薩證果為該書作結。

智顗大師的著作《六妙門》談及六種禪修方式，而大約西元前兩百年迦多衍尼子（Kātyāyaniputra）的《阿毘曇毘婆沙論》（*Abhidharma Vibhāṣā*）、西元一五〇年世友（Vasumitra）的《大毘婆沙論》（*Mahāvibhāṣā*），以及四世紀世親的《俱舍論》都曾經闡釋這六種禪修。在《清淨道論》第八〈說隨念業處品〉（8:189-225）裡，覺音把六種禪修轉化成為八種。[21]此「六門」分別為：（一）數（數息）；（二）隨（隨息）；（三）止（穩定）；（四）觀（分析）；（五）還（轉化）；（六）淨（清淨）。藏傳佛教也教導相同的禪修法門。

① 原書所引出處 CMA pp.29–31 有誤，應為 CMA pp.27–31。

② 十不淨是指屍體的膨脹相、青瘀相、膿爛相、斷壞相、食殘相、散亂相、斬斫離散相、血塗相、蟲聚相、骸骨相。

③ 依據《清淨道論》所說，能導入近行定的應為十種業處，即十隨念之中的八種隨念（除去身至念與入出息隨念），以及食厭想、四界差別。而非本書中所說的身至念、入出息隨念、食厭想和四界差別等四種業處。其餘的三十種業處都能導入安止定。（參見覺音著，葉均譯，《清淨道論》，高雄：正覺學會，頁 111）

④ 依據《清淨道論》所說，地遍的直徑應是「一張手又四指」，而非本書中所說的「四指」。（同注③版本，頁 125）

⑤ 初禪至第四禪，是屬於色界心的四種禪定。諸禪由稱為「禪支」的心所而分別，通過逐一捨棄較粗的禪支，增強定力以提升較微細的禪支，即能進入較高的禪定。初禪有尋、伺、喜、樂、心一境性等五禪支；第二禪有喜、樂、心一境性；第三禪有樂、心一境性；第四禪有捨、心一境性。

⑥《中部．馬邑大經》（MN 39:15）：「彼捨此等令心穢、慧羸之五蓋方能離欲，離不善法，有尋、有伺，由離生喜樂，成就初禪。彼此身由離以生喜樂，徧滿充溢，彼身之何處亦由離以生喜樂，無不徧滿。」（《漢譯南傳》，中部經典一，頁 370）

❼「定」有兩種：止定（samatha samādhi）和觀定（vipassanā samādhi）。在止定中，禪相（nimitta）是其對境；在觀定之中，以無常、苦、無我三相之一為特徵的五蘊是其對境。

⑧《中部．馬邑大經》（MN 39:18）：「彼此之身以清淨皎潔之心使徧滿而坐，彼身之何處亦以清淨皎潔之心，無不使徧滿。」（同注⑥的版本，頁 371–372）

⑨ 八種解脫（巴 vimokkha；梵 vimokṣa）為：（一）內有色想觀外色解脫；（二）內無色想觀外色解脫；（三）淨解脫身作證具足住；（四）～（七）四無色定（空無邊處解脫、識無邊處解脫、無所有處解脫、非想非非想處解脫）；（八）滅受想定身作證具足住。

⑩《清淨道論》第十二〈說神變品〉陳述此為一身成多身神變、多身成一身神變、顯現神變、隱匿神變、不障礙神變、地中出沒神變、水上不沉神變和飛行神變、手觸日月神變、身自在神變。（同注③版本，頁 389–408）

⑪《中部．善生優陀夷大經》（MN 77:29）：「我此身由色而成、由四大而成、父母所生、飯乳所長養，乃無常、削滅、磨滅、變壞、分散之法。而我識卻依存於此，是此所關連者。」（同注⑥版本，中部經典三，頁 16）

⑫「沉沒」（laya）是指自心認持對境的力量鬆緩，又

或不甚明顯堅固。所以，雖然澄淨，但如果自心在認取對境時不太明顯，這便是「沉沒」。沉沒與昏沉兩者不同，前者有「善」和「無記」兩種，而後者則是「不善」或「有覆無記」，且是由「痴」所生。

⑬《辨中邊論．辯修對治品》：「謂能滅除五種過失修八斷行。何者名為五種過失？頌曰：懈怠忘聖言，及惛沉掉舉，不作行作行，是五失應知。……為除此五修八斷行。云何安立彼行相耶？頌曰：為斷除懈怠，修欲勤信安，即所依能依，及所因能果，為除餘四失，修念智思捨，記言覺沉掉，伏行滅等流。」（《大正藏》第三十一冊，頁471c）

⑭《瑜伽師地論．聲聞地》：「云何名為九種心住？謂有苾芻令心內住、等住、安住、近住、調順、寂靜、最極寂靜、專注一趣，及以等持，如是名為九種心住。」（同注⑬版本，第三十冊，頁450c）

⑮六種力（bala）：（一）聽聞力；（二）思惟力；（三）正念力；（四）正知力；（五）精進力；（六）串習力。

⑯四種作意（manaskāra）：（一）力勵運轉作意（balavāhana）；（二）有間缺運轉作意（sacchidravāhana）；（三）無間缺運轉作意（niśchidravāhana）；（四）無功用運轉作意（anābhogavāhana）。

⑰《菩提道次第廣論》卷十六：「云何輕安？謂：止息身心粗重，身心堪能性，除遣一切障礙為業。」（宗喀巴著，法尊法師譯，《菩提道次第廣論》，台北：大千出版社，1996年，頁592）

⑱這種「身輕安」並不是一種心所，而是一種極愉快的內身觸塵（又稱為「輕安觸」）。當「身輕安」初次現起時，由於風息的緣故，體內生起極大的安樂感覺。

⑲《菩提道次第廣論》卷十六：「故求解脫者，應生能證無我真實毘缽舍那，以若得前說第一靜慮未到地攝正奢摩他。縱未獲得以上靜慮及無色奢摩他，然即依彼止修習勝觀，亦能脫離一切生死繫縛而得解脫。」（同注⑰版本，頁604）

⑳密續四部依序為《事續》、《行續》、《瑜伽續》、《無上瑜伽續》等四部。

㉑《清淨道論》第八品〈說隨念業處品〉中提到，安般念業處的作意規定為：（一）數（數息）；（二）隨逐（隨行）；（三）觸（觸處）；（四）安住（安止）；（五）觀察（觀）；（六）還滅（道）；（七）遍淨（果）；（八）彼等的各別觀（觀察）。（同注③版本，頁279-287）

6 增上慧學

從三十七菩提分法說起

增上慧學奠定在增上戒學和增上定學的基礎上，並且牽涉三十七菩提分法（巴bodhipakkhiyā-dhamma，梵bodhipakṣyadharma）的修持，進而導向「觀」。儘管三十七菩提分法不全都屬於增上慧學，但它們對生起正確地了解無我和四諦、進而通往解脫的智慧，都有直接和間接的貢獻。

巴利語和梵文佛經都解釋此三十七菩提分法，而三乘也都重視此一修行。在梵文傳統裡，《俱舍論》和《現觀莊嚴論》都詳細地加以闡釋；月稱的《入中論》也談及三十七菩提分法；在《巴利大藏經》裡，它們主要源自《相應部》之《大品》（*Mahāvagga*）。本書關於三十七菩提分法的段落，幾乎和梵文的《十住經》（*Daśabhūmika Sūtra*，或《十地經》）字字相同。聲聞乘和菩薩乘修持三十七菩提分法的主要差異在於，菩薩懷著菩提心的發心來修持，並且將它們應用於一切眾生。例如，在建立身念處時，菩薩觀修無常，以及他們自己和其他眾生身體的不淨。從中觀的觀點來看，所有三乘的修行者都懷著其本身是「自性空」的見地來觀修三十七菩提分法。

三十七菩提分法是西藏僧人學習課程的一部分，而我鼓勵他們多多從事這方面的觀修，尤其多多觀修「四念處」（巴satipaṭṭhāna；梵smṛtyupasthāna）。

三十七菩提分法被分為七類，①而在梵文傳統裡，這七類與五道②相互關連。這不表示修行者在之前或相繼的「道」上不修持它們；相反地，在特定層次的「道」上，某類的修行會發展成熟且具有充分的資格。

培養四念處，以及思惟其共與不共的行相，將能夠使我們了解四法印，四法印是決定一個教法是否為佛陀之教義的因素。梵文傳統的《三摩地王經》提及四法印分別是：

一、諸行無常——所有依緣和合而生的現象皆無常。

二、有漏皆苦——所有染污的現象皆是令人不滿足的。

三、諸法無我——所有現象皆是「空」的且是「無我」的。

四、涅槃寂靜——涅槃是真正的寂靜。

一旦我們了解四法印，尤其是第四法印「涅槃寂靜」，我們將會想要從事修行而證得涅槃。這種願望導致我們修持四正勤（sammappadhāna）❸，此四正勤是「精進」的本質。藉由精進而增長「定」，而「定」則與四神足（巴iddhipāda；梵 ddhipāda；四如意足）有關。如果我們尚未獲得「止」，現在就應該這麼做。

接著，我們特別將注意力放在五根和五力之上，藉以克服所有的逆緣，並且證得「無我」的止觀雙運。繼此之後，我們培養七覺支（巴bojjhaṅga；梵bodhyaṅga）和八聖道來證得涅槃。

此處所談的七類菩提分法，是那些在五道的前四道上的修行者所證得的特質，與尚未進入修道的凡夫無關。儘管如此，一些經典也針對那些尚未進入某一「道」的人解釋這三十七菩提分法，並且提出清晰的解釋，說明我們如何在日常生活中修持這三十七菩提分法，巴利語和梵文傳統都對此提出闡釋。這兩個傳統各自強調特定的重點，並且也相互補充對方的觀點。

四念處，破除四種誤解

四念處是將心集中在身（kāya）、受（vedanā，感受）、心（citta）和法（巴dhamma；梵dharma；現象）之上。「念處」是把正念放在智慧所理解的對境之上。「身」指的是三種身：

一、內身，即五根——五種認知的能力。

二、外身，即五塵——五種感官的對境。

三、內、外身——粗重身的感覺器官。

「受」是樂、苦和不苦不樂的感受。「身」與「受」兩者都伴隨著根識、念頭和其他心的狀態。「心」是指六識，而「法」則包括法處（巴dhammāyatana；梵dharmāyatana，心的對境），即所有其他未包含在身、受、心之內的常與無常之法。

這四種對境之所以被選擇為正念的對境，是因為它們可以幫助我們這些凡夫了解以下四種謬誤：

一、將身體視為「我」的居所——「我在這裡，在我的身體裡面」。

二、將感受視為「我」所享受和體驗的事物——「我感到快樂」、「我感到痛苦悲慘」、「我漠不關心」。

三、將心視為一個真實的「我」——「我是我所想和所感知的事物」。

四、將現象視為令「我」受苦或有價值的事物，尤其是我們的態度和情感——「我有很多瞋怒和嫉妒方面的問題」或「我的信心使我成為一個好人」。

在每個情況下，「我」都被錯誤地認為是一個堅實的身體。我們視「我」為獨立自主，不仰賴其他因素，並且認為身體、感受、心和現象等所有其他事物都是繞著這個「我」而安排。

我們可以使用兩個方式來分析身、受、心、法的本質，藉以獲得「觀」：

一、觀修這四種對境的「無常」、「苦」、「空」和「無我」等所有的共相。

二、觀修它們的不共相。

就後者而言，我們以正念的對境來對治一個特定的誤解，增強了解，加深我們對四聖諦中任何一諦的領悟。請參見【表6-1】（如下）。

巴利語傳統解釋，四念處的目的在於證得對身心「無常」、「苦」和「無我」三相的直觀，並且使用此「觀」來根除束縛我們於輪迴的心之雜染。

為了成功地修持四念處，我們需要具格上師的指引，而這位上師必須對這些禪修有豐富的經驗。我們也需要詳細地研讀教導這些修行法門的佛經，尤其是《長部》第二十二經《大念處經》（*Mahāsatipaṭṭhāna Sutta*, DN 22）、《中部》第十經《念處經》（*Satipaṭṭhāna Sutta*, MN10）、《中部》第一一八經《入出息念經》（*Ānāpānasati Sutta*, MN 118）和《中部》第一一九經《身行念

【表6-1】四念處降伏與四聖諦相關的誤解

對境	誤解	了解	四諦
身	視不淨為淨	不淨為身體的本質	苦諦
受	視苦為樂	苦為受的本質	集諦
心	視無常為常	心在每個剎那生滅	滅諦
法	視欠缺「我」為有一個「我」	法無我。某些法要修持，另一些法則要捨斷。	道諦

經》（*Kāyagatāsati Sutta*, MN 119）。覺音針對《念處經》撰寫了兩本注釋書，④而法護針對注釋書又撰寫了義疏，進一步地釐清諸多要點。

今日，一些上座部大師教導四念處，尤其是「出入息念」（巴ānāpānasati；梵ānāpānasmṛti；安那般那念），藉以修「止」，而其他大師則是為了修「觀」而教導四念處。修心，進而使心於禪修的對境時時保持正念，心便能穩定平靜下來而增長「定」。正念也了知其對境和其行相，進而導入「觀」。

身念處，看清身體的本質

為了修習身念處，我們思量身體的起因、本質和結果，因而看清「不淨」和「苦」是身體的本質，進而減少對身體的執著、焦慮不安和迷戀。父精母卵、無明、貪愛和「業」是身體的起因，「不淨」是其本質，當我們檢視身體的內部時，這一點不證自明，而死屍是身體的「果」。我們活著時，身體是疾病和傷痛的溫床，是痛苦、憂慮、恐懼和惱怒之源。我們必須努力工作賺錢，才能把這個身體餵飽、穿暖，提供住所和保護。這激起貪婪和瞋怒，導致戰爭和勒索強取。簡而言之，身體和照顧身體之所需，是經濟、環境污染、戰爭、犯罪、人口過剩和社會不公等諸多問題的根本。思惟這一點，我們就會明白「苦」是身體的本質。

儘管如此，身體是支持人類聰明才智的實體基礎，如果加以善用，我們可以修持佛法，獲得覺醒。從此一觀點來看，身體是具有價值的，我們因而要珍愛此一寶貴人身。因此，在看清身體本質的同時，我們也不應該蔑視它。我們保持身體健康、清潔和舒適，如此就可以運用它來修持佛法。

佛陀在解釋身念處時（《念處經》），詳細地說明出入息念、四威儀（四種身體姿勢）、身體的污穢不淨、四界和塚間九想觀。

出入息念

簡而言之，出入息念是根據十六種步驟來觀察呼吸。⑤這十六個步驟分為四組，應用於身、受、心、法，並且就三相來加以思惟，了解身體的智慧就會穩定地增長。

大多數的注釋書建議修行者要作意於鼻孔和上唇所感受到的氣息，此一要點似乎比較有助於生起止禪的禪相。一些禪修大師則建議修行者觀察身體任何部位的氣息，例如腹部或胸腔，都會有各自獨特的感受。對某些人而言，這些要點或許比較有助於修「觀」。

行、住、坐、臥四威儀

行、住、坐、臥等四威儀的念處是指不論身體採取哪一種姿勢，都要對自己的所作所為和其中的理由保持正念。我們徹徹底底地處於當下，不思及過去或未來。在座下期間保持正念，可以支持座上修法期間的正念。

身體的三十二個部分

對身體的部分建立正念，使得身體的污穢不淨變得顯明。佛陀提及，我們應該對身體的三十一個部分保持正念；後來加入腦而成為三十二個部分。這三十二個身體部分區分為六組：

一、皮膚組：頭髮、體毛、指甲、牙齒和皮膚等五種。

二、腎臟組：肌肉、筋腱、骨骼、骨髓和腎臟等五種。

三、肺臟組：心臟、肝臟、肋膜（結締組織）、脾臟和肺臟等五種。

四、腦部組：腸、腸間膜、胃中物、屎糞和腦等五種。
五、脂肪組：膽汁、痰、膿、血、汗、脂肪等六種。
六、尿液組：眼淚、皮膚油脂、唾液、鼻涕、關節液和尿液等六種。

我們先從皮膚組開始，將焦點放在每個個別的部分，觀察它的顏色、形狀、質地、它在體內的位置，以及在其周圍的器官。在從頭髮一直思惟到皮膚之後，再往回倒序地思惟此組的各個部分，一直思惟到頭髮為止。接著，我們再一次地按照順序思惟皮膚組的每個部分，然後繼續思惟腎臟組。

每組都重複往前、往後、往前的思惟循環，使我們熟悉身體的每個部分，清楚地看見它的模樣。很快地，就可明顯地看見我們所謂的「我的身體」，只不過是不淨的身體部分的組合。看清這個事實，減少我們再次投生輪迴的貪戀。以此方式來思惟另一個人的身體，可以減低性欲。於身體的三十二個部分進行禪修時，一境地專注於它們「不淨」的本質，即是止禪；在從事身念處的修行法門時，探究組成身體的各個元素，從三相的角度來觀看身體的部分，即是觀禪。

觀修身體也包括思量組成身體的地（堅固性）、水（粘結性）、火（暖熱性）、風（流動性）等四界（元素）。利根的人在觀修四界時，他掃描身體，將焦點放在每一界的特相上，並把成為該界的所有事例湊在一起。若要擴展此一禪修的範圍，修行者可以去觀看哪一界在哪些身體部分占優勢。例如，在骨骼、牙齒和內在器官裡，堅固的屬性占優勢。另一個擴展禪修的方式是，掃描身體，體驗和感受每一界。藉由這種觀修法門，我們了解身體是四界不可分割的組合。此時，我們了解身體只不過是四界的組合物，對「人」或「我」的想法因此消失。

在從事塚間九想觀時，我們將目前的身體和屍體腐化分解的各個不同階段相比較。我們的身體和屍體具有相同的本質，皆無法免於一死，並在適當的因緣之下，將會變得有如這些屍體，這減少了我們對這個身體的認同和執著。如同所有的禪修一般，重要的是要去了解此一修行法門的目的，以平衡的心來修持，並且不要生起迷信或恐懼的念頭。

簡而言之，身念處探究身體的本質，看清它並非美麗、恆常、可提供真正安樂的事物，也不是一個「我」。藉由持續觀修身體具有「無常」、「苦」、「無我」等三相，禪定和智慧於焉生起。

受念處，覺察「苦」的集起

藉由修持受念處，我們了解貪愛是如何因為各種不同的感受而生起，進而使輪迴持續不斷下去。感受是因為我們接觸五種感官對境（五塵）而生起，我們執著於樂受，憎惡苦受，並且對不苦不樂受漠然而無動於衷。我們對那個體驗這些感受的「我」緊抓不放，煩惱因而變得更強而有力，於是創造了「業」，輪迴也因而持續下去。受念處使我們覺察「苦」的集起。

三種受與三種苦相互關連

為了修持受念處，我們思惟自己的感受，審視現在的、過去的感受，以及期待在未來體驗的感受。這三種感受和三種苦相互關連——苦受和苦苦；樂受和壞苦；不苦不樂受和行苦。我們觀察到，樂受的體驗最終會變成痛苦的體驗；由於不苦不樂的感受是不穩定的，而且受到無明的染污，因此它們包含顯現苦的種子；而苦苦總是準備燃燒。我們看清所有的感受皆苦，解脫的願望因而在心中滋長。

我們的感受持續不斷且快速地改變為苦受、樂受和不苦不樂受。感受是短暫無常的，我們沒有道理執著於樂受，或因為苦受而心煩意亂。

藉由觀察感受的「因」，我們了解塵境、知根⑥、意識三者之間的相互依緣而接觸，進而製造感受。藉由觀察感受的「果」，幫助我們了解貪愛和執著，以及兩者如何使輪迴持續下去。

以正念而非貪愛和執著來回應感受，可以阻止感受去慫恿煩惱。當苦受或樂受生起時，以正念去觀察它，探究其本質，就會看清它不是一個堅實的本體。它是一個流動的過程，是一連串痛苦或歡樂的剎那，每個剎那都跟先前和後繼的剎那稍稍不同。就痛苦而言，看似不變、統一、痛苦的感受，現在則被視為心的造作，投射在具有類似特質的一連串剎那之上。再者，我們觀察到不同種類的痛苦，例如悸動、刺痛、刺穿、疼痛等。當我們將苦受當作正念的對境時，就不會再因為痛苦而感受憂慮或飽受折磨。有趣的是，許多醫師已經發現，正念禪修對那些飽受慢性疼痛之苦的人有極大的助益。

世俗與非世俗的感受

巴利語經典說，苦受、樂受和不苦不樂受都有世俗和非世俗兩種。

世俗的快樂從我們獲得渴望的感官對境而生起；非世俗的快樂則從擁有禪定、信心和慈心等正面積極的心所而生起。

世俗的痛苦因為事與願違或接觸討厭的感官對境而被觸發，當我們渴望定的狀態或尚未了證果位時，非世俗的痛苦可能會因而生起；它可能也會因為我們懊悔自己所從事的惡業而生起。在此，非世俗的痛苦會激發我們從事善業，進而實現修行的目標。

當我們對自己的業果渾然不覺時，世俗的不苦不樂受就會生起，使我們變得冷漠、自滿和怠惰。第四禪的遍淨捨，則是非世俗的不苦不樂受的一個例子。

如果我們未以正念觀察世俗的苦受、樂受和不苦不樂受，它們就會是煩惱之源；而非世俗的苦受、樂受和捨受（不苦不樂受）則具有利益，能夠帶領我們進一步從事善的修行。

在修持受念處到了某個時候，我們不再將焦點放在感受是樂受、苦受或不苦不樂受上，同時也停止觀察它們的生滅。相反地，我們純粹觀照「有感受」這件事，藉以培養觀智和時時刻刻的正念。此時，我們將感受體驗為「無我」的現象。我們不認同它們，並且停止執取它們為「我」、「我的」或「我的『我』」。

心念處，觀修心的無常

為了觀修心的無常本質，我們思惟已逝的過去心和尚未到來的未來心。只有現在心留駐，但這現在心也不斷地改變，剎那不停。心同時在每個剎那生起、安住和滅去。

鬆解死後不存在的恐懼

對心的細微無常本質保持正念，使我們產生兩種了解：

一、雖然一剎那的心不會停留第二個剎那，但心之相續是無可摧毀的。

二、「我」依賴心而假立。

了解這兩個要點，可以減少我們在死亡時變得完全不存在所生起的恐懼，這種恐懼會觸發貪愛和執著。放鬆那種恐懼，賦予我們更多機會去從事禪修，在臨終時獲得高深的證量。

了知終止心的雜染是可能的

心念處也使我們直接體驗這無色界心，此心覺察和了知對境，如鏡子般映現事物，但要精確地辨識它的明性和覺性卻是困難的。

在日常生活中，我們的五種感官非常活躍，而第六意識的感受和體驗通常與五種感官接觸的事物有關。我們的生活大多受到這些外在的體驗和自己對其產生的反應所控制，而無有機會去體驗真實的心性。

為了使心的真實世俗本質生起，我們必須放下自己對外在事件和內在體驗的想法，以及放下過去和外來的念頭。剛開始，我們可能會覺得心是空無、空白和無念的。當我們能夠延長這段不去思想過去或未來的時間之時，就可能會瞥見「空無」。此一「空無」不是心的本性空；更確切地說，我們刻意地中止粗重層次的心造作和顯現，因而創造了一個間隙。寂止的體驗之所以生起，是因為感官不活躍，而這只是當下「空無」的體驗。當我們維持此一間隙時，就可能會瞥見心的明性和覺性。唯有在此時，我們才會發覺修持心念處的禪修對境。隨著我們愈來愈熟悉此一狀態，我們將會體驗心的剎那。

當我們繼續禪修，會覺察到：

一、心的本然狀態離於具毀滅性和具建設性的情緒。情緒因為「因」與「緣」而生起；它們偶然不定，不存在於心的明性和覺性之中。我們看清心無記的本質，因而了知終止心的雜染是可能的。

二、心是剎那的，因此念頭也是短暫的。這也使我們了解，我們有可能終止心的雜染，並且了證滅諦。如此一來，心念處導引我們了解四聖諦的第三聖諦——滅諦。

了證「人無我」與「法無我」

心念處也導引我們了證「人無我」。我們通常認為人和身心五蘊有關，或人是身心五蘊。我們有時覺得「我」依賴身體而生存，其他時候則覺得「我」依賴心而存在。當觀修身念處時，我們覺得「我正在觀修身體」，那個「我」似乎在身體裡面，卻與身體分離。在觀修受念處時，我們覺得有一個「我」在體驗痛苦和歡樂，這個「我」似乎和感受也是分離的，它是感受的體驗者或擁有者。

在觀修心時，我們起初相信心可能即是我們自己，但後來卻發現有一個細微且中立的心，它是正念探究的對境。在那時，我們可能納悶：「我現在置身何處？」並且可能覺得，「我」是依賴身心聚合的假立之名，並無獨立的「我」擁有身和心。如此一來，觀修心使我們了解「人無我」和滅諦。

心念處及其無常的本質也導引我們了解「法無我」——「法」空無自性，而「自性」是「獨立存在」的同義詞。如果某件事物獨立存在，它就不會依賴任何其他事物，包括「因」與「緣」在內，因此它會是恆常不變的。然而，心在每個剎那生起和滅去，因此它不是恆常的。它必須仰賴因緣，而非獨立於所有其他因素之外而存在。因此，心是自性空的。

思惟心的生滅過程

在巴利語傳統裡，心念處是指於心的狀態保持正念，這些心的狀態受到伴隨著六識而來的心所的渲染影

●印度舍衛城（Shravasti）祇園精舍（Jetavana Monastery）的香室（Gandhakuṭi），佛陀在此教授許多佛經。（圖片提供：Mike Nowak）

響。正如同水混合了橙漿而變成橙汁一般，伴隨瞋怒心所的心變成瞋怒的心，伴隨定心所的心變成禪定的心。三種有毒的心的狀態因為三種感受而生起，因此心念處自然而然地從受念處發展出來。

在開始一座禪坐之時，首先觀察呼吸，使心安頓下來，然後將正念轉向心本身，觀察心當下的狀態，不要執著或排拒。當如此做時，我們學習分辨善心和不善心的狀態。

我們也思惟心的生起和滅去，心的生起是指各種心的狀態因為它們自己獨特之緣而生起，而心的滅去是指這些心的狀態不會持續到下一個剎那，並且在生起的剎那即消逝。接著，我們思惟它們的生滅兩者——所有心之過程的無常本質。

在熟悉各種心之狀態的特相，並能輕易、迅速地辨識它們之後，我們可以用正念來觀察心的過程本身。藉此，我們可以安住而不執著。

法念處，思惟淨與不淨之法

宗喀巴大師解釋，在第四念處（法念處）所思惟的「法」（現象），是我們在修道上要採納和丟棄的因素。在此，「法」是指清淨之法和不淨之法，前者是要培養的具有利益之法，後者則是要捨斷的令人煩惱之法。藉由思惟這些「法」，我們進入第四聖諦（道諦）的修持，而了證空性和無我是道諦的核心。

觀察自身體驗的心所

在法念處裡，「心所」是我們要考量的最重要之法。我們辨識在自心之內的煩惱心所，並探究它們的起因、特相和結果。當伴隨著識的煩惱心所困擾心時，就會使心變得不夠清明，而難以掌控。清淨的心所使心明晰、容易掌控且寧靜，我們以正念來觀察在自身體驗裡的這一切。

我們也觀察到，令人困擾的心所欠缺一個可靠確實的基礎，它們仰賴無明，而且可以用智慧來根除。有益的心所受到正理的支持，能夠對治令人困擾的心所。除此之外，正面積極的態度和情緒也能夠因此而無限地增長。

這些心所都不是「人」。然而，相對存在的「我」是存在的，這個「我」依賴五蘊而僅僅是假名而立。「人」和「法」皆空無自性，但假立存在；這種了悟即是通往滅諦的真正道路（道諦）。

構成解脫道地圖的五組「法」

在巴利語的《大念處經》裡，有五組的「法」被當作法念處的對境。此五組的「法」分別是五蓋、五蘊、六根（六處）、七覺支和四諦。

這五組「法」的先後順序本身即是一張地圖。首先是於五蓋保持正念，因為五蓋是心之發展的主要障礙，尤其是培養「止」和「觀」的主要障礙。調伏五蓋是不可或缺的第一個步驟，使我們能夠以五蘊和六根的架構，來探索自己的感受和體驗之田。隨著「觀」的增長，七覺支成為要角；隨著七覺支成熟，我們對四諦的深入了解因而生起，這進而使我們了解「法」的勝義諦。

■五蓋

於五蓋保持正念，即是要我們：

一、在每個蓋障現起時，覺知它的顯現，並在它平息後，覺知它的消逝。
二、了知促使每個蓋障生起之因素。
三、了解如何暫時鎮伏每個蓋障。

四、了解如何徹底根除每個蓋障。

■五蘊

於五蘊保持正念，我們了解每一蘊的特相。接著，我們探究促使每一蘊生起的因緣及其無常的本質，因而了解每一蘊的生起和消逝。

■六根

於六根保持正念，是指了解它們在促使結縛生起時所扮演的角色。接著，我們學習如何暫時地鎮伏結縛和五蓋，以及如何藉由觀見其真實的本質而徹底根除它們。

■七覺支

於七覺支的每一個覺支保持正念，使我們了解：

一、它何時會在我們心上現起和消失。

二、它生起之因。

三、一旦覺支生起，如何使其達至圓滿。藉由對四諦保持正念，我們清楚地了解「苦」如何因其起因而生起，以及藉由修道而證得滅諦的可能性。

■四諦

當我們的觀智非常熟悉「無常」、「苦」、「無我」三相之後，心將暫時突破有為的世間，並且瞥見無為法。此時，心看見並了解「這是苦的滅盡」。然而，心仍然無法長時間地持守這種了證，因而再度落入有為的世間。但是，現在我們確實了知五蘊、六根等皆是苦的；看清輪迴從無明和貪愛演進，因而了知苦的集起；我們從親身經驗而了知八聖道是通往苦之滅盡的道諦。這是第一個突破的體驗，我們在其中直接且徹底地了知無為法，使我們成為入流者（須陀洹）。藉由一再地增長「觀」，我們將全然地了證無為法。

菩薩的四念處

四念處不是相互排斥的修行法門。其中一個念處可以是框架，我們在此框架之內觀修其他的念處。例如，如果「出入息念」是我們主要的修行法門，那麼當強烈的感受或情緒生起時，我們暫時地思惟它，當它平息之後，我們再度回到觀呼吸。

根據中觀學派的說法，菩薩懷著菩提心的發心來修持四念處，並且培養了悟細微之「人無我」、「法無我」的智慧——兩者皆是自性空。這種智慧了悟到身、受、心、法四者皆無「自行存在」或「獨力存在」。

菩薩也藉由看清身、受、心、法僅僅是透過假名而存在，而觀修四念處。他們看清「身」如幻，「受」如夢，「心」如虛空，「法」如浮雲。菩薩依此從事如空、如幻的禪修，觀修與這四種對境有關的空性。

菩薩也觀修其他眾生身體的不淨與無常，並且了悟眾生在輪迴中受苦。菩薩看見眾生受縛於無明染污的身體，因而生起大悲心和菩提心。

四正勤，增長正面特質

在觀修四念處，尤其是法念處之後，我們發願增長正面的特質，並去除煩惱。四正勤可以使我們達到此一目標。我們發願，盡一切努力：

一、防止煩惱和具破壞性的行為等不善業的生起，例如藉由克制我們的感官來達成。
二、運用對治法來捨斷已經生起的不善法。
三、產生新的善法，例如藉由培養四念處和七覺支來達成。
四、增長已經生起的善法，尤其是藉由有利的禪修對境來證得圓滿的定。

四正勤除了對治沉沒和掉舉這兩個阻礙「止」生起的過患之外，也平衡和增長「止」與「觀」。如果兩者其中一個太過強大，我們便努力去增強弱者。

生起四神足的禪定修持

我們藉由四正勤而努力減少並根除煩惱和有害的行為，增長正面的特質，提升「止」與「觀」。此時，我們修持可以生起四神足的禪定，四神足是專注於一境的欲定、精進定、意定和思惟定。⑦修行者修持四神足而發展出化現和轉化事物的特殊力量，藉由神足通所化現或轉化出來的對境，是此四神足的對境，例如把人的身體變得非常大或化現出數個身體，以及把醜陋的地方轉變成為美麗的處所。菩薩藉由這些力量而可以造訪眾多佛土，並且供養諸佛而累積廣大的福德。

四念處是智慧和正念的心所，四正勤是精進的種類，四神足則是與欲（chanda）等心所有關的禪定。欲、精進、心（citta）和思惟（巴vīmaṃsā；梵mīmāṃsā）是提升定的方式，藉以發展力量強大的禪修能力。

修行者透過心的發展，尤其是透過深刻的禪定來獲得神足通。世間的神足通包括分身、飛翔天際、行於水上、穿牆貫山和出沒地底。然而，最高深的神足通是心的無漏解脫——涅槃。

佛經解釋，有兩個因素可以促進定。第一個因素是「勤」（determined striving），這是四個定共有的因素。第二個因素則是每個定所獨有的：

一、欲：證得神足通的深刻欲望或願望，它進而助長精進，以獲得定。

二、精進：激發修行者培養能導入神足通的定。

三、心：修行者使心寧靜、清淨和光明。藉由心的明性，我們獲得定，而此定是出世間證量的基礎。

四、思惟：檢視心以及促進、阻礙其發展的因素。在探究和了證涅槃的願望的助長之下，我們努力獲得定，這四種定結合智慧，藉以證得解脫。

生起善法的心所：五根與五力

五根和五力具有相同的名稱，也是相同的特質，但五力是發展得更強大、更完善的五根。雖然擁有五根，但我們仍然無法以五根來對治不信、懈怠、失念、掉舉和無明等及其相對的心所，這五個對立的心所仍會偶爾生起。當五根足夠強大，不被與其對立的心所撼動時，它們就成為五力。藉由五力，我們掌控五種相對的心所，並且能夠加以制伏，但尚未徹底捨斷它們。雖然我們分別探討這五種特質，但在修行時，它們卻和諧地共同運作，這五種特質可能同時伴隨一種主要的識。五根和五力在涅槃時臻至圓滿。

根據梵文傳統的說法，五根是：

一、信根：是指對修行之道路和解脫之果具有信心。或對菩薩而言，是指對成就正等正覺具有信心。這種信心源自於探究，因此它自然而然地與智慧結合，並且深信四諦。

二、精進根：調伏干擾觀修四諦的「懈怠」，使我們能迅速了證四諦。對菩薩而言，精進也包括修持六度的熱忱。

三、念根：確保我們不忘失對境和四諦的面向。對菩薩而言，此念結合了為其他眾生之安樂而努力的菩提心。

四、定根：根除阻止修行者圓滿觀修四諦的五種過患，使修行者一境地專注於四諦。它也了證一切現象空無自性。

五、慧根：調伏修行者對四諦的錯誤見解，區別四諦的特色和特質，以及它們究竟的存在狀態。菩薩培養了悟一切法所有面向的智慧。

巴利語傳統的說法：

一、信根：是信任三寶，對三寶具有信心，尤其相信佛陀的覺醒，以及把通往覺醒的教法視為修道。信根引導我們走上修道，而且即使在經歷種種質疑時，也使我們持續地留在修道上。這種信根的力量不會被疑惑、懷疑或不信等所制伏。

二、精進根：是活力充沛的心。它對抗懈怠、放逸和無知，也增益四正勤的修持。精進根的力量不受到懈怠、怠慢和沮喪的影響。

三、念根：使我們覺知和認識自己的日常作為，以及何者該修持或捨斷。在禪修時，念根會記得禪修的對境，使心專注於其上。它對抗失念、忘卻和散漫，念根的力量不會因為這些障礙而受損。

四、定根：使心一境地專注於它所選擇的對境之上，進而預防散亂。

五、慧根：正確地了解它的對境，對抗無明和邪見，分析有為法，藉以了解其本質。智慧了知「無常」、「苦」、「無我」三相，正確地了解四諦，並且深入涅槃。慧根的力量不會因為無明而受損。

覺醒之因：七覺支

七覺支之所以被稱為「正」（correct），乃是因為它們已經被轉化入聖道。「支」（factor）表示它們是覺醒之因。

一、念覺支：使心保有禪修的對境而不忘失，並且降伏煩惱。

二、擇法覺支：是一種智慧，清楚了知何者要修持或捨斷。它以智慧了解無我，因而摧毀了障蔽。

三、精進覺支：穩定出離心，使我們迅速證得覺醒。

四、喜覺支：使心持續充滿快樂，利益身心。

五、輕安覺支：去除所有身心的不適和不堪能性，使身心靈活有彈性，充滿輕安之樂，並且能夠行善。

六、定覺支：專注一境地住於所選擇的禪修對境上，使我們能夠發展覺醒的特質，實現所有的願望。

七、捨覺支：使我們能夠採取要修持的事物，避免要放棄的事物。「捨心所」遠離阻礙「止」的過患，相反於充滿煩惱且失衡的心。

佛陀解釋，培養四念處是如何使七覺支達至圓滿。（MN118）當我們觀修身體為身體時，我們生起強烈的念覺支，那麼增長它，使其臻至圓滿。在此一基礎上，我們藉由擇法覺支來探究和審察身體的現象及其無常。以審思來探究諸法，可提升精進覺支，因為審思帶來了解，進而激起更深刻的修持。精進促使喜覺支從頭到腳地遍滿全身，由於狂喜可能會令人激動不安，因此我們必須使其純淨，達至圓滿。此舉會帶來輕安覺支——身心的寧靜，隨著輕安覺支增長並臻至圓滿，輕安樂因而增長。輕安樂和輕安一起使心更寂止地安住於對境之上，因而加深定覺支。一旦「定」穩固堅定，心自然而然地住於捨覺支當中。⑧

接著，我們運用七覺支去證得四諦和解脫的「明」（巴vijjā；梵vidyā；知識）。在捨覺支之內，我們增強擇法覺支，如此它成為受到一境的「定」所支持的智慧。藉由探究現象（法）的本質，尤其是三相的本質，我們終於有所突破而感知涅槃；此時，七覺支全部現起。

聖者之道：八聖道

八聖道的八個部分是「聖者」之道。在梵文傳統裡，它們被區分為四分支。❾

一、正見：是指在座下期間了悟和正確地了解四諦，而此一了悟是在等引當中達成。它構成了四分支的第一分支——確定分支，因為它確定和證實在等引期間所了證的空性。

二、正思惟：是指一種動機，希望對他人正確地解釋自己在禪修中了悟的無我見地。因此，它被包括在「促進他人之了解的分支」當中。

三、正語：是指對他人解釋我們已經了悟之正見所使用的語言。

四、正業：是指克制自己不去從事傷害自己或他人的行為。

五、正命：是指不透過五種邪命來獲取食物、住所、衣物和醫藥。

這三者（正語、正業、正命）被包括在「使他人生起信任和尊敬的分支」當中，因為其他人看見我們持守清淨的戒律。

六、正精進：是指努力去增長對治法，以去除在禪修的道路上需要捨棄的對境，使我們能夠在更高深的道路上前進。

七、正念：是指不忘失禪修的對境，因而預防和去除妨礙一境性的障礙。

八、正定：是指對治妨礙安止定的障礙——心的不堪能性，它阻礙定的增長。藉由正定，我們能培養神通，把注意力專注一境地放在四諦的意義上。

這三者（正精進、正念、正定）構成了「對治對立心所的分支」，因為它們調伏並淨化了障礙。

正念、精進、定和慧等諸多心所一再地在三十七菩提分法當中出現，這強調它們在解脫道上所扮演的重要角色。這些心所出現在不同的背景脈絡之中，不只說明在各種不同的情況下，修行者都需要這些心所，也證明了它們的能力和效用隨著修行者在修道上前進而增長。

世俗和勝義的三十七菩提分法

梵文傳統強調修行者在世俗和勝義本質兩種背景脈絡之下，培養三十七菩提分法。它們的世俗本質是關於它們生起的方式，以及如何在修道上發揮功效。例如，四念處視「身」為不淨，「受」為苦，「心」為無常，以及某些「法」（現象）要修持，另一些法則要捨棄。

在勝義本質的背景脈絡之下，我們探究三十七菩提分法的勝義存在方式。寂天從勝義實相的觀點來探討四念處（《入菩薩行》第九品〈智慧〉，第78–105頌），審察身體、感受、心和現象，藉以決定它們的勝義本質——它們空無自性。了解它們的空性，阻止我們將「我」帶到這條使我們解脫的唯一道路之上。

①「三十七菩提分法」又稱「三十七道品」或「三十七覺支」，共分為七類：(一)四念處；(二)四正勤；(三)四神足；(四)五根；(五)五力；(六)七覺支；(七)八聖道。

②五道是從凡夫至成佛的修道次第，包括：(一)資糧道；(二)加行道；(三)見道；(四)修道；(五)無學道。

❸經由專用術語的異文融合，在梵文典籍當中，這四正勤被稱為「正斷」（*samyak prahāṇa*）。

④此處所說覺音針對《念處經》撰寫兩本注釋書，應是覺音在其所著的《善吉祥光》（*Sumaṅgalavilāsinī*，長部注）與《破除疑障》（*Papañcasudanī*，中部注）兩部注釋書中，針對《大念處經》、《念處經》所作的注釋。

⑤即安般那念十六勝行。

⑥知根即指能認知之根，共有五種，分別是眼、耳、鼻、舌、身五根。

⑦「四神足」又名「四如意足」，即欲神足、意神足、精進神足和思惟神足，修此四者，能如意開發神通。四神足為四種禪定，欲定為依「意欲」所引發，精進定是依「精進」所引發，意定是依「心念專注」所引發，思惟定是依「慧觀」所引發。

⑧《中部．入出息念經》（MN118）：「諸比丘！如何修習四念處？如何廣修而令圓滿七覺支耶？諸比丘！有時，於比丘之身隨觀身，有精專、有正知、有念，於世間調伏貪、憂而住。……其時，比丘修習念等覺支，其時，比丘修習圓滿念等覺支。彼正有如是念而住：以慧審察、審思其法，偏入思惟。……其時，比丘修習擇法等覺支其時，比丘修習圓滿擇法等覺支。……諸比丘！有時，比丘以慧審察、審思其法，為偏入思惟，不精勤繫著之精進者……其時，比丘修習精進等覺支，其時，比丘修習圓滿精進等覺支。以精勤之精進者，不味著而喜生。諸比丘！時，有比丘以精勤之精進，不味著而喜生者，其時，比丘精勤於喜等覺支。其時，比丘修習喜等覺支，其時，比丘修習圓滿喜等覺支，為喜意者，身寂、心亦寂。諸比丘！有時比丘為喜意者，身寂、心亦寂者，其時，比丘精勤於輕安等覺支，其時，比丘修習輕安等覺支，其時，比丘修習圓滿輕安覺支，則身輕安、愉快者心定。諸比丘！有時，於比丘身輕安、愉快而心定者，其時，比丘精勤定等覺支，其時，比丘修習定等覺支，其時，比丘修習圓滿定等覺支。彼如是善觀察定之心。諸比丘！有時，比丘如是善觀察心之定。其時，比丘精勤於捨等覺支，其時，比丘修習捨等覺支，其時，比丘修習圓滿捨等覺支。諸比丘！有時於諸受……乃至……於諸法，隨觀法，有精專、有正知、有念，於世間調伏貪、憂而住。……諸比丘！如是修習四念處，如是廣修習者，令圓滿七覺支。」（《漢譯南傳》，中部經典四，頁69–72）

❾在第三章中，包含巴利語傳統對「八聖道」的解釋說明。

7 無我與空性

兩種傳統的核心：「無我」

正確地了解「無我」是巴利語和梵文傳統的核心。在巴利語傳統中，正確地了解無我的觀智是一種世間心，因為它審察的是世間的對境——染污的五蘊，視五蘊為無常、苦和無我。這種「觀」是了證涅槃的先導。涅槃是一種出世間心，使修行者成為聖者。在梵文傳統中，當觀智直接了證細微的無我時，它成為聖者的出世間心，能夠盡除煩惱。兩種傳統都運用正理而正確地了解無我，並且透過修持止觀雙運而將這種了解轉化成為體證。

在巴利語佛經當中，佛陀使用許多架構來審視無我。「三相」這個架構被用來培養了知五蘊非我的觀智；「四諦」的架構被用來檢視輪迴現象的特定本質、其生滅之緣，以及作為輪迴止息之道的八聖道。佛陀也依「樂味」（巴assāda；梵āsvada）、「過患」（ādīnava）和「出離」（巴nissaraṇa；梵niḥsaraṇa）的角度，①或從「厭患」（巴nibbidā；梵nirvida）、「離貪」（virāga）、「解脫」（巴vimutti；梵vimukti）的角度來探究輪迴的現象。（MN 22:28–29）②禪修者使用這些不同的架構來探究五蘊、十八處、六大、六根、六塵與六識等，藉以判定它們「不是『我的』，不是『我』，不是『我的自我』」。（MN 22:26, SN22–34）③

儘管梵文傳統提出數個教義體系的「無我」見地，但在此，我們特別處理中觀學派的見地，以及宗喀巴大師所陳述的應成中觀派的見地。在之後的章節中，我們都使用「中觀」（Madhyamaka）這個字眼來表示這個見地。

本章檢視巴利語傳統和中觀學派共有的一些架構——檢視「我」和五蘊、六大和四種可能的生起模式之間的關係。在下一章當中，我們將檢視「緣起」，這是佛陀教法最具代表性的特色，也是所有佛教傳統和學派共有的教法。

巴利語傳統：「我」與五蘊非一非異

「我」（self）這個字有各種不同的意義，其中之一是「反身代詞」，因為佛陀說：「你必須訓練你自己（yourself）。」另一個意義是指「人」（person），因為有了五蘊，人就會存在，而且我們說：「我行走，我思考。」這兩個「我」的意義都是可接受的。然而，如果我們斷言「我」是一個實質的身體，是一個位於五蘊核心的恆久主體，那就是一種謬誤。

古代印度人認為「我」是一個永久恆常、本就充滿大樂的「我」，這個「我」是五蘊的主人，能夠不依賴任何其他事物而成就願望。

除了哲學之外，我們對「我」的根深柢固的見解是，我們認同身或心即是「我」，或認為「我」和五蘊有所關連。這個「我」似乎是一個不變的本體，經久不衰；它是一個無可分割的整體，欠缺分別的部分；它自給自足，獨力存在，不仰賴因緣；它處於控制之中，並且掌控五蘊。這樣的「我」是一個幻相。如果它存在，那麼，我們希望自己成為什麼樣的人和我們真正的為人之間，就不應該存有衝突矛盾。再者，什麼可以被辨識為這樣的「我」？染污的五蘊受到無明和貪愛的執取，其本質是無常和苦的。顯而易見地，它們不適合被視為「這是『我的』，這是『我』，這是『我的自我』」。

法授（Dhammadinnā）比丘尼解釋，身見的生起是如何和五蘊產生關連：

> 一個未受教的凡夫……視色為「我」，或認為「我」擁有色，或色於「我」之中，或「我」於色之中。他把受……想……行……識視為「我」，或認為「我」擁有識，或識於「我」之中，或「我」於識之中。（MN 44）④

由於五蘊的每一蘊都有四種見解，因此對「我」所產生的邪見就有二十種。注釋書使用「我」和身體（色）之間的關係來解釋這四種見解：

一、認為身體即是「我」，有如將油燈的火焰視為等同於那火焰的顏色。

二、認為「我」擁有身體，有如認為一棵樹木擁有它自己的影子。

三、認為身體在「我」之中，有如認為香氣是在花朵當中。

四、認為「我」在身體之中，有如認為珠寶在盒子當中。❺

●一位西藏僧人在研讀佛經。（攝於印度，圖片提供：Emmy Schoorl）

「我」和五蘊之間的第五種可能的關係是「我」完全不同於五蘊，並且和五蘊無關。法授比丘尼並未提及這第五種可能性，因為她是在對一個已經了解「無有不同於五蘊的我」的在家佛教徒說話。

這五種見解被濃縮精簡為兩種：

一、「我」與五蘊（或身心合成物）是同一的，或某些部分是相同的。

二、「我」與五蘊相異，並且毫不相干。

就後者而言，「我」可以是一個分離的本體，在五蘊集合之內、之後，或是五蘊無形的主人。

「我」與五蘊同一

如果五蘊是「我」，那麼，其中一蘊或所有五蘊就會擁有一個真實「我」的四種行相：

一、那個「我」應該是恆常的，但五蘊是無常的。

二、「我」應該是一個無可分割的整體，但其實「我」有五蘊，而且每一蘊都由許多成分所組成。

三、「我」應該是本自具足的，不仰賴因緣，但五蘊卻是有為法，而且仰賴各種「因」。

四、「我」應該是可控制的，但五蘊無法被控制，而且毫無任何可管理它們的監督者。一個具有控制權的「我」，應該能夠停止身體的老化，以及使心不再體驗痛苦的感受。

五蘊毫無任何真實之「我」的特相，而且實際上，五蘊擁有相反的特相：身體（色蘊）有如水上泡沫，欠缺任何實體；感受（受蘊）有如水泡，很快地生起和崩破；想蘊有如海市蜃樓般顯現，卻無處可尋；行蘊有如芭蕉樹的空心樹幹；識蘊有如幻相般顯現，欠缺任何實體。五蘊沒有

核心，空無任何獨立、實質之性。（SN 22: 95）⑥

佛陀分析六內處、六外處、六識、六觸、六受和六愛，（《中部．六六經》，MN 148）所有這些都生起、滅去。如果它們是「我」，「我」就也必須有生有滅，但實質的「我」是不會生滅的。龍樹菩薩使用一個類似的破斥：

> 如果五蘊即是「我」，
> 那麼，「我」注定要生滅。（MMK 18.1ab）⑦

龍樹接著解釋，如果「我」是五蘊之中的任何一蘊，就會像此生的五蘊般始於受胎，終於死亡。在這個情況下，我們就不可能擁有今生的記憶，也不可能在來世體驗業果。

佛陀清楚地駁斥有一個控制五蘊的「我」（《中部．薩遮迦小經》，MN 35:15-19）。當外道的遊方者阿義耶薩那（Aggivessana）說五蘊是「我」時，佛陀提出挑戰和質疑，並且問他，一個國王是否可以在其領域之內，行使權力去懲罰該受懲處之人，阿義耶薩那提出肯定的回答。佛陀接著問，他是否可以對五蘊行使權力，將它們變成他想要的樣子。阿義耶薩那對此保持沉默，因為他了解，如果「我」這個控制者是存在的，它就能隨心所欲地指使五蘊。但顯而易見地，情況並非如此，因為我們無法阻止身體老化，或藉由許願的方式要情緒離開來調伏情緒。

「我」與五蘊相異

佛陀解釋為何「五蘊非我」。（《相應部．蘊相應》第九五經，SN 22: 95）首先，五蘊會帶來煩惱，因此「苦」是五蘊的本質。本質是「苦」的某件事物，不會是恆常永久、充滿安樂的「我」。第二，如同前一個破斥所說，如果五蘊的其中一蘊是「我」，我們就應該能夠控制和指使那一蘊。但是實際上，我們無法告訴自己去感受什麼，因為感受必須依賴它們自己的緣而生起。雖然我們可能相信有一個「我」是五蘊的司令，但事實上，具有控制權的「我」並不存在。

雖然沒有可以控制五蘊的獨立的「我」，但是有成就的禪修者卻能夠控制和引導他們的心，他們仰賴因緣而達到這個目的。他們精進地修心，創造因緣，使善心生起，並使正念、定和慧等心所變得強固。儘管沒有具控制權的「我」可以讓我們下定決心去獲得覺醒，但滋養具建設性的念頭和情緒，運用對治法來對治具毀滅性的念頭和情緒，將會帶來同樣的結果。

如果「我」不同於五蘊，那麼「我」會是一個在五蘊背後的、分別的本體。然而，當我們辨識「我」的所作所為，例如行走或思考，我們只看見五蘊在從事這些行為，而找不出分別獨立、具實體的「我」。

「我」與五蘊非一非異

簡而言之，我們無法在一個由五蘊構成的人身上找到「我」的內在核心，或不同於這個人的「我」。

在沒有一個恆久的「我」的情況下，再生和業果才能發生。每個剎那的體驗、每個剎那的身心都透過因果的過程，而和其前任和後繼者相互連結。我們之所以認為自己從出生到死亡，以及死亡之後都是「同一個人」，那是因為其中有因果的相續，而非因為其中有個實體的「我」聚攏了這一切。

中觀以自性破斥謬誤的存在

「我」——自性——是最細微的所破對境（object of negation，所破境），「我」既不存在於「人」之中（人無我），也不存在於「法」之中（法無我）。儘管如此，無明和身見卻相信

「我」是存在的。如果我們想要抓賊，就必須知道他的長相；同樣地，如果要駁斥自性，就必須先了解什麼是自性，才能夠適切地辨認所要破斥的對境。月稱說：

我們在此所稱的「我」，是指對境不需要仰賴任何其他事物，即可擁有的本質或狀態。這種對境的不存在，即稱為「無我」。（LRCM 3:213）⑧

宗喀巴大師如此定義「自性」：

就事物本身的自性而言，它不需要經由主觀的心的力量，而於對境之上客觀地存在，即被稱為「我」或「自性」。（LRCM 3:213）⑨

為了了解這最細微的所破對境，有助益的作法是先辨識與「人」有關的誤解的三種層次，每個層次都有各自的所破對境。從最粗重到最細微的層次分別是：

一、誤解人是恆常且單一的整體，不仰賴其因。
二、誤解「我」是本自具足的實有。
三、誤解「我」是自性或本具的存在。

所有這些誤解都把一個謬誤的存在模式添加在「我」上頭，而這個模式即是所要破斥的對境。破斥它們有如剝除層層的洋蔥，直到什麼也不剩——直到將現象的所有謬誤的存在模式全部剝除為止。

人我執，認為「我」獨立自行存在

「『我』是恆常、單一和自主的」這種信念，是外道所接受、認可的「我」的概念。如之前所解釋的，人們將「人」的核心視為恆常，卻將五蘊視為無常且用完即可拋棄的事物。「我」和五蘊之間的關係有如挑夫和負載的貨物，在每一世中，「我」挑起和卸除五蘊。有些人認為，這個恆常的「我」或靈魂從此生到來生，而且在每一生中採用新的五蘊；其他人則相信，「我」在死後就不存在了。這種見解不會自然地在我們心中生起，它是研習謬誤的哲理而生起的妄想分別。

「本自具足的實體我」的見解把「我」視為控制者，五蘊則是被控制的對象。「本自具足」是指「我」可以獨立自主，「實有」是指「我」可以被辨識，而無須一個或一個以上的蘊在心中顯現。這種理解有「俱生」和「分別」兩種形式。

「人我執」即是認為「我」雖然混合在五蘊當中，卻仍然能夠獨立自主，這個「我」獨立自行存在，具有它自己的本性和本質，不受心的安排，它真實、究竟、獨立地存在。在此，「獨立」是指它不仰賴其他的因素，例如它假名的基礎——五蘊，以及妄執和假立它的心等因素。這種「我執」的身見有「俱生」和「分別」兩種形式，而俱生我執是輪迴的根源。

在面對屬於我們的事物之時，「我所執」的身見會生起，尤其是對五蘊的執見。這種執見只將焦點放在「我的」或所有權的感受之上，並且視其為自性有（自性存在）。欠缺以自性存在的「我」或「我的」，即是「人無我」。

法我執，執取五蘊等所有現象獨立存在

「法我執」執取所有其他現象，尤其是五蘊獨立存在，無須仰賴其他因素，這些因素包括現象的因緣、各個組成部分，以及設想和假立它們的心。欠缺這樣的「我」，即是「法無我」。觀修現象的空性，尤其是觀修五蘊的空性，是不可或缺的，因為只要我們執著五蘊為自性有，也就會執著「人」為自性有，因而無法證得解脫。

禪修者通常先從否定「我是自性有」著手，接著再否定「五蘊是自性有」。辨認所破斥的對

境——自性有的「我」，是第一個也是最困難的步驟。為了這麼做，我們的心無礙地觀察「我」的感覺是如何在生活中顯現。當強烈的我執生起時，比較容易從事這樣的觀察，例如，當我們受到不公的責難或強烈地貪戀某件事物時，即是從事觀察的好時機。

一旦我們辨識出虛妄的「我」顯現的方式，就需要去探究這樣的「我」是否真的能夠存在。在此，正理和分析是至關重要的。我們必須探究「我」存在的方式，直到我們相信它不可能以自性存在為止。那時，我們將心安住在「人無我」之上。

七種方式破斥「我」是自性有

當魔羅（Māra）試圖干擾金剛（Vajirā）比丘尼的修行時，金剛比丘尼對魔羅說：

你為何現在認為有眾生？
魔羅！那是你所推測的見解嗎？
在此唯有諸行的積聚，
無有一眾生可得。

就如諸多部分的組合，
才會名之為「車」，
當諸蘊存在時，
假名為「眾生」。❿（SN 5:10）⑪

巴利語佛經以車子的比喻來說明「無我」，而一世紀問世的《彌蘭陀王問經》（*Milindapañha*）

也廣為使用此一比喻。在《彌蘭陀王問經》裡，佛教比丘那先（Nāgasena）對彌蘭陀王（King Milinda）解釋，儘管沒有任何零件是車子，但零件以特定的方式組合起來，即是一般人所了解的「車子」。同樣地，五蘊不是「人」，「我」只是五蘊的方便假立，而五蘊剎那的「色」與「無色」的過程，即構成了以經驗作為基礎的「人」。

中觀學派的月稱在其所作的《入中論》裡，也使用車子的比喻來闡明人仰賴五蘊而假立，並非自性有。如果一個「人」是自性有，我們就應該可以透過七種方式之一來尋獲他。這七種方式的前五種方式是由法授比丘尼在上述的引言裡提出，並且由龍樹在破斥「如來是自性有」時所提出的：

> 如來既非五蘊，亦非異於五蘊；
> 五蘊不在如來之中，如來亦不在五蘊之中；
> 如來不擁有五蘊。
> 那麼，如來是什麼呢？（MMK 22.1）⑫

如果「我」是自性有，它就必須以七種方式的其中一種方式而存在，這七種方式與五蘊有關：

「我與五蘊同一」生起五種謬論

一、「我」和五蘊為一，即「人」和五蘊是同一的，完全無別。在這個情況下，五種謬論會因而生起：

（一）「我」和「五蘊」是同義詞，因此無須主張「我」的存在。

（二）有一個「人」，即有一蘊。

（三）有許多蘊，就會有許多「人」。

（四）行為者（人）和對象（五蘊）是同一的。因此，我們不能說「我擁有一個身體」或「我使用五蘊」。

（五）五蘊和「人」會一起生滅。當身體在死亡時停止，「人」也會終止，不會在來世相續。此外，「人」的一個剎那會完全和過去、未來的剎那無關，因此我們不能說：「在過去，我是這個；在未來，我會是那個。」這進而帶來我們不想要的三種後果：

1. 我們將無法追憶前世的事件，因為過去的「我」和現在的「我」將毫不相干。

2. 我們從事的行為不會產生結果。如果此世和來世之間無有相續，我們就不會經歷前世行為的結果。

3. 我們會經歷自己並未從事之行為的業果。如果每一世的「人」異於前世和來世的「人」，我們就會體驗其他人的業果，因為他們也是相異的。即使在今生，「人」從一個剎那到下一個剎那也都不會相續，這使我們不可能記得事件或體驗今生稍早所從事行為的業果。

「我與五蘊相異」產生兩種過失

二、「人」天生異於五蘊。在世俗的層次上，「我」和五蘊相異，它們有不同的名稱，以不同的方式顯現在概念心之上。然而，如果它們本來就不同，它們就會完全分離，於是產生兩種過失：

（一）我們會分別地看見「人」和五蘊。「人」會存在於一個地方，五蘊則在另一個地方。

（二）如此一來，我們就沒有理由要仰賴五蘊而標示「我」，因為它們兩者之間並無任何關係。

其他五種關係不出同一或相異

「我」和五蘊的其他五種可能關係，可以被歸入前兩個選擇當中。

三、「我」天生仰賴它的組成部分。

四、組成的部分天生會仰賴「我」。如果真是第三與第四這兩種情況，那麼「人」天生異於五蘊。

五、「我」天生擁有五蘊。在這個情況下：

（一）「我」擁有五蘊，如同一個人擁有一張桌子般，因而兩者天生是相異的。

（二）「我」擁有五蘊，如同一個人擁有她的耳朵般，那麼，兩者天生是相同的。

六、「我」是五蘊的聚合物。在這個情況下，我們無法區分假立的對象——「人」，以及假名的基礎——五蘊。它們是同一的。再者，由於每一個蘊都不是「我」，因此，五蘊的聚合物不會是「我」。例如，橘子不是蘋果，橘子的集合也不會是蘋果。

七、「我」是五蘊的形色或排列。由於只有身體具有形色，那麼，「人」只會是身體，而不會擁有名蘊⑬。

藉由分析，我們了解「我」不以這七種方式的任何一種方式存在，因此我們可以作出結論：「我」無法以自性、獨立或自力而存在。然而，「我」存在於名言之中，但唯以假名而安立，而且它的存在是奠基在一個未受損的「名言識」（conventional consciousness）⑭之上。假名安立的人造業，體驗其業果，修道並證得覺醒。這個中觀的見地，藉由破斥「人」的自性有，而能避免常見；藉由主張「人」的緣起有，而避免斷見。

「我」與六界的關係

巴利語傳統：「人」由六界所組成

巴利語傳統和中觀學派都分析六界和「我」之間的關係。佛陀說，人由地界、水界、火界、風界、空界和識界所構成。（《中部．界分別經》，MN 140:8）針對《中部》所作的巴利語注釋書解釋：

在此，佛陀藉由不可化約的存在（irreducibly existent）來闡明可化約的存在。六界是不可化約的存在，但人卻非不可化約的存在。這表示：「你妄執為『人』的事物，是由六界所組成。究竟而言，這裡沒有『人』。『人』僅僅只是一個分別的概念。」[15]

在此，「不可化約的存在」相反於「遍計所執的存在」。根據巴利語阿毘達磨注釋書的說法，六界不可化約的存在，是現象的基本屬性，而且與心的概念是分別而存在的；就此而言，六界確實存在。相反於那些由概念構築出來的事物，六界可以獨立地被發現。這不表示六界獨立存在，它們依賴其他因素而存在，是有為的和無常的。

諸如「人」等名言的事物，都因為概念化而存在。「人」依賴六界而安立或受到妄執，但究竟而言，並沒有「人」，只有六個與「人」無關的元素現起，而且並無任何元素是一個「人」或「個人的」。地界、水界、火界、風界是形而上的抽象用語，代表堅固、粘結、暖熱和可動性等屬性，內在的空界則是體內未被占據的空間。智慧將這五種身體的元素視為「這不是『我的』，這不是『我』，這不是『我的自我』」，如此一來，我們因而培養了關於存在之有形肉體面向的洞見，而不再為之著迷和熱情澎湃。

第六界（識界）是由六識、受蘊、想蘊和行蘊的心所一起構成。在識界中，沒有什麼是「人」。從一個剎那到下一個剎那，有一個持續流動的、緣生的心之狀態，卻無任何實質的

「我」能聚攏它們而成為一個「人」。

佛陀清楚地指出，「識」不是「我」。嗏帝（Sati）比丘認為，「識」自行存在於其本身之內，不仰賴因緣，從一世流轉到另一世，創造「業」並體驗其業果，而且在這整個過程當中不會有所改變。佛陀訓誡他說：

> 你這個被誤導的人啊！我不是已經說過，「識」在許多方面都是緣生的，如果沒有緣，「識」就不會生起？（MN 38:5）[16]

佛陀接著解釋六識，顯示「識」並非單一的整體。我們可以從三方面了解「識」是緣生的：

一、六識的每一識都仰賴諸因——它自己的知根、對境和等無間緣（immediate condition）。

二、雖然「識」的體驗呈顯為一件單一的事，但它卻是由瞬間「識」的剎那所構成。當我們以深刻的正念來從事禪修時，便可以清晰地體驗這些剎那。

三、每個「識」的剎那也受到它之前剎那的制約，進而制約其後的剎那。這些不同的「識」剎那形成一個相續體，而非不相關事件的混雜。這種「識」的相續剎那的相同過程也會在臨終時發生。

● 擊鼓召喚僧眾進行早課。（攝於台灣，圖片提供：Don Farber）

巴利語阿毘達磨和注釋書斷定有一種稱為「有分」（bhavaṅga，或有分心）的第六意識確實存在；「有分」被視為己身相續的先決條件。「有分」並不是一種相續的「識」，而是發生在開始清楚覺知之下的一連串心的剎那。然而，在尚未有明顯的認知過程時，它卻維持「識」的相續。例如，在無夢的睡眠狀態。在清醒的時刻，當我們感知到某個外在對境或意識生起時，那些清楚認知的「識」會在最前線。但是如果未有其他明顯的對境，而且這些「識」止息時，「有分」就會生起。「有分」會在我們死亡時現起，而且在下一個剎那，依賴新的肉體而生起為「結生識」（rebirth consciousness）。它不是一個單一或獨立的「識」，如同所有其他「識」的狀態一般，它是有為的，而且是由在每個瞬間生滅的一連串心的剎那所構成，論典有時稱它為「有分流」（stream of bhavaṅga）。

同樣地，緣起的第三支——識，是在來生投生的心。它也不獨立存在，而是以「無明」和「行」為緣而生起。

總而言之，「識」不會是一個獨立的「我」，因為它是由一連串心的剎那所構成，而且每個心的剎那都非常迅速地生滅，各種不同之「識」的每個剎那都依因緣而生起。不論是巴利語藏經或注釋書，都未說第六意識或五蘊是「我」，沒有任何現象（法）被斷定為「我」。在巴利語藏經裡，並未提出「根本識」（梵ālayavijñāna，阿賴耶識）攜帶「業」種子的見解。「人」是一個以五蘊為基礎而安立的概念，它仰賴六界而假立，而「我」一字與其同義字是「唯名言」（mere conventions），但我們卻誤以為它們是一個真實之「我」的證據。

梵文傳統：六界是「人」假名的基礎

梵文傳統也分析「我」和六界之間的關係。龍樹菩薩在《寶鬘論》（*Ratnāvalī*, 80–82）裡解釋：

人非地、非水、
非火、非風、非空，
非識，非此六界。
人還能是什麼？

正如同人是非真實的，
因為它是六界的聚合物；
六界的每一界也是非真實的，
因為它是個聚合物。

五蘊非「我」，亦不在「我」之中；
「我」不在五蘊之中，但如果沒有五蘊，「我」就非「我」；
「我」不像火與燃油那般地與五蘊融合在一起。
因此，「我」如何能夠存在？⑰

在欲地，人的六界一起組成「人」的存在，也是「人」假名的基礎，而假名的基礎不會是假立的對境（人）。「我」既非個別的六界，也非六界的集合。

龍樹菩薩破斥「我即是識」，與那些認同「我即是意識」或「我即是識之相續」的人有不同的意見。如果我們檢視每個相繼的識，甚至更細微的「識」的狀態，會發現我們無法離析出任何一個狀態，無法單指這個狀態即是「我」。即使連臨終時最細微的心也不是「我」，因為它是無常的，而且由不同的部分所組成。此外，當我們說「我的明光心」時，以名言來說是指擁有明光心的人，以及被擁有的明光心。如果「人」和明光心是同一的，這是不可能的。

如果「人」即是最細微的心，那麼，今生的「我」會繼續到來生，因為最細微之心的相續是在來生現起。然而，今生的人死亡之後，卻不會繼續到來生，如果它能繼續到來生，那麼，在來生我就還會是丹增．嘉措（Tenzin Gyatso），但情況並非如此。

在第一首偈頌裡，龍樹菩薩質問：「如果『人』不是其假名基礎的任何一界，那麼，『人』還可能是什麼？」這暗示了「人」也無法個別獨立地在五蘊中尋獲，這駁斥了外道「人獨立於五蘊之外」的主張和見解。龍樹並未作出「人不存在」的結論。相反地，他說「人」依賴六界的集合，而六界是「人」假名的基礎。由於「人」是依賴的，因此它空無自性。

在第二首偈頌裡，龍樹菩薩談到「法無我」，六界欠缺自性。它們也是「空」的，因為它們的存在必須仰賴其因緣、組成的部分，以及妄執和假立它們的心。

第三首偈頌回到「人無我」，分析「人」和五蘊之間的關係。五蘊不同於「人」，「人」和五蘊不相分離，而這表示我們可以在「人」之中找到五蘊，或可以在五蘊中找到「人」，「人」也不是原本就擁有五蘊。儘管如此，如果沒有五蘊，「人」就無法存在。

「人」無法在五蘊之內尋得，但「人」卻存在且仰賴五蘊。那麼，「人」如何存在？藉由「唯名」（mere name）和「唯分別假名」（mere designation）而存在。「唯」（mere）並未破斥「我」假名的基礎（五蘊）或名言的「我」，它預先排除了「我」的自性。儘管究竟而言，並無任何事物可以被辨識為「人」，但在名義的層次上，「人」卻是存在的。龍樹菩薩將「緣起」交織進入他對「自性」的破斥當中，藉以闡明「空性」和「緣起」的相容性，這即是「中道」的意義。

破斥事物生起的四種方式

當龍樹菩薩撰寫《中論》時，他依據早期佛經的正理，以一種前所未有的方式汲取出它們的意義。在般若諸經的基礎上，「我」的自性受到破斥，而「無我」不只是「人」的一種行相，也是一切「法」的行相。

在巴利語佛經裡，並無「自性」、「人無我」和「法無我」等用語。它們是之後才出現的，首先是出現在論藏的典籍裡，它們的意義隨著時間而演變。龍樹菩薩破斥「自性」所假定的意義——自我存在或自性，他在《中論》的第一首偈頌說道：

沒有什麼事物曾在任何時間、任何地點，
從其本身生起，從他者生起，
從兩者（自己和他者）生起，
或沒有「因」而生起。（MMK 1.1）⑱

佛陀以緣起破「我」與因果的謬見

在巴利語佛經當中，佛陀針對「自生」、「他生」、「自他共生」和「無因生」所作的破斥，是這四種破斥的先例。例如，裸形外道迦葉（Kassapa）問佛陀，痛苦是否是「自作」、「他作」、「自作而他作」或「無因生」。佛陀對每一個問題都回答「不然」。接著迦葉問：「是否無苦？」以及佛陀「是否不知苦、不見苦？」佛陀再次給他否定的回答。困惑的迦葉要求佛陀釐清，佛陀解釋：

〔如果有人認為〕「造業者和體驗〔業果〕者是同一人」，〔於是他〕依據人從一開始就存在而〔斷言〕：「苦是由人自己所造作的。」當一個人如此主張時，他就落入了常見。

但是，迦葉，〔如果有人認為〕「造業者是一人，感受〔業果〕者是另一人」，〔那麼，他依據一個受到情緒打擊的人而斷言：」「苦是由他者所造作。」當一個人如此主張時，就落入了斷見。如來不走向這兩個極端，而以中道傳授佛法：「以無明為緣，行因而〔生起〕；〔列舉出十二因緣的其他支，每一支以下一支為緣而生起〕……此是苦蘊之集。但隨著無明之無餘滅，而行隨之而止息……〔十二因緣其他支依次止息〕。此是全苦蘊之滅。」（SN12:17）⑲

數個世紀以來，「業」如何從某一世傳遞到下一世，以及造作「因」的人（作者）和體驗「果」（受者）的人之間的關係，一直都是人們探討的主題。

第一個選擇——造作苦因的人和體驗苦果的人是同一的，這是常見。因為它需要有一個恆常的「我」（常我）持續經歷許多世，這個「我」是行為者，也是體驗業果者。然而，一個恆常的「我」無法作為其他事物的「因」。

第二個選擇——苦是由他人所作，這是斷見。在此，有個相信再生的人認為，「人」沒有相續，「因」的造作者在死亡時徹底滅盡，而一個完全嶄新的、與前者毫無關連的人誕生。另外，不接受「再生」這種想法的人則認為，一個外在的行為者或全能的造物主決定他的苦樂。然而，如果行為者和體驗者毫無關連，因果關係就不可能存在。由於每件事物都和其結果無關，那麼，任何事物都能夠製造產生任何事物。

第三種選擇——苦是由自己和他人兩者所作。例如，有這種想法的人可能會認為：「造物主創造了我和我的行為的潛能（他生），但我採取行動，並且體驗行為之『果』（自生）。」這種想法具有「自生」和「他生」這兩種見解的過失。

第四種選擇——我們的體驗和感受並無任何「因」或「緣」，這是斷見。若結果是隨機且無因的，農人就不會為了收成而播種，學生就不會為了受教育而去上學。然而，每個發揮功能的事物都仰賴其「因」而生起。

人們妄執有一個真實的「我」存在，因而堅持和追隨這四種選擇的其中一個選擇。當這四種選擇都受到破斥之後，我們就必須放棄邪見。

佛陀闡明離於常見和斷見二邊見的中道見地——「因」製造其相對應的「果」。當「果」生起時，它的「因」已經止息。「苦」並非由一個恆常的「因」所製造，也不是由一個完全不同於體驗其「果」的人所製造。「苦」並非注定的，也不是偶然發生。佛陀教導十二支緣起，藉以順觀「苦」和輪迴的進展；同樣地，他逆觀「苦」的止息，以根除此一因果之鏈的每一支。

在佛經裡，佛陀並未明確地指出他破斥的是哪一種真實的「我」——一個恆常、單一、自主的「我」，即一個本自具足、實有的人，或一個以自性存在（自性有）的人。佛經對我們傳達了何種意義，將取決於我們要破斥哪一種真實的「我」。

佛陀對遊方者玷牟留（Timbaruka）解釋苦和樂不是「自作」、「他作」、「自作而他作」或「無因生」：

〔如果有人認為〕「感受和感受此感受者是相同的」，〔於是他〕依據人從一開始就存在而〔斷言〕：「苦和樂是由自己所造作。」我並未如此說。但是玷牟留，〔如果有人認為〕「感受是一件事，感受者是另一件事，」〔那麼，他〕依據一個人受情緒打擊而〔斷言〕：「苦和樂是由他人所造作。」我也並未如此說。如來未走入這兩個極端，並且以中道傳授佛法：「以無明為緣，行因而〔生起〕……〔列舉出十二因緣的其他支，每一支以下一支為緣而生起〕。此是全苦蘊之集。但隨著無明之無餘滅，而行隨之而滅盡……〔十二因緣其他支依次止息。〕此是全苦蘊之滅。（SN 12:18）⑳

玷牟留不只對因果感到困惑，也對作者和受者感到困惑。

第一種立場——「感受和感受此感受者是相同的」，這是一種常見，因為我們認為感受是由感受本身所創造。在這種情況下，作為結果的「感受」會在它生起之前，即存在於過去。

第二種立場——「感受是一件事，感受它的人則是另一件事」，這是一種斷見。我們認為，感受是由不相干的他人所造作，即一個人造作「因」，而另一個人體驗它的「果」。這表示造作「因」的人的相續性在死亡時徹底滅盡，一個完全不同的、體驗其「果」所產生之感受的人誕生。

如果「苦」和「樂」是由我們自己和其他人共同造作的，就會產生這兩種立場的過患。如果它們隨機生起，而不是由自己和他人所造作，所有的因果就都會瓦解。佛陀並未破斥「苦」和「樂」的存在，他教導「苦」和「樂」須仰賴因緣而生起。感受從無常之「因」而生起，造作與那些「因」相對應的無常之「果」。

尊者浮彌（Bhūmija）假設有一個真實存在的「我」，而問舍利弗尊者（Sāriputta）「苦」和「樂」如何從「業」中生起，它是從自己、他人、自己和他人或無因而生？舍利弗尊者回答，佛陀說「苦」和「樂」皆仰賴因緣而生，尤其仰賴「觸」而生。（SN 12:25）[21]在此，「緣起」又被用來破斥「我」和因果的謬誤見解。

這個討論與我們的生活密切相關。那個在過去造作我今生之「因」的人，是否和體驗今日之「果」的人相同？我們的痛苦是否是他人的過失？痛苦是否是上帝所給予的懲罰？快樂和痛苦是否隨機發生？在心靈的旅程中，這些問題是我們的精神食糧，而我們如何回答這些問題，將影響我們過活的方式。

覺音引用早期論師的話語：

沒有業的作者，

也無異熟的受者，
只是諸法的轉起；
這是正確的見解。

這樣的業和異熟有因而轉起，
猶如種子和樹等，
不知其前際。……

佛的弟子比丘而以自己的通智知此義，
通達甚深微妙的空與緣。（Vism 19:20）㉒

中觀學派辨識所破境，駁斥「四邊生」

中觀學派藉由辨識破斥的對境而開始駁斥「四邊生」。宗喀巴大師說，執著於所破的對境，即是「不把因果視為唯名言安立，而是把作為名言安立之基的對境執著為自性的『所生』和『能生』」。㉓在此，諸如種子和業等「因」，以及諸如發芽和苦樂等「果」，都被認為具有其自性，不仰賴包括名言安立等所有其他的因素。

如果事物是以自性存在，它們必須是「自生」、「他生」、「自他共生」或「無因生」，沒有其他的選擇。古印度的不同學派持有這四種立場，讓我們在此一一加以審視。

■ 事物非「自生」

事物是否為「自生」？數論派（Sāṃkhya）相信，有一個本初的或宇宙的物質是事物生起的「因」。他們說事物是「自生」的，因為在它們生起之前，它們以一種隱密不顯的方式存在於自己的「因」之中，而且未顯之「果」（事物）和已顯之「果」具有同一體性。㉔如果真是如此，「因」和「果」會同時存在。這表示，老人會存在於新生嬰兒之中，芽會存在於種子當中。如果「因」和「果」同時存在，但「果」仍然需要生起而顯現，就會產生以下四種後果：

一、芽無須生起，因為它已經存在於「因」之中，它的生起將毫無意義。
二、種子將永遠不會死亡，因為它會在芽冒出來時存在，然後它會永無止境地一直發芽。
三、我們將能夠在同一時間看見種子和它冒出來的芽。
四、如果芽和種子具有同一體性，那麼，它們天生就會是相同的。在這個情況下，我們就無法區分種子和芽，能生者（種子）和所生者（芽）就會一模一樣。

今天有一些人持有類似的見解，例如，他們認為未來是預先注定的，已經以一種未顯的形式存在於當下。思惟「自生」的過患，將除去這些見解。

■ 事物非「他生」

事物是否為「他生」？有些佛教徒主張，事物從「因」而生，而且事物和「因」原本就是不同的。儘管在名言的層次上，「因」和「果」有所區別，但這些佛教徒卻認為，種子和芽的差異是本具的，而非心的分別假立。

如果種子和芽原本就是相異的，它們便會毫無關連，而且兩者的關係就會和任何其他事物的關係相同。如此一來，芽和種子之間就無特殊的關係，因為所有事物都會和種子相異，進而毫無關係。芽將會從岩石冒出，快樂也會從不善中生起。

就名言的角度而言，芽從種子生出，它們是同一相續的一部分。然而，本具相異的事物不可能是同一相續的一部分，因為它們不仰賴其他事物，也和其他事物之間無有任何關係。月稱在其著作《明句論》（*Prasannapadā*）裡說：「如果事物（包括諸行、芽等）具有自性，那麼，那些已經存在的事物為何還需要「因」和「緣」呢？」

如果種子和芽是以自性存在，完全彼此獨立，它們就會同時存在。然而，儘管種子存在，但在說到芽時，我們會說：「即將從種子冒出來的芽。」在播下紅蘿蔔的種子之後，即使在沒有任何東西從地底冒出來之前，我們一般會說：「紅蘿蔔正在生長。」事實上，當紅蘿蔔處於「生起」的過程時，種子卻處於「滅盡」的過程。在那時，紅蘿蔔尚未存在，因為如果它確實存在，「因」和「果」就會同時存在，而這是不可能的。唯有當「因」已經滅盡時，「果」才會生起。

即使從名言的層面來看，「自生」、「自他共生」和「無因生」等三種生起的模式也不存在，我們無須使用勝義的分析來破斥它們。然而，就名言的層面而言，「他生」的事物不同於此三者。因此，以「自性」來限定此一論題是重要的：「芽不從種子自性而生」，如果我們純粹說芽不從種子生起，那就是極為無知了！

■事物非「自他共生」

事物是否為「自他共生」？耆那教認為，陶壺從黏土而生，陶壺和黏土本就相同，而陶匠原本就不同於黏土。儘管陶壺因為黏土和陶匠的努力而生是個事實，但黏土和陶匠天生既不和陶壺相同，也不和陶壺相異。「自他共生」也容易有「自生」和「他生」這兩種立場的過失。

■事物非「無因生」

事物是否是無因生？唯物論者（Cārvāka）不駁斥芽從種子而生這種明顯的因果關係，但是由於他們無法解釋造成孔雀羽毛色彩繽紛的圖案或豌豆的圓形之「因」，於是他們說這些是「無因生」。今日有些人認為，奇蹟的發生毫無原因；其他人則認為，事情隨機發生，也無任何原因。佛教徒則解釋，每個運作的事物都一定有其「起因」，儘管我們現在可能不知道它們的起因為何，但隨著知識、智慧和禪修能力的發展，我們可能會找到答案。

如果事物是無因而生，會產生幾種過失：

一、沒有任何事物會生起，因為沒有任何原因會促使它生起。

二、事情會混亂且毫無預期地生起。在某個時間和某個情況中生起的事物，也可能在任何時候和任何地點生起，因為事物無須那些能夠製造事物的「因」的限制，就能夠自行生起。花朵可以從冰裡生長出來，毬果也可以長出玫瑰。

三、所有為了達成目標而投入的努力將會毫無用處，因為事情會隨機發生。

剛開始時，我們確定事物如果以自性存在，它們必定是以這四種方式的其中一種而存在。接著，我們分析審視，並且看見如果事物真的以這四種方式的任何一種而生起的話，就會產生荒謬且不合理的後果。因此，我們作出這樣的結論：它們無法以這四種方式的任何一種方式生起，因為它們空無自性。

語言，包括諸如「生」與「滅」等字眼，是了解事物的工具和手

●西藏僧人進行辯經。（攝於印度，圖片提供：Linda Lane）

段，它近似實相。我們無法找到芽恰好冒出來的剎那，而種子發芽的因果過程只有在名言的層次上才合乎道理。在事物擁有自性的架構內，我們無法解釋此一因果過程。

在討論破斥「四邊生」時，我們常常使用芽或另一個常見的對境當作例子。然而在禪修時，我們可以將這種正理應用在瞋怒、苦、解脫道等之上，並且思惟它們生起的方式。

具欺誑本質的事物瞬間即逝

根據中觀派的說法，緣起而生的事物有如倒影，它們錯誤地顯現為自性有，但事實上，它們並不存在。例如，鏡子裡並無一個真實的臉，但臉的顯相卻是存在的。這個顯相因為鏡子、臉和光線等因緣而存在。同樣地，雖然「人」和「法」（現象）不以自性存在，卻由於因緣而顯現存在。它們並不以自性存在，卻顯現為自性有，所以它們是虛妄的。

巴利語佛經談到「法（現象）是欺誑的顯現」的見解。佛陀說：「一切法無我。」（《法句經》，*Dhammapada* 279）。《經集》（*Suttanipāta*）談到「法」了無核心和自性：

> 他在生存地中找不到任何具有核心或實體的事物，
> 猶如徒勞無益地在無花果樹上尋找花朵一般——
> 這樣的比丘捨棄今生和來世，
> 如同蛇蛻去舊皮。（*Suttanipāta* 1:1）[25]

又說：

> 此一世間完全欠缺自性；

> 它在四面八方顫動。（*Suttanipāta* 4:15）㉖

佛陀說，五蘊是空虛（tucchaka）、無所有（巴rittaka；梵riktaka）和無堅固（asāraka）的。就色蘊而言，佛陀說：

> 比丘們！假設這恆河帶著一大團的水沫。有洞察力的人會檢視、深思和仔細地探究它，他會發現這水沫是無所有、空虛且無堅固的。那麼，那團水沫裡可能有什麼實體？比丘們！同樣地，它有哪一種色相？不論過去、未來或現在，內在或外在，粗重或細微，低劣或優越，遠或近，它有哪一種色相？比丘檢視、深思和仔細地探究它，他會發現它是無所有、無實且無堅固的。（SN 22:95）㉗

佛陀接著使用類似的偈頌，說明其他四蘊也是無所有、無實且無堅固的。

佛陀並未說「法」是勝義（巴paramattha；梵paramārtha）的。阿毘達磨的論師說，四界等是勝義的，它們是存在的不可化約的成分；換言之，四界等是分析的最終物件，而所有其他的事物都是由四界等所構成。巴利語論藏並未說它們是「無方分微塵」（partless particles）㉘，但說一切有部的追隨者卻有如此的說法。他們認為，五蘊等事物比假名的事物更為真實。在《彌蘭王問經》裡，先說車子並無勝義真實（ultimate reality），但它的組成零件卻是有的。

說一切有部盛行於北印度，此部的見解之後傳播到西藏而成為毘婆沙宗（Vaibhāṣika）的教義。說一切有部的信徒是實體論者，認為現象和人具有實體的存在，但事實上並非如此。他們特別指出，過去和未來的現象是實有的。龍樹菩薩一定接觸過這些見解，並認為它們與佛陀的教義相互牴觸。龍樹駁斥現象和「人」擁有自性，因此，他擴展「我」的意義，而說所有現象（一切法）皆是「無我」。

阿毘達磨論師的見地與佛經相反：在佛經當中，佛陀清楚地指出，一切法皆不實、欺誑且虛妄：

> 比丘！那是虛妄的，其本質是欺誑的，而涅槃為真，具有不欺誑的本質。（MN 140:26）[29]

佛陀也指出，「名」（心）和「色」（物）是欺誑、不實和非真的：

> 在人界、天界、魔界、梵天界以及沙門、婆羅門、天和人中認為這是真實，聖者依靠圓滿的智慧正確地認為這是虛妄……；在人界、天界、魔界、梵天界以及沙門、婆羅門、天和人中認為這是虛妄，聖者依靠圓滿的智慧正確地認為這是真實……
>
> 人界和天界把「無我」看作「我」，生活在名色中，認為這是真實。因為他們認為這樣、那樣，但實際並非如此；因為這對於他是虛妄的，具欺誑本質的事物瞬間即逝。涅槃具不欺誑的本質，聖人了知其為真諦，他們洞悉真諦，離於貪愛，並且徹底止息貪愛。（*Suttanipāta* 3:12）[30]

空性破除常見與斷見

在巴利語佛經裡，「無我」一詞出現的次數比「空」更為頻繁，而且這兩個詞比較常被用來當作形容詞，而非名詞。同樣地，巴利語傳統的「空性」不若梵文傳統，它不一定是表示事物的存在狀態。相反地，「空」具有兩種意義——「我空」或「我所空」，以及「貪、瞋、痴空」。除此之外，尚有其他意義，例如，在一系列的禪修狀態中，每個禪修狀態都空無前一個、較低階禪修狀態的特徵。（《中部．空小經》，MN 121）

佛陀認為「空性」是重要的主題，鼓勵僧人多加留意。他關注於甚深教法的長久住世，並且告誡：

你們應該如此修學：「如來宣說空性的話語是深奧的，意義深遠且出世；當這些話語被念誦時，我們將會急於傾聽，將會洗耳恭聽，將會用心去了解，而且會認為這些教法應該被人研習和通曉。」（SN 20:7）㉛

《法句經》第九十三首偈頌談到空性為涅槃，是阿羅漢的禪修對境。㉜《無礙解道》（2.179）說道：

什麼是無上空（agga suñña）？此法是無上的……是一切行之寂止，是一切執著之捨棄，是貪愛之毀滅，是離欲，是滅盡，是涅槃。㉝

龍樹菩薩指出，雖然《巴利大藏經》並未使用「自性」這個詞彙，卻教導「自性空」。

世尊藉由了解「它存在」和「它不存在」，

而在《迦旃延經》（*Katyāyana Sūtra, Kaccānagotta Sutta*）

破斥「存在」和「不存在」兩者。（MMK 15.7）㉞

在《迦旃延經》裡，佛陀說：

迦旃延！這個世界大多仰賴二元分立——存在（常見）和不存在（斷見）之見。但是對於那些以正智而如實地看清世界之生起的人而言，並無世界不存在之見。對於那些以正智而如實地看清世界之滅盡的人而言，並無世界存在之見。（SN 12:15）㉟

人們猶疑世界是否存在，而佛陀在此駁斥這些不正確之形而上的假設。那些懷抱常見的人認為，如果世界存在，它就會永遠恆常地存在。他們看見「因」和「果」之間有某種一致的相續性，因而相信有一個連結因果的恆常本體。一個擁有正見的人不會生起這種見解，因為他了知因果相續的每個剎那都因為「因」而生起、滅盡，並且尾隨著一個嶄新的剎那。

當一個具有斷見的人看見某件事物滅去時，他因而推斷該事物沒有相續性，因此說當人死亡時，不會有生命再生。當某個人認為「我」和身體是同一的，或認為心是大腦自然產生的屬性，他就會推斷身體因死亡而滅去時，人也會完全滅盡，不會再生，不會經歷業果，也無解脫的可能性。具有正見的人知道在死亡之後，一個嶄新的人會因為因緣而生起；人的死亡和世界的終結，都是促使後繼之事生起的「因」。這個連續的、緣起變化的過程，無須一個從前世到來生的恆常本體就可以發生。為了駁斥常見和斷見兩者，佛陀談到「緣起」：

> 迦旃延！「一切都存在」，這是一個極端；「一切都不存在」，這是第二個極端。如來沒有走向這兩個極端，而以中道來教導佛法：「以無明為緣，行因而〔生起〕……此是全苦蘊之集。但隨著無明之無餘滅，而行隨之而滅盡……此是全苦蘊之滅。」（SN 12:15）㊱

「業」如何帶來業果？

是什麼將「業」的種子從此世攜帶到下一世？從很早以前開始，這一直是佛教徒關心的主題。巴利語傳統解釋，「再生」和「業」能持續到下一世，這兩件事都無須一個可尋的「我」才能發生。再生是以「識」的相續為基礎，心的每個剎那都跟先前的和後繼的剎那相連結，而成為同一個因果相續的成員。記憶、習慣、業力等都是透過心流之相續而被保存下來。在死亡時，心流繼續前進，採納一個新的肉身。這個與「人」無關之過程的發生，無須一個可尋的「我」。

「人」是名言假立的，因為有一個五蘊的因果相續。

儘管巴利語佛經和注釋書偶爾使用「種子」的隱喻來說明「業」，但它們卻不將「業」解釋為遺留下來、具有某種實質的種子。普遍流行的見解是，行為（業）創造了潛能，在適合的因緣聚合時，就會產生行為的結果。然而，行為不具有經久不衰的存在，也不存在於某處。例如，一個旋律的音符不住在一把琵琶當中，當人們演奏琵琶時，旋律就會自動地從琵琶中流瀉出來。相反地，旋律仰賴琵琶、空氣和音樂家而生起。覺音說道：

> 於一相續中而生「果」，因為不可能說決定是「一」是「異」之故，所以說「不是其他的，亦非從他因而有」。（Vism 17:170）㊲

「決定是一」（絕對的同一性）是指一個單一不變的人，此人從造業那一刻開始，一直持續到體驗業果的那一刻。「決定是異」（絕對的差異性）是指一個人造業，而由另一個完全不同、毫無關連的人經受業果。相反地，有一個體驗的相續（一個無常之人的相續）持續不斷地改變，從一世跨越到下一世，使得「業」能夠帶來業果。

這個解釋和中觀學派的解釋相符。中觀學派認為，造業者既非是個以自性存在的人，也非和經受業果的人毫無關連。這個人仰賴五蘊而假立，因此「我」唯依名言而存在。《三摩地王經》說道：

> 輪迴的狀態一如夢境……
> 無人在此世間死去，
> 也無經過或遷移至另一個世間。
> 然而，所造之業永不失壞，

善與不善之果皆會在世間成熟。
「業」既非恆常，也不會斷滅，
既無造業，也無受業。
然而，你無法造業而不面對果報，
你也不會承受他人之業果。（LRCM 3:303）㊳

中觀學派描述兩個儲藏「業」種子的處所，一個是暫時的，一個是永久的。在我們活著期間，第六意識的相續是「業」種子的暫時基地，這個「唯我」（mere I，即名言的我）——仰賴五蘊而假立的「我」，才是持久之基。這個「唯我」，甚至在聖者觀修空性的等引期間、在熟眠和死亡期間都存在，並且攜帶「業」的種子。儘管如此，這個「唯我」僅僅藉由假立而存在。在分析之下，我們無法找到它。

這個根據巴利語和梵文傳統而針對「無我」所作的簡短討論，顯示兩個傳統之間有眾多相似之處。這不令人驚訝，因為兩個傳統都源自同一個導師——佛陀。

① 參見《相應部・蘊相應》第二十六至二十八經（SN 22:26–28）。

② 原書所引出處MN 22:28–29有誤，請參見《相應部・蘊相應》第七十六至七十七經（SN 22:76–77）。

③ 原書所引出處MN 22:26, SN22–34有誤，請參見《中部・蛇喻經》（MN22）、《相應部・蘊相應》第七十六至七十七經（SN 22:76–77）。

④ 《中部・有明小經》（MN 44）：「無聞凡夫，……觀色即是我也，或觀我為有色者，或觀我於色中，或觀色於我中。又，觀受……想……行……識即是我，或觀我即是有識者，或觀識於我中，或觀我於識中。」（《漢譯南傳》，中部經典二，頁20）

❺ 前三個隱喻很容易了解。然而，最後一個隱喻似乎真確，我們可能會因此而認為「我」可能是在身體之內。這個隱喻的意義是，雖然珠寶是不同於盒子的獨特現象，可以從盒子移除，並且分別地被檢視，但是把「我」和身體分開，視「我」為獨立於身體之外的本體是不可能的，因為「我」是仰賴於身體的。

⑥ 《相應部・蘊相應》第九十五經（SN 22: 95）：「色乃如聚沫，受乃如水泡，想乃如陽燄，行則如芭蕉，識則如幻事。」（同注④版本，相應部經典三，頁201）

⑦ 《中論・觀法品第十八》（MMK 18.1）：「若我是五陰，我即為生滅。」（《大正藏》第三十冊，頁23c）

⑧ 《菩提道次第廣論》卷二十：「所言我者，謂若諸法不依仗他自性自體，若無此者是為無我。」（宗喀巴著，法尊法師譯，《菩提道次第廣論》，台北：大千出版社，1996年，頁701）

⑨ 《菩提道次第廣論》卷二十：「故若非由內心增上安立，於其境上就自性門，有所成就，說彼為我或名自性。」（同注⑧版本，頁700）

❿ 自巴利語翻譯而來。「依賴」（dependent on）一詞並未出現在第二首偈頌中，但語法結構卻傳遞了這個意思。這首偈頌的下半部的意義是：「眾生」這個假名仰賴五蘊而被使用。

⑪ 《相應部・比丘尼相應》第十經（SN 5:10）：「汝何言眾生？汝行於魔見，此唯聚諸行，眾生不可得。猶如諸支集，而起車之名，因於有五蘊，而有眾生名。」（同注④版本，相應部經典一，頁229）

⑫ 《中論・觀如來品》第一頌（MMK 22.1）：「非陰非離陰，此彼不相在，如來不有陰，何處有如來？」（同注⑦版本，頁29c）

⑬ 名蘊是指受蘊、想蘊、行蘊和識蘊等四蘊。

⑭ 「名言識」（conventional consciousness）即指世俗的認知，「名言」是個符號，是心識表現的法相，有表示的作用，使人認知事物。例如汽車、馬車與其他事物的存在是由一般認知所成立，這種名言識給予我們關於周遭世界實際且正確的資訊。未受損的名言識，是指未被眼病等錯亂的內、外因素損壞的根識，就名言來說它是正確的。

⑮ MN, p. 1346n1268。在個人與《中部》的譯者通訊之後，修正了翻譯，把「真實的」（truly）改成「不可化約的」（irreducibly），以避免與藏傳佛教對真實存在的陳述混淆。根據阿毘達磨的分析方法，「可化約的」和「不可化約的」釐清了六界和「人」的存在狀態。

⑯《中部．愛盡大經》（MN 38:5）：「愚癡人！汝依何知予如是說法耶？愚癡人！予豈非以種種之部門說由緣生否？除緣，識即不生！」（同注④版本，中部經典一，頁 348）

⑰《寶鬘論》（*Ratnāvalī*, 80–82）：「士夫非地水，非火風非空，非識非一切，異此無士夫。如六界集故，士夫非真實，如是一一界，集故亦非真。蘊非我我所，非彼亦非無，非如薪火雜，故云何有我？」

⑱《中論．觀因緣品第一》（MMK 1.1）：「諸法不自生，亦不從他生，不共不無因，是故知無生。」（同注⑦版本，頁 2b）

⑲《相應部．因緣相應》第十七經（SN12:17）：「迦葉！如作者與受者是同一，汝先以苦是自作者，如是之所說者，是墮於常見者。迦葉！如作者與受者是相異，於受重壓者苦是他作者，如是之所說者，是墮於斷見者。迦葉！如來說：離此等兩極端之法。緣無明而有行，緣行而有識……如是則為全苦蘊之集。由無明之無餘、離貪滅，乃行滅，由行滅乃識滅……如是則是全苦蘊之滅。」（同注④版本，相應部經典二，頁 23–24）

⑳《相應部．因緣相應》第十八經（SN 12:18）：「如『受與感者是同一』，玷牟留！如汝先所云：『苦樂是自作』，我不如是言。如『受與感者是相異』，玷牟留！如受重壓者：『苦樂是他作』，我不如是言。玷牟留！離此等之兩極端，如來依中道說法。緣無明而有行，緣行而有識……如是則為全苦蘊之集。由無明無餘、離貪滅，乃行滅，由行滅乃識滅……如是此是全苦蘊滅。」（同注④版本，頁 27）

㉑《相應部．因緣相應》第二十五經（SN 12:25）：「世尊說：『苦樂是緣生。』依何而生耶？依觸乃有苦樂。」（同注④版本，頁 44）

㉒ 覺音著，葉均譯，《清淨道論》第十九〈說度疑清淨品〉，高雄：正覺學會，頁 625–626。

㉓ 宗喀巴，《正理之洋》（*Ocean of Reasoning*），格西阿旺．桑騰（Ngawang Samten）、傑．加菲爾德（Jay Garfield）譯，紐約牛津大學出版社出版（Oxford University Press），2006 年，頁 97。

㉔ 數論派相信「因」中有「果」，「果」存在於「因」中。

㉕ 向智（Nyanaponika）長老譯，出自網址：www.accesstoinsight.org。（譯按：《經集．第一蛇品》第一經〔*Suttanipāta* 1:1〕：「無花果樹林，求花不可得，三界諸有中，不可得堅實，共捨彼此岸，如蛇蛻舊皮。」同注④版本，小部經典二，頁 2）

㉖ 安德魯．奧蘭斯基（Andrew Olendzki）譯，出自網址：www.accesstoinsight.org。（譯按：《經集．

第四義品》第十五經（*Suttanipāta* 4:15）：「普徧世間不堅實，諸方動搖無常故。」同注④版本，頁263）

㉗《相應部．蘊相應》第九十五經（SN 22:95）：「諸比丘！譬如此恆河起大聚沫，具眼之士夫，見此觀之，則如理於觀察。彼見於此觀之，如理於觀察：無所有、無實、無堅固。諸比丘！如何於聚沫有堅實耶？諸比丘！如是色有過去、未來、現在……乃至……遠、近。比丘見此觀之，如理於觀察：無所有、無實、無堅固。諸比丘！如何於色有堅實焉！」（同注④版本，相應部經典三，頁199）

㉘無方分微塵（partless particles）：有部宗、經部宗認為有最細微單位，無法分出方位，不能再被分割，且是實有的，非一般眼知所見。每個無方分微塵都是個別的，互相不會觸碰。它是物質構成的基本元素，所有粗大的物質，則只不過是極微塵的產物而已。

㉙《中部．界分別經》（MN 140:26）：「比丘！如何彼虛妄法，是虛妄，彼不虛妄法〔即〕涅槃是諦。」（同注④版本，中部經典四，頁254–255）

㉚菩提（Bodhi）比丘譯。（譯按：《經集．第三大品》第十二經（*Suttanipāta* 3:12）：「含括天、魔、梵天之世界，含括沙門、婆羅門、天、人一切諸人中或思：『此是真理』者，但諸聖者以正慧如實善見『此是虛妄』……含括天、魔、梵天之世界，含括沙門、婆羅門、天、人一切諸人中或思：『此是虛妄』者，但諸聖者以正慧如實善見：『此是真理』……非我以謂我，住著於名色，見天及人世，愚思為真理。愚者如所思，由思為所異，愚思成虛妄，暫法虛妄法 。涅槃非妄法，諸聖知真實，彼等解真理，無愛故寂滅。」同注④版本，頁210–211）

㉛《相應部．譬喻相應》第七經（SN 20:7）：「如來所說之經乃甚深之深義，出世間之空相應者，於宣說此等之時，我等應善聞而傾聽，住於心之暸解，思惟此等應受持應善知之法。」（同注④版本，相應部經典二，頁341）

㉜《法句經》第九十三首偈頌：「彼滅盡煩惱，亦不貪飲食，空無相解脫，為彼所行跡，如鳥遊虛空，足跡不可得。」（同注④版本，小部經典一，頁22）

㉝《無礙解道》（2.179）：「此句是最上，此句是最勝，此句是殊勝，謂一切行之寂止，一切取之定棄，渴愛之滅盡、離欲、滅、涅槃。此是最上空。」（同注④版本，小部經典十九，頁91）

㉞《中論．觀有無品第十五》（MMK 15.7）：「佛能滅有無，如化迦旃延，經中之所說，離有亦離無。」（同注⑦版本，頁20b）

㉟《相應部．因緣相應》第十五經（SN 12:15）：「迦旃延！此世間多依止於有與無之兩〔極端〕。迦旃延！依正慧以如實觀世間之集者，則此世間為非無者。迦旃延！依正慧以如實觀世間之滅者，則此世

間為非有者。」（同注④版本，相應部經典㈡，頁19）

㊱《相應部・因緣相應》第十五經（SN 12:15）：「迦旃延！說『一切為有』，此乃一極端。說『一切為無』，此乃第二極端。迦旃延！如來離此等之兩端，而依中道說法。緣無明而有行、緣行而有識……如是為全苦蘊之集。因無明之無餘，離貪滅乃行滅，行滅乃識滅……如是則是全苦蘊之滅。」（同注④版本，相應部經典㈡，頁20）

㊲覺音著，葉均譯，《清淨道論》第十七〈說慧地品〉，高雄：正覺學會，頁575。

㊳《菩提道次第廣論》卷二十二：「三有眾生猶如夢，……全無人從此世歿，而更往去餘世間，然所造業終無失，生死異熟黑白果。既非常住亦非斷，無實造業亦無住，然既造已非不觸，亦無他造自受果。」（同注⑧版本，頁774）

8

緣起

「緣起」是佛陀最重要的教法之一。它的根本原則陳述如下：

當此存在時，彼生成；此生，彼生。當此不存在時，彼不生成；此滅，彼滅。（MN 79:8）①

佛陀在許多不同的情境下使用這個「緣性」（條件性）的原則，尤其是在解釋十二支緣起、投生輪迴的因果過程和從中證得解脫時。「緣起」也被用來證明「無我」。

眾生生死輪轉的結構：十二支緣起

身為有情眾生，我們仰賴身心而存在，而身心是相互依賴的。覺音解釋：

〔身和心〕不能由自己的力量而生，
不能由自己的力量而住，……

依於他法的力量而生。……

此等（有為）是從所緣緣及其他的諸法而生。（Vism 18:36）②

十二支緣起說明身和心是如何仰賴其因果而形成，以及它們如何帶來進一步的苦果。我們的生命因為自己所造的「因」而生起，我們的體驗和感受也不是由超自然的力量或外在的媒介所引起，更沒有一個實有的人造業後，而由我們經受其「果」。相反地，在緣性的自然過程當中，每一支都從另一支生起。

在佛經當中，佛陀以不同的方式來陳述十二支緣起，並且在此因緣之鏈的不同環節，提出各種不同的因果觀點。在此，我們將從目前衰老和趨近死亡的體驗開始，以倒序的方式加以說明。（SN 12:2, MN 9）③，這個順序解釋了我們是如何到達生命的這個階段。當佛陀證得覺醒，徹底了解其因果時，也是處於這個順序。

為了徹底了解每一個緣起支，我們需要了解它及其前後緣起支之間的關係，其之前和之後的緣起支分別是它主要的「因」和主要的「果」。思量這些相互關連的緣起支，我們了解到生命是一個錯綜複雜的因果緣起之網。以下源自巴利語傳統的解釋，大致與梵文傳統的解釋相符。

在陳述每個緣起支之後，繼起的問題是：「它的集、滅和滅之道是什麼？」答案是它的前一個緣起支，即是它這一支之「因」。按照這個逆向的順序，它的前一支即是接下來要討論的那一支。前一支的止滅，帶來這一支的止滅，八聖道是它的止滅之道。當你閱讀以下的內容時，可能要在讀了每一支的陳述之後，暫停一下，才好記住這一點。

第十二支：老死

「老」是生命衰退式微的過程，這個過程在出生之後立即開始；「死」是今生之身心的消融。「老」和「死」因為出生而發生，沒有出生，我們就不會老、死。為了徹底停止老、死，不再體驗老、死，我們必須停止於輪迴中出生。

第十一支：生

對人類而言，「生」是指父精、母卵和識聚合受胎之時。此識是一個生命離開他之前的身體和生命的心流相續，前世所有煩惱和業的潛在習氣都伴隨此識而來，並制約新生命的眾多體驗和感受。「生」是新生命的「五蘊之現起」（manifestation of the aggregates），眼、耳、鼻、舌、身等五種認知之根是位於每個器官深處的微細物質，它們逐漸發展，與感官對境（五塵）的接觸於焉展開。

社會將「出生」這件事情視為吉祥，因為我們未看見它不可避免的結果——死亡。當我們修心，看見輪迴的生命全貌時，我們將渴望獲得解脫。

人們討論在死亡和再生之間是否有間隔。對此，佛經未有清楚的說明，但有些段落卻暗示兩個生命之間可能有一段間隔。梵文傳統談到介於一世和下一世之間的中陰狀態（antarābhava；藏bardo）。

●法師傳授佛法。（攝於馬來西亞，圖片提供：馬來西亞那瀾陀佛教學會〔Nalanda Buddhist Society Malaysia〕）

第十支：有

「有」是出生之因，也就是使眾生投生在特定狀態的業力。《清淨道論》區分「有」的兩個面向：

一、業有：是使眾生再生的業，即發心和與此發心結合的執著等心所。「業」是推動再生之因。

二、生有：即四蘊或五蘊④受到「業」的推動，而體驗我們之前的行為所帶來的不同結果。

（Vism 17:250）⑤

「生」是生有之始，「老」是其延續，而「死」則是這個特定之生有的終結。梵文傳統特別指出，「有」是即將成熟、促使眾生再生的業。

在這個新生命受到無明和業的推動期間，我們所做的選擇也創造新的業，進而導致未來的再生。我們的選擇受到以前的行為和目前的心態的制約和限制，卻不是完全由它們決定。我們有自由去作出負責任的選擇，滋養或抵消習氣。

第九支：取

「取」使我們從事那些會促使自己再生的活動和行為。「取」有四種：

一、欲取：貪執於感官欲樂。

二、見取：除了追隨以下的戒禁取和我語取兩種見解之外，也貪執於邪見。

三、戒禁取：認為禁欲或殺害外道者是獲得幸運順緣之道。

四、我語取：這是一種「常」見，認為有一個靈魂或「我」。

「取」引起「有」、「生」、「老」和「死」，以及更多的苦。因此，了知「取」之集、滅和道，是勢在必行之事。「取」因為「愛」而生起，當「愛」止息時，「取」也止息。八聖道是止息「取」之道。

第八支：愛

「愛」有欲愛、有愛和無有愛三種。第三章對此三種愛已有解釋。

「愛」和「取」關係密切，「愛」增長而激起「取」。在我們活著時，這兩者帶來痛苦；死亡時，則讓我們不想與今生分離，同時執著於擁有另一個生命，進而引起極大的恐懼。

第七支：受

「受」是感受和體驗的本質，有苦受、樂受、無記受（捨受）三種；（身）樂受、（心）悅受、（身）苦受、（心）憂受和無記受五種；或者與六處接觸而生起之六種受。

我們對各種感受所產生的反應，宰制我們的生活。我們貪戀愉悅的感受，渴望脫離不悅的感受，以及渴望無記的感受不要減少。後者尤其是指那些置身第四禪和第四禪以上狀態的眾生，他們只有無記的感受，並且不希望這種寂靜狀態停止。

在「受」和「愛」中間，是我們可以中斷十二緣起支向前移動的一個位置。由於之前「業」的緣故，各種感受自然而然地生起而成為業果。藉由運用正念和正知來對治感受，如實地加以觀察其「無常」、「苦」和「無我」三相，我們就不會對它們產生那三種貪愛。因此，感受會生起和消滅，而不生起貪愛、執著和剩餘的緣起支，聖者和阿羅漢即是以這種了無貪愛的方式來體驗各種感受。

第六支：觸

「觸」是觸心所，由「識」藉由相應之根與對境相接觸而生起。例如，當顏色、眼根等眼睛的對境和眼識聚合，因而創造對該顏色的想法。「觸」即是由六種相應於對境的六觸和六處聚合而產生，進而激起六種感受。

第五支：六處

「六處」（六入處）是指眼、耳、鼻、舌、身、意等六內處，而「識」由此而產生。它們被稱為「處」（source），是因為它們是六識生起的源頭；它們是「內」處，因為它們是身心有機體的一部分。當然，前五種是感官處，第六種是心處，「有分」即是被包括在心處裡。每個內處都有其特定的對境和「識」。如果它受傷而無法運作，與其相對應的感官功能也會受損。色、聲、香、味、觸、法等六外處，是「識」的對境。這六內處和六外處等十二處包含了一切有為法。

第四支：名色

在巴利語傳統中，「名」（nāma）是指「觸」、「受」、「想」、「思」、「作意」等五種心所。這五心所不可或缺，我們必須使用它們來理解周遭世界，並為事物命名。這五種心所幫助我們組織從六處流入的資訊，將它們變成我們容易了解和領悟的訊息。梵文傳統說「名」是由非色之蘊（即受、想、行、識四蘊）所構成；「色」（rūpa）是色蘊，我們的身體是由四大（地界、水界、火界、風界）和四大所造色⑥所構成。

有關六處從「名」和「色」生起的方式，我們可以用兩種方式來了解：

一、當在母親子宮內受胎的身心有機體開始生長之後，六處生起。

二、任何一根生起，進而產生六處。例如，眼處仰賴身體（色）的支持，而身因為有「識」和伴隨識而來之心所（名）而活著。

第三支：識

在此，「識」是指促使新生命展開的第六意識，它將前世的心流和新生命連結在一起，它同時也生起五種被稱為「名」的心所，並且賦予新肉身或「色」的生命。若沒有「識」，五種「名」心所無法生起，身體也無法有生命地運作。

每當我們認知到一個對境時，眼識、耳識、鼻識、舌識、身識和意識等六識也以「名色」為緣。當「識」不存在時，身體會死亡，六根無法與其相應的對境和「識」相連結，進而無法產生認知和接觸。

從人出生到死亡，以及在死後，「識」都維持個人存在的相續性。它攜帶它的記憶、業的種子和習氣，以連結不同的生命，使不同的生命成為一連串的生命，並且能夠使後一識的剎那從前一識的剎那生起，使來生與前世相互關連。

第二支：行

「行」是指那些會使眾生投生輪迴的所有不善思或業，以及世間的善思或業。儘管根識本身不會造業，但因為它們與對境接觸，善與不善的心所因而在第六意識中生起，進而造業。

不是所有的業都會使我們再生，微弱的和無記的「思」，以及未竟的身業和語業，都欠缺使我們投生輪迴的力量。聖者所行使的出世間善思，都不是和十二緣起支有關的「行」，因為它們不會使輪迴繼續下去。

「行」可能是福業、非福業或不動業，它們分別導致投生欲地善趣、惡趣，以及投生色地或無色地。（根據巴利語傳統的說法，投生色地是福業的結果。）

「行」作為「識」生起之緣，進而帶來了新生命的再生。這個過程以兩種方式產生：

一、在生命當中，我們在思考、說話和行動時造業。這些「思」和「識」一起發生，也影響「識」。

二、在死亡時，之前的業受到啟動，推動「識」通過死亡的過程而進入新生命。「行」決定這個新的「識」是否為人、動物等，以相應於這個「識」所進入的身體。前世所積聚的「業」也決定了我們投生的環境、體驗的情境、串習和感受。

儘管之前的業會影響「識」，但一般而言，它不是一種無可改變的決定力量。在清醒的任何時刻，都能藉由改變我們的「思」，而有了改變生命進程的可能性。

第一支：無明

「無明」是指我們對四諦缺乏了解。我們因為無明而未注意到有為法的三相，不了解緣起，因而使自己束縛於輪迴之中。中觀學派說，無明使我們對實相產生相反的理解，把不存在的「人」和「法」執著為實有。

「無明」是十二緣起支的第一個緣起支，也是善與不善行生起之緣。貪、瞋及其他染污的心所等根植於無明的隨眠煩惱（巴anusaya；梵anuśaya），激起不善行。無明也制約眾生生起慈心和悲心等善的心態。唯有盡除無明，所有的業行和輪迴再生才會止息。

今生的無明受到前世無明的制約，由於沒有第一個剎那的無明，因此輪迴是無始的。然而，無明可以止息，八聖道即是止息無明的道路。當聖者了解染污及其集起、止息與止息之道時，她就根除了所有導致輪迴再生的串習，證得解脫。

「緣起」這個道理不只適用於輪迴以及使輪迴繼續下去的苦諦和集諦，也適用於解脫和帶來解脫的道路——滅諦和道諦。解脫有七覺支作為其養料，而七覺支以四念處、三善行、守護諸根、正念和正知、如理作意、具信心、聽聞正法和親近善知識等為緣而生起。（AN 10:61–62）⑦

佛陀在以順、逆的方式來解釋輪迴和解脫之因時，他並未暗示任何一個緣起支都只是以前一個緣起支為緣而生起。佛陀反而強調，各種緣起支彼此助長而累積了動力。簡而言之，每件事物都有多種「緣」，有一些「緣」比較明顯，另一些則比較深刻。這些「緣」形成一個緣起支相互關連的網絡，這有如在網路上搜尋一個主題，一個網頁導出另外五個網頁，每個網頁都帶領我們走向不同卻相關的方向。

十二支緣起的因果關係

巴利語傳統以四個群組來解釋十二支緣起，每個群組有五個緣起支。這釐清了十二緣起支之間的關係，以及它們各自在三世中的哪一世發生。在以下的表格當中，甲、乙、丙三世依序發生，而乙代表現在世。

「緣起支」這一欄顯示現在世（乙）根源於過去世（甲）的「無明」和「行」。藉由緣於無明之業（行）成熟之故，「識」、「名色」、「六處」、「觸」和「受」等五果位緣起支在現在世（乙）顯現。

在現在世（乙），當「受」生起，「愛」也生起，這帶來「取」，進而生起「業有」。這三者是推動另一個投生（未來世）的力量。在未來世（丙）當中，我們經歷老死。

在任何一世當中，這所有的緣起支都相互交織。為了了解這十二緣起支如何在現在世運作，我們檢視最後一欄，其中的二十種模式被分成四組、五緣起支。

一、五種過去因。在過去世，「無明」、「行」、「愛」、「取」和「業有」都是現在世之因。

二、五種現在果。那五種現在因帶來五個現在果；第三至第七緣起支是在擴大地談論「生」和「老死」。

三、五種現在因。「愛」、「取」、「有」、「無明」和「行」存在於現在世，帶來未來世。儘管這五種現在因和帶來現在世的五種過去因相同，但現在它們於現在世生起，並且以之為緣而生起未來世。

四、五種未來果。包括「生」和「老死」在內的第三至第七緣起支因為五種現在因之故，而於未來世生起。

上述的解釋和說明相應於梵文經典《佛說大乘稻芊經》（*Śālistamba Sūtra*）裡清楚直接且明確詳述的教導。在此經當中，第二欄的項目分別被稱為「能引因」（propelling causes）、「所引果」（propelled results）、「能生因」（actualizing causes）和「所生果」（actualized

三世	緣起支	二十種模式（四組，五緣起支）
甲	一、無明 二、行	五種過去因 （第一、二、八、九、十緣起支）
乙	三、識 四、名色 五、六處 六、觸 七、受	五種現在果 （第三、四、五、六、七緣起支）
乙	八、愛 九、取 十、有	五種現在因 （第八、九、十、一、二緣起支）
丙	十一、生 十二、老死	五種未來果 （第三、四、五、六、七緣起支）

results）。在此，第三緣起支「識」是由「因位識」（causal consciousness）和「果位識」（resultant consciousness）所構成；「業」的種子被安置在因位識，「業」的種子成熟之際，即成為果位識。因位識是一種能引的「因」，果位識則是所引的「果」。[8]

十二緣起支也可以被歸類為三：

一、煩惱：「無明」、「愛」和「取」等三個緣起支，這三個緣起支作為「業」的緣起力量，構成整個投生過程的基礎。

二、業：「行」和「有」這兩個緣起支，它們實際上推動再生。

三、果：「識」、「名色」、「六處」、「觸」、「受」、「有」、「生」和「老死」等緣起支，這是異熟的苦。

從「染污」和「清淨」的面向論述

梵文傳統從「染污」和「清淨」的兩個面向來談論十二支緣起，前者是在談論輪迴如何持續下去，後者則探討如何止息輪迴。每個面向都有順、逆兩種次序，這四種組合相應於四聖諦，染污面向的順觀強調苦的集諦，以「無明」為始，顯示「無明」最終如何導致老死。染污面向的逆觀則強調苦諦，以「老死」為始，然後從「生」逆溯至「無明」。

清淨面向是證得解脫的過程。清淨面向的順觀強調道諦，並且談到藉由終止「無明」，所有其他的緣起支也將會止息。清淨面向的逆觀談論滅諦和解脫，並且強調從「老死」開始，每個緣起支都會隨著其之前的緣起支的止息而止息。

在巴利語佛經裡，舍利弗作出最著名的陳述之一：

世尊又說：「見緣生者，彼即見法，見法者，彼即見緣生。」（MN 28:28）⑨

在此，「法」是指真諦和實相，也是指佛陀的教義。了解緣起是了解這兩者的關鍵，也是對治輪迴的關鍵。佛陀說：

> 阿難！這緣起是深奧的，而且看起來是深奧的。阿難！因為不了解、不深入此法之故，此類眾生已經變得像一團糾結的毛線……而且無法超越惡地、惡趣和下三道的輪迴。（DN 15:1）❿

除了十二支緣起之外，我們也可以藉由剖析「認知」（想）來解釋輪迴的緣起。眼識的生起仰賴一個完整健全的眼根、一個塵境（這兩者被包括在色蘊裡）和對那一塵境的注意力；色相、眼根、受、想、行之心所和眼識等聚合在一起，五蘊因而全都現起。另一個方式是，五蘊仰賴因緣而生起，而非仰賴它們自己的力量。當因緣未現起時，五蘊不會生起，苦因而止息。（MN 28）⑪

盡除苦、集的八聖道也是依緣且有為的，因此，我們可以修持和培養八聖道。發展八聖道將根除苦之集，帶領我們達至無為——涅槃、真正的寂靜。

是誰在輪迴裡流轉？

巴利語傳統：無作者與受者

在佛經裡，有個僧人問：「誰有老死？」佛陀回答，這是個不相應的問題，因為它預先假設了有一個實質的「我」。如果有人認為「我」和身體是相同的，因此，當身體死亡時，「我」就會完全不存在，也就沒有必要修持聖道，因為輪迴會在死亡時自然而然地終止。這種想法是一種斷見。

如果有人認為，「我」是一件事，身體是另一件事，「我」在死亡時脫出身體，並且永恆常住，他就落入了常見。如果「我」恆常永久，聖道就無法終結輪迴，因為一個恆常永久的「我」是不會改變的。（SN12:35）⑫

佛陀不只駁斥擁有生、老、死的一個實有的「我」，也否定身體，乃至否定其他蘊屬於這樣的一個人。這個身體不是我們的，因為沒有一個獨立且擁有這個身體的人存在。這個身體也不屬於其他人，因為他人也沒有獨立的「我」。（SN 12:37）⑬

覺音引用古巴利語的偈頌來回答「誰體驗業果？」這個問題，並且加以解釋說明：

果之生起故，世說受用者；
如因生果實，世說樹結果。

譬如只稱為樹的一部分之法的樹果的生起，被稱為「樹結果」或「已結果」，同樣地，由於只稱為天、人的蘊的一部分，而被稱為受用之物的苦樂之果的生起，而說天或人受樂或苦。所以，這裡實無說有任何受用者的必要。（Vism 17:171–172）⑭

受用者（受者）和造作者（作者）這些字眼僅僅是名言的標籤，無須堅持有一個可尋的業的受用者或造作者。這樣的「我」之所以是多餘的，是因為我們說「一個人受樂或苦」，純粹是因為那種感受已經在那個人的受蘊裡生起。在談及四諦時，覺音說：

……就第一義說，因無受（苦）者、作（煩惱）者、入滅者及行（道）者之故，當知（四諦）是空。所以這樣說：

有苦而無什麼受苦者，

有作而無作者的存在，
有滅而無入滅者，
有道卻無行者的存在。（Vism 16:90）⑮

中觀學派：作者與受者僅以假名存在

同樣地，中觀學派說，雖然我們說有人在輪迴流轉，造業並受其果，但這不表示有一個以自性存在的「我」。「果」由於「因」而生起，而「因」本身也是由其他「因」而引起。

同樣地，趨近涅槃的聖者也非以自性存在，而且在經過分析之下，他們的修道（修行事業）也了無究竟的存在狀態。然而，聖者了悟空性，清淨其心，證得覺醒，而成為帶領其他眾生走上修道的合格嚮導。儘管在勝義分析之下，我們找不到所有這些作者和行為，而且它們了無自性，但在世俗的層次上，它們卻以「唯假名」的方式而存在、運作。在座下修法期間，這些作者和行為仍然在聖者面前錯亂地顯現為自性有，因此它們被稱為是虛妄的，如夢、如幻、如海市蜃樓、如映影。

從「現在的我是當年那個小孩的相續」的觀點，我們說「我小時候很用功」。那個小孩和現在的「我」是不同的，然而，因為他們以同一相續的成員而存在，

●中國和斯里蘭卡的僧人坐在菩提樹下。（攝於印度菩提迦耶。圖片提供：Mike Nowak）

那個成人正在體驗小孩行為之「果」。這個過程類似從一世到下一世：今生的「我」和來世的「我」是不同的，後者卻體驗前者所造的業果，因為兩者都是同一相續的成員。

觀修十二支緣起的利益

梵文傳統從緣起的不同層次，而把緣起的這個過程解釋為「因緣」（causal dependence）。每個緣起支都以前一個緣起支為緣而生起，了解這一點，可以對治常見。常見認為緣起支以自性存在，或者認為有一個外在的創造者引起痛苦。當每個緣起支完整時，它生起後繼的緣起支；了解這一點，消除了「事物會完全止息」的斷見。

了解「因緣」，可以使我們洞見「無我」。我們看清沒有實質的「人」存在於緣起的過程之下，也沒有以自性存在的「人」或現象受縛於輪迴或從輪迴解脫。

深思「因緣」，可以清除相信「我們的苦是無因而生，或由外在的創造者或恆常不變之因所引起」等的邪見。如果我們認識到無明和業行會創造來生，就會根除「一切事物都在死亡時止息」的邪見，也會因此而了悟，我們的行為有倫理道德的層面，並會影響自己的體驗和感受。如果我們了解自己可能會投生到各界，就會消除「沒有其他形式的生命存在」的誤解；再者，我們會了解，所有痛苦之因都存在於我們之內。因此，離苦也必須於我們的內在而成就。

思惟每個緣起支，可以凸顯其「苦」的本質。看清輪迴無始、痛苦的本質，可以激起強烈的出離心，促使我們努力去終結輪迴的痛苦。我們自問：「當執著世間的歡樂帶來無盡的再生時，貪愛世間的歡樂還有什麼道理？」菩薩們觀修自己和其他眾生的十二支緣起，這使他們生起悲心，進而激發菩提心。他們想要成就正等正覺，才有全副的能力領導其他眾生走上脫離輪迴的道路。菩薩的悲心是如此地強烈，如果菩薩延遲自己的覺醒證悟會對有情眾生更有利，他們將會欣然同意。然而，他們了解在成佛之後，能夠為其他眾生帶來更大的利益，就會因此而努力精進，盡可能快速地成佛。

應成中觀派「緣起」的層次

以下的部分討論獨特的應成中觀派對「緣起」的看法：由於一切法是緣起的，因此它們空無自性；因為它們依賴其他因素而生起，所以它們以名言存在。了解緣起和空性之間的相容性，尤其了解業和業果雖然空無自性，但仍發揮功用，能夠使我們修持達至解脫和正等正覺之道。

■第一種解釋：和合生、依生、緣生

我們可以從不同的方式來解釋和了解緣起。根據其中的一種陳述：

一、和合生（arising through meeting）：是指「果」從「因」生。這就是因緣，它只適用於無常的事物，且是所有佛教傳統共有的看法。

二、依生（existing in reliance）：所有現象都仰賴它們的組成部分，這適用於常和無常的現象。

三、緣生（dependent existence）：所有現象都仰賴其假名的基礎和計執、假立它們的心而存在。

■第二種解釋：因緣、假施設

在另一個陳述裡，緣起有兩個層次：

一、因緣：表示「果」因為它們自己的「因」而生起；

二、假施設（dependent designation，假名）有兩個含意：

（一）相互緣（mutual dependence）是指現象以彼此的關係而安立。

（二）唯假施設（mere dependent designation）是指現象以「唯名」或「唯假名」的方式存在。「唯名」肯定不是指事物只是語言、文字或聲音，其實是指事物僅僅依假名而存在。

在兩個陳述當中，緣起之「起」不限於依因緣而起，而擴展到現象因為其他因素而存在。同樣地，在兩個有關「緣起」的陳述當中，稍早的層次通常比後面的層次容易了解，並且作為了解後來層次的基礎。現在讓我們把焦點放在第二個陳述上，更深入地檢視緣起的這些層次。

因緣——事物仰賴因緣而生起

巴利語和梵文大藏經都指出，「緣起」的意義即是「依賴因緣」，而且聲聞、緣覺和菩薩三乘都修持緣起。這是上述十二支緣起所探討的意義。

由於「因緣」是一個事實，因此堅持事物以自性存在是站不住腳的。如果事物是以自性存在或獨立存在，就不可能依因緣而生起。思量「因緣」，使我們了解所有發揮功能的事物都不是依靠自己的力量而存在。它們仰賴因緣而生起，這表示它們是存在的，因此，它們既是「空」的，也是存在的。

相互緣——因果之間的相互關係

般若諸經以因緣為基礎，解釋「相互緣」和「唯假施設」。「因緣」不太難理解：我們知道花朵從種子生長出來，而這種知識源自學習。然而，我們通常不認為「因」仰賴其「果」。

在觀察「因緣」的基礎上，我們更深入地省思，進而認識因果之間的相互關係。不只「果」仰賴「因」，「因」也仰賴「果」。雖然一個「因」不會從它的「果」生起，但某件事物的屬性作為一個「因」，則仰賴一個「果」。種子成為一個「因」，那是因為它具有產生一個「果」——

芽——的潛能。若無發芽的可能性，種子就無法成為一個「因」。這不僅僅是語意學，其中的意義更為深奧。

事物不論是作為「因」或「果」，都不具自性。當種子被假立為「因」時，種子裡並無任何客觀地使種子成為「因」一詞所指的東西。對於「果」，這也同樣真確。

事物彼此相互依存的明顯例子眾多。東方與西方、痛苦與快樂、行者和行動、假立的對境和假名的基礎、修行者和道路、完整與部分、凡夫和聖者，這些全都被安立在彼此的關係之中。一些成雙成對、相互依存的事物也是以因緣而存在的，例如昨日之心和今日之心。然而，許多例子卻不是如此，例如某個人成為雇主，因為他（她）手下有員工，反之亦然。我們的社會角色並非自性存在，它們必須仰賴彼此而存在。

「行為」之所以被稱為「具建設性」或「具毀滅性」，不是因為它們原本就是如此。具建設性和具毀滅性的行為或業不只因為彼此的關係而被安立，也仰賴它們的「果」。當眾生體驗快樂時，引起快樂的行為被稱為「具建設性」；體驗痛苦時，引起痛苦之業則被稱為「具毀滅性」。

行為者、行為和行為的對象（施予者、施予的行為、受者和禮物）也相互依賴彼此。一種慷慨布施的行為，正是仰賴這三者而存在。

「整體」和「部分」也依賴彼此，例如一輛車（整體）仰賴引擎、輪子等零件（部分），而輪子是「車子的一部分」，因為車子存在。常與無常的「法」仰賴它們的組成部分，心仰賴相續的識剎那，原子由甚至更微小的粒子構成，由於每件事物都是由部分所構成，因此，我們找不到最小的粒子或最小的識剎那。空性也仰賴它的組成部分，一般而言，空性仰賴桌子的空性、椅子的空性等而假立。空性也仰賴人、五蘊等「空」的現象（法）。因此，空性不是絕對獨立存在的事物。

唯假施設——現象以名言而假立

如果更深入地探究，我們便可看見現象僅僅仰賴它們的假名之基而假立。桌子是假名的對象，而桌腳和桌面的組合則是它假名的基礎。心把這些部分的組合計執為桌子，並且將它假名為「桌子」。如果我們試圖去尋找桌子的本質和本性，去尋找「桌子」一詞的真正所指，我們無法在各別的組成部分或在部分的組合當中找到任何「是」桌子的事物。在組成部分當中，沒有一個可以客觀且具體地被辨識為桌子。「仰賴其他因素」意味著現象是空無自性的。

在昏暗處，一條盤捲起來、有著斑點的繩索被假立為「蛇」時，那條繩索並無任何部分是蛇。同樣地，當我們將一條長長的、盤捲起來的眾生假立為「蛇」時，在該眾生的身、心或身心兩者的聚合裡，並無任何事物是蛇。我們可能會想：「但是，從那個盤捲起來的眾生身上，一定有什麼是一條蛇，否則它就沒理由是一條蛇，也不是一條盤捲的繩索。」然而，當我們尋找使那個盤捲起來的眾生成為一條蛇的事物時，我們將一無所獲。

同樣地，當「我」依五蘊而被假立時，五蘊裡並無任何部分是「我」。「人」不是一蘊、諸蘊的集合或諸蘊的相續。

當我們錯誤地將一條繩索假名為「蛇」，將鏡子裡的臉假名為「我」時，將一個長長的、盤捲起來的眾生假名為「蛇」，將五蘊假名為「我」為什麼會是確實可靠的？盤捲的眾生可以發揮蛇的功用，我可以發揮人的作用，盤捲的繩索和映現在鏡子上的臉卻無法發揮這些功用。

事實是，事物僅僅依假名而存在，這不表示我們的心所設想的一切都是真實的，或我們以名言所假立的每件事物都會成為那件事物。我們心想電視裡有真實的人，不表示真的有人在電視裡；或將電話稱為「葡萄柚」，並不會使電話成為葡萄柚。

事物存在有三個條件：

一、它是約定俗成的，也就是某些人能夠辨認那個事物。

二、另一個世俗的、可靠的認知者不會對其有所懷疑，即一個官能健全者不會對該事物產生否定的看法。

三、它不會受到勝義分析的懷疑，例如了悟空性之心無法駁斥空性的存在。

簡而言之，儘管所有名言存在的現象都是僅僅因為心的假立而存在，但每件假立的事物不一定都是以名言存在。

「空性」與「緣起」不可分

「緣」的層次彼此相關。我們直接體驗和感受事物仰賴「因」和「緣」而了解這一點——某些藥物治癒特定的疾病，而污染有害健康。藉由深刻地思量可觀察的「因緣」事實，我們將會了解，「果」之所以能夠從「因」生起，那是因為在本質上，「因」和「果」是相互依存的。它們擁有一種相互依存的本質，使得「因」在適當的「緣」聚合時，便能發揮開花結果的影響力。

但是，是什麼使現象具有這種依賴的本質？經由審察，我們了解到，那完全是因為每件事物都缺乏自性，而且沒有任何事物是一個自我封閉的獨立本體。因此，事物具有這種依賴的本質，使它能夠和其他事物產生有為的互動。所以，在這個觀察「因緣」的基礎上，我們經過一連串的正理，最終了悟事物自性空，進而了解所有的現象都是僅僅透過假名（唯名）而存在。

雖然現象空無自性，但它們卻是存在的，我們看見每件事物都有其「果」。它們如何存在？只有兩種可能性——如果不是以自性存在，就僅僅是以假名存在。在經過更深入的探究之後，我們看見自性——現象自行存在，與其他任何事物無關——是站不住腳的。如果事物擁有這種實相，那麼我們愈去尋找它，它應該會變得愈清晰。事實上，當我們評斷分析現象時，會發現它們無跡可尋，這表示它們缺乏本具的、獨立的或客觀的存在。當我們了解事物存在，但並非以自性存在時，我們唯一可以得到的結論是，它們仰賴術語和概念而存在，也就是仰賴想法和語言的假立而存在。由於它們確實存在，因此它們的存在只能夠建立在假施設的層次上。如此一來，從「因緣」而了解空性，最終將使我們從空性而了解緣起。

在從觀修空性的等引出定之後，空性和緣起似乎完全融合在一起，不相互牴觸。世界不會因為我們了悟空性而停止存在；相反地，我們更正確地了解世界存在的方式。雖然就一般的看法而言，我、五蘊、業和業果，以及其他現象似乎是以自性存在，但這是謬誤的看法；事實上，它們並非以自性存在。了解它們相互依存，並非以自性存在，使我們用一種更寬廣的方式與人和環境互動。龍樹菩薩說：

我們解釋緣起
其本身即是空性。
它〔空性〕是一個假名，
那正是中道。

既然無有任何一法
不是依因緣而生起，
自然可推斷
亦無有任何一法是不空的。（MMK 24.18–19）⑯

依賴「因」和「緣」、組成部分、名言和概念等其他因素而生，這即是「自性空」的意義。

行為仰賴其他因素而產生結果，如果它們是以自性存在或不仰賴其他因素，就不可能產生結果。這種結合「緣起」和「空性」的了解，破斥了以自性存在和全然不存在兩者。「緣起」和「空性」是所有存在物的不可分割的特質，它是真正的中道。

雖然緣起和空性是相容的，且指出相同的重點，但兩者卻不相同。如果兩者是相同的，我們只要透過覺知一個緣起的例子，例如一本書，或覺知緣起的原理，就能夠覺知空性。「空」和緣起是看待現象的兩種方式，「現象是空的」這個事實，並不會使事物之間世俗的區別消失，例如筆和桌子仍然有其獨特的功用。當了悟空性的人從觀修空性的等引出定時，他（她）便能覺察到這些區別。

如果緣起只是指「因緣」，那麼，它只能破斥依「因」而生之有為法的自性，因為此處的緣起是指「假施設」，於是它建立了一切法的空性。為了理解這個最細微層次的緣起，我們必須了解「相互緣」；而為了了解「相互緣」，我們必須先了解「因緣」。這三個層次的緣起不相互排斥，但它們卻愈來愈精微。

緣起被稱為「正理之王」，因為它不僅破斥了獨立存在，也確立了依緣而有的存在。「緣起」（dependent arising）一詞顯示了現象為「空」卻存在的中道見地，「緣」（dependent）顯示它們空無獨立存在，因而根除了常見；「起」（arising）是指現象存在，因而根除了斷見。一切法都欠缺任何自性，但儘管如此，它們卻仰賴其他因素而存在，並且藉由可靠的名言識而建立。

巴利語傳統：名言與概念亦非「我」

佛陀解釋未正確地了解術語和概念的危險：

遵循「名」與概念者，
將自己的世界構築在「名」與概念之中，
而未覺察命名的過程，
因而注定落入死魔之掌。（SN 1:20）⓱

注釋書說，「遵循『名』與概念」即是指五蘊。當一般人感知五蘊時，他們的心誤以為五蘊是恆常且令人愉悅的，並誤以為他們擁有「我」或成為「我」。由於扭曲的概念，人們於是「將自己的世界構築在『名』與概念之中」，因而生起各種與五蘊有關的煩惱。那些熟悉中觀見地的人可能會從那個觀點了解這些偈頌。

《如是語經》（*Itivuttaka*）的注釋書針對這同一首偈頌解釋道，「將自己的世界構築在『名』與概念之中」的眾生，將五蘊執取為「我」或「我的」，或當五蘊並非屬於他們時，就把五蘊理解為另一個人。有這種想法的人注定會被束縛於生死輪迴之中。佛經繼續說道：

覺察命名過程者，
不認為命名之人存在，
對他而言，事實上並無這樣的人存在，
人以何憑藉而說：「他是這個或那個。」⑱

如果一個人了解命名的過程，他就會了解五蘊，並且了知五蘊為無常、苦和無我的，進而藉由修持無上之道來捨棄對五蘊的貪愛。阿羅漢不執著於這個被貼上「我」、「我的」或「我的自我」標籤的事物，這個事物仰賴五蘊而成為真正的人。在拋棄五蘊且證得無餘涅槃之後，阿羅漢就不會說他是「這個或那個」。

佛陀在數部佛經裡解釋，以智慧看見無我，不會摧毀世俗的言談和語言溝通的能力。世俗的言談不必執著於「我」，盡除我執的阿羅漢可以使用語言、文字、名稱、表述和概念。

佛陀釐清，阿羅漢按照事物在世界運作的方式來使用語言、文字和概念，而不執著它們為「我」。具有輪迴之最後身的阿羅漢，仍然使用與一般眾生相應的世俗語言（SN 1:25）[19]。注釋書說道：「他們不會因為說『五蘊吃……五蘊穿袍』，而違犯世俗的言談。」如果他們不用其他人能夠了解的語言來說話，他們如何能傳授佛法？

儘管阿羅漢使用「我」、「我的」和「我的自我」等字眼，但這不表示他們受制於我慢，因為他們已經超越源於貪愛、見地和我慢的計執。

佛陀闡明：「有世間通用的名稱、表述、語言和共稱，如來使用它們，但不執著。」（DN 9:53）[20]我們可以用兩種方式來使用名稱和概念：無明者和存有身見者使用語言、文字和概念，認為自己所指稱的對象是真實的，並且在這些現象之中有一個「我」。那些離於無明和身見的人，不會執著於語言、文字和概念的真實所指，他們僅僅把語言、文字和概念當作傳達意義的名言，而不執著於所指稱的對象有一個「我」。

① 《中部．善生優陀夷小經》（MN 79:8）：「彼有時即此有，彼生時即此生，彼無時即此無，彼滅時即此滅。」（《漢譯南傳》，中部經典三，頁31）

② 覺音著，葉均譯，《清淨道論》第十八〈說見清淨品〉，高雄：正覺學會，頁618–619。

③ 《相應部．因緣相應》第二經（SN 12:2）：「諸比丘！如是緣無明而有行，緣行而有識……如是全苦蘊之集。因無明之無餘、離貪滅，故行滅。因行滅，故識滅……。如是全苦蘊之滅。」（同注①，中部經典二，頁5）《中部．正見經》（MN 9）：「諸賢！若聖弟子知老死、知老死之集、知老死之滅、知達老死滅之道，如是之聖弟子具正見而……乃至……達此正法也。……若聖弟子知生……。若聖弟子知有……。若聖弟子知取……。若聖弟子知渴愛……。若聖弟子知受……。若聖弟子知觸……。若聖弟子知六處……。若聖弟子知名色……。若聖弟子知識……。若聖弟子知行……。若聖弟子知無明……如是之聖弟子具正見而……乃至……達此正法也。」（同注①版本，中部經典一，頁63–71）

④ 四蘊或五蘊以「取」而分別，在三有（欲有、色有、無色有）之中，欲有、色有為五蘊，無色有則為四蘊。

⑤ 《清淨道論》第十七〈說慧地品〉：「有故為有，此（有）分為業有及生有二種。即所謂『什麼是二種有？是業有、生有』。此中，業即是有為業有，同樣的生即是有為生有。並且這裡是生起有故為有。其次，譬如因為是樂的原因故說『諸佛出世樂』，如是應知業是有的原因，故由其果而說有。」（同注①版本，頁593）

⑥ 四大所造色有二十四種：眼、耳、鼻、舌、身、色、聲、香、味、女根、男根、命根、心所依處、身表、語表、虛空界、色輕快性、色柔軟性、色適業性、色積集、色相續、色老性、色無常性、段食。

⑦ 《增支部．十集》第六十一經（AN 10:61）：「諸比丘！如是，若具親近善知識，則具正法之聽聞；若具正法之聽聞，則具信；若具信，則具如理作意；若具如理作意，則具正念正知；若具正念正知，則具護諸根；若具護諸根，則具三善行；若具三善行，則具四念處；若具四念處，則具七覺支；若具七覺支，則具明解脫。」（同注①版本，增支部經典七，頁4）。第六十二經引文同（同注①版本，頁8）

⑧ 此段內容非出自於《佛說大乘稻芊經》，而是出自於《集論》。請見《菩提道次第廣論》卷七：「如《集論》云：『云何支分略攝？謂能引支、所引支、能生支、所生支。能引支者謂無明、行、識，所引支者謂名色、六處、觸、受，能生支者謂愛、取、有，所生支者謂生、老死。』」（宗喀巴著，法尊法師譯，《菩提道次第廣論》，台北：大千出版社，1996年，頁303）

⑨ 《中部．象跡喻大經》（MN 28）。同注①版本，中部經典一，頁261。

❿ 菩提(Bodhi)比丘譯，《大緣經》(*The Great Discourse*

on Causation, Kandy: Buddhist Publication Society, 1984）。（譯按：《長部．大緣經》（DN 15）：「阿難！此緣起法甚深遠，有深遠相。阿難！因不覺、不徹見此法之故，此有情類，如絲縷纏結……故不得出離惡生、惡趣、地獄之輪迴。」（同注①版本，長部經典二，頁 1）

⑪《中部．象跡喻大經》（MN 28）：「諸賢！於內不眼壞，至視野外色，而且注意存於其所對時，其時現其所對之識分。如是狀態之色是為色取蘊，如是狀態之受是為受取蘊，如是狀態之想是為想取蘊，如是狀態之行是為行取蘊，如是狀態之識是為識取蘊也。彼知『如是此等被五取蘊所包攝、所集合、所結合。』……於此等五取蘊起貪欲、執著、隨從、耽著乃苦之集，於此等五取蘊，驅除貪欲、愛染、捨離貪欲、愛染，即苦之滅也。」（同注①版本，中部經典一，頁 261）

⑫《相應部．因緣相應》第三十五經（SN12:35）：「如是之所問乃不相應。比丘！『老死者何耶？又此老死屬於何人耶？』此謂『老死與老死之所屬者相異』謂此兩者雖為一義，而文則相異也。比丘！有『命與身為同』之見，此非梵行住。比丘！有『命與身為異』之見，此非梵行住。比丘！離此等之兩邊，如來緣中說法，緣生而有老死。」（同注①版本，相應部經典二，頁 71）

⑬《相應部．因緣相應》第三十七經（SN 12:37）：「諸比丘！此身非汝等之物，亦非屬他人之物。」（同注①版本，頁 77）

⑭覺音著，葉均譯，《清淨道論》，高雄：正覺學會，頁 575–576。

⑮同注⑭版本，頁 528。

⑯《中論．觀四諦品第二十四》第十八至十九頌（MMK 24.18–19）：「眾因緣生法，我說即是無，亦為是假名，亦是中道義。未曾有一法，不從因緣生，是故一切法，無不是空者。」（《大正藏》第三十冊，頁 56–57）

⑰莫里思．華許（Maurice Walshe）譯，出自網址：www.accesstoinsight.org。（譯按：《相應部．諸天相應》第二十經〔SN 1:20〕：「知名表面者，唯執是顯名，不知名真義，死魔繫縛去。」〔同注①版本，相應部經典一，頁 15〕）

⑱《相應部．諸天相應》第二十經（SN 1:20）：「了知名真義，不思語說者，其人不如此，依此人無罪。」（同注①版本，相應部經典一，頁 15）

⑲《相應部．諸天相應》第二十五經（SN 1:25）：「完了應所為，漏盡最後身，阿羅漢比丘，猶言如我語。」（同注①版本，相應部經典一，頁 19–20）

⑳《長部．布吒婆樓經》（DN 9:53）：「此等乃世間之共稱，世間之語辭，世間之名稱，世間之記述法，世尊正當利用此等而不著也。」（同注①版本，長部經典一，頁 218）

9 止觀雙運

巴利語傳統：結合深定和觀智

佛陀修持禪那，也建議弟子從事這種禪修，藉以克服障礙，使心遠離感官欲樂，接近更為精純的喜樂狀態，進而證得覺醒。然而，如果我們不保持警覺，保持修法的動機與發心，就會有執著禪那之樂和寂靜的危險，因而偏離了根除染污的目標。為了對治這一點，佛陀建議禪修者在從禪那出定之後，審察禪那的三相。在看清禪那的「無常」、「苦」和「無我」三相之後，禪修者就不會執著於它，並會生起令其解脫的「觀」。

我們發展深定的究竟目的是在於結合深定和觀智，並且運用兩者的雙運（結合）來盡除染污。第四禪那是通往三種智之門，此三種智是宿命智（了知種種過去世之智）、生死智（根據眾生的業而了知其死亡和再生之智），以及漏盡智（了知一切染污皆滅盡之智）。佛陀使用第四禪那的定心來證得這三種智，因而他宣說：「我直接了知『此生已滅，神聖的生活已建立，該完成者已完成，不會再有輪迴。』」（MN 4:32）①

證得阿羅漢果的四種方法

我們如何平衡「止」與「觀」的修持而證得解脫，這取決於我們的根器和上師的指引。阿難談到修行者或許可以透過四種方法來證得阿羅漢果。（AN 4:170）②：

一、先修止，然後以此寂靜、不散亂的心為基礎，藉由觀修「無常」、「苦」和「無我」三相來修觀，如此出世間道將會生起。

二、藉由觀修三相來修習「觀」，進而削弱五蓋。接著修習「止」，並且結合「止」與「觀」，證得出世間道。

三、同時修習「止」與「觀」，彼此交替地修持。在獲得初禪且出定之後，以「觀」來審察其禪支，看清它們是無常、苦和無我的。我們以此方式來修持第二禪乃至第四禪。

四、心充滿與法有關的掉舉。根據《清淨道論》的說法，這種心的掉舉是因為十種「觀」的染（vipassanā upakkilesa，觀的隨煩惱）③之故。修行者將這些非比尋常的體驗高估為得聖道的徵兆，而未看見它們的無常（Vism 20:105）。當這種焦躁靜止，心安頓下來，變得專一且專注時，出世間道於焉生起。另一種詮釋是，這種焦躁是亟欲了證佛法而產生的掉舉。在某些情況下，這可能會促進修行者了證實相，苦行僧婆醯尊者（Bāhiya Dārucīriya）即是一例。（Ud 1:10）④

以上四種方法的每一種方法最初都會帶來須陀洹（入流）的果位，最後根除所有的結縛、潛在的串習和染污。那些已經證得解脫的人，都曾經使用這四種方法的其中一種，當今的上座部佛教禪修大師所教授的即是前三種方法。

即便個人在剛開始可能會強調其中一個或其他，但為了證得須陀洹果，「止」與「觀」兩者都是必要的。當修行成熟時，「止」與「觀」處於和諧狀態，兩者相輔相成。當止觀雙運時，心

●印度婆羅浮屠（Borobodur）。（圖片提供：Yamn Pinczon du Sel）

保持穩定和寧靜，專注於禪修的對境，而「觀」則深入洞見「法」的本質。在出世間道上，「止」與「觀」以一種平衡的方式同時生起，而「止」是正定，「觀」則是正見。

哪種「定」能成為阿羅漢？

佛經並未清楚地指出，若要成為阿羅漢，需要什麼程度的「定」。某些經典指出，至少初禪是必要的，而一些注釋書則說，獲得近行定即已足夠。就後者而言，這個獲得近行定的修行者即被稱為「乾觀阿羅漢」（dry wisdom arahant），因為這種觀智即使仍然能根除染污，但並無禪那的「潤濕」作用，那智慧是「乾」（dry）的。一般而言，在近行定的階段，尚未完全鎮伏五蓋，它們可能會再度生起。因此，必須至少獲得初禪以作為「觀」的基礎，這是比較保險的作法。

儘管禪那是全然安止於對境的狀態，但在巴利注釋書裡所介紹的一種概念——剎那定（khaṇika samādhi），卻未限制禪修者覺知對境的範圍。為了增長剎那定，我們將正念放在身心不斷改變的狀態上，對進入感知領域的任何對境保持持續不斷的覺知。我們不執著於任何對境，而留意各種感官對境、感受、心之狀態等的生滅。如此一來，定的力量增強，直到它變得穩定，能夠對不斷變化的事件之流保持專注於一境為止。儘管禪修的對境持續改變會抑制定，但藉由剎那定，心卻能保持其一境性，而對在覺知範圍內時時變化的現象所保持的正念，也能及時變得強固，足以鎮伏五蓋。四念處發展出這種靈活但穩固的定，使我們能在修「觀」的道路上前進，達至證得涅槃的出世間道。

在禪那當中，心集中於一境且堅定不移地專注於一個不變的對境；相反地，「觀」則是需要觀察、分析，以及對一個時時改變的對境保持正念。這些心的作用通常不會在禪那當中運作，因此，根據《清淨道論》和論藏系統的說法，修行者是在非禪那的禪定狀態之內修習「觀」，有些人將這種狀態稱為「觀定」（vipassanā samādhi，觀三摩地）。當我們剛剛從禪那出定時，這種狀態會生起，因此仍然含有禪那的力量。儘管是在「觀定」的狀態，心雖不若禪那狀態那般專注，但它卻不會散亂，足以分析某個對境。

梵文傳統：破斥自性，了知自性空

我們需要透過聞、思、修來尋找正確的無我之見和適當的「觀」。關於「空性」與「觀」的邪見到處充斥，某些人因為對應破斥的對境無法正確地辨識，因而否定了所有的存在；而其他人則錯誤地認為既然所有的念頭都執著於自性，以為一股腦兒地放棄所有的念頭便會帶來解脫，於是將心一境地專注於無念的狀態之中。因此，他們也捨棄慈心、布施、持戒等其他重要的修行，並說這些修行都牽涉了「實有」的概念。

運用理智，無法徹底感受空性

然而，並非所有的念頭都是「自性」的概念。當剛聽聞「空性」的教法，並加以反思時，我們會使用念頭和想法，即使我們的究竟目標是超越概念，但這種概念的反思是有用的。再者，並非所有「觀察修」都是概念化的，在見道（path of seeing）和修道（path of meditation）位上的瑜伽士使用非概念的分析去觀修空性。某些經典指出，「空性」是不可思議且超越明覺的，但這不表示我們可以用此分析以發現究竟的本質。這些陳述僅僅表示，我們無法藉由理智而徹底感受到空性。

當我們擁有穩固的定時，可能會擁有許多美妙的覺受。主體和客體的粗重顯相可能會消失，我們的心可能會非常明晰，對境可能會顯得如彩虹那般不具實體，甚或消失。然而，這些覺受不一定表示我們能洞見無我，或我們是在觀修如幻般的顯相。

為了避免走入歧途，我們必須正確地辨識我執的無明及其對境——自性。接著，我們分析現象存在的方式，是否顯現在受到無明所障蔽的心上。唯有確切地證明無明所執取的對境（自性）不存在，才能生起「自性空」的智慧。由於這種智慧的對境（空性）能直接破斥無明所執取的對境，因此它也能直接破斥無明。

凡夫無法透過感官直接了知「空性」這個對境，而必須使用正理去了解它。我們對空性的初始了悟會是推理的和概念上的。這種了解儘管殊勝，卻欠缺足夠的力量去破壞、摧毀俱生的無明和煩惱。直接感知一切法的空性是必要的，但這需要止觀雙運來達成。

交替進行「觀察修」與「安止修」

「止」是仰賴九種住心而生起的定，並且是藉由「輕安」來維持的定。在「輕安」之中，心能夠長時間隨意地住於對境之上。「觀」是一種以「觀察」來辨別其對境的智慧，並且由在「止」內分析其對境而生起的輕安樂來維持。經由「安止修」而體驗到「身輕安」與「心輕安」，即是成功獲得「止」的標記；經由「觀察修」而體驗到相同的「輕安」，即是成功獲得「觀」的量度。在此之前，「安止修」和「觀察修」仍然微微地干擾著彼此。修行者是否能夠真正地觀修於空性，其決定性的因素在於他是否能夠破斥所破境，心一境地專注於「自性空」之上，不會生起沉沒或掉舉，並且懷有經由「觀察修」的力量所生起的「輕安」。

為了結合「止」與「觀」，修行者在座上修法期間成就「止」和獲得正見之後，首先從事「觀察修」去觀察空性，然後再從事「安止修」來觀修空性。「觀察修」使我們正確且活躍地探知空性，「安止修」則使心明晰且穩定地觀修空性。因此，在一座修法期間，我們應該交替地進行「觀察修」和「安止修」。如果因為過度從事「觀察修」而使穩定性減少時，就應該多從事「安止修」；如果是對空性的觀察力降低，則應多從事「觀察修」。

接著，在從事「觀察修」的同時，一一修持九種住心，並且發展四種作意。在圓滿九種住心，生起無功用運轉作意時，如果觀察本身引生一種不散亂、專注於空性的特殊的「止」，就獲得了止觀雙運。這個心的力量非常強大，儘管之前「止」和「觀」的本體不同，但它們現在卻同時生起。「止」是識的穩定面向，而「觀」是識的分析面向。

在觀修空性的一座修法結束起身之前，思量：「一切法都不是以自性存在，而需仰賴其他的因素。因此，眾生的行為帶來相應的業果。一般的眾生並未看清這一點，而變得迷惑、執著和瞋怒，進而製造了苦因。在擁有珍貴的人身之後，我必須積聚福德和智慧而成佛，帶領一切眾生達到覺醒。」

在兩座修法中間，頂禮，行供養，並且修持布施、持戒、忍辱和菩提心。在如此做時，思惟行為者、行為和對境三者皆依賴彼此，而且有如幻相，缺乏自性。如此一來，你所有的善修行都會藉由智慧而補足。

中國佛教：漸修與頓修

以大乘修行法門做準備

智顗大師強調，成功的佛法修行仰賴「止」的寂靜和「觀」的觀智兩者的平衡。修習「止」，但缺乏了悟空性的智慧，就無法帶來解脫。然而，如果我們打從一開始就教導初學者龍樹菩薩的空性見地，他們可能無法好好地了解，甚至可能生起邪見。因此，我們必須如彌勒和無著所解釋的，先要好好打下布施、持戒和其他修行等「道」之方便面向的基礎。六波羅蜜多的前五個波羅蜜多若無智慧，就有如一幢空蕩蕩的房屋，因此，我們有必要將這五個波羅蜜多融入了悟實相的智慧當中。藉由一再地修持，修行者將所有的禪修結合大悲心和菩提心，並且以「三輪體空」（作者、對境、行為三者皆空）來反思他們所從事的修行。

藉由聽聞、思惟與修習龍樹菩薩的著作，修行者獲得「中觀見」（中觀的見地）。由於從聽聞和思惟所獲得的了解是概念上的，因此他們渴望止觀雙運，以生起直接了證「八不」的無染智慧。龍樹菩薩在《中論》的禮敬文裡提出「不生、不滅、不常、不斷、不來、不出、不一、不異」等「八不」主張。

五祖宗密以頓悟漸修並進

在九世紀的中國，人們大為討論「止」與「觀」的角色。一些禪宗的修行者指出，禪超越語言、文字和概念，因此超越佛教的經典。華嚴宗五祖宗密（780–841）是備受尊崇的禪師，他同意究竟的證悟是超越言、文字和概念的。然而，他也說禪宗不應脫離佛教的哲學傳統，後者使用語言、文字和概念，帶領眾生傾向於真諦。他鼓勵修行者研究經典，也警告修行者，禪修並非盡空所有念頭，而是培養了悟實相的智慧。宗密高度重視「道」的方便面向，並且認為逐漸地累積福德，才是增長智慧的必要條件。

宗密描述兩種形式的頓教（sudden teachings），一種適合上根的眾生，另一個則是方便的法門。⑤佛陀對上根而尚未覺醒的眾生傳授頓教，任運且直接地揭露真正的佛法，使那些眾生立即證悟。在此，「證悟」是指首次直接感知實相。對宗密而言，「證悟」是指修行者首次看見自己本具的、與一切諸佛同一的自性。此時，修行者雖然擁有證悟的體驗，但尚未成就正等正覺，他仍然必須移除所有障蔽心的煩惱和業的種子。這項工作要在初次頓悟之後，藉由漸修的方式來達成。⑥

頓教和圓教（highest teaching）不同，後者也包括漸修的教法。換句話說，我們可以透過兩種方式來修持圓教，一是前後一致發展的漸修，二是直接體驗實相的頓修。上根的弟子適合頓教，而中根和下根的弟子則適合漸教，佛陀帶領後者循序漸進，直到他們能夠了解勝義的教法為止。《妙法蓮華經》和《涅槃經》（*Nirvāna Sūtra*）顯示這種漸修的方法，並先從說明如何捨棄不善法和培養善法的方式來製造投生善趣之因，而漸進地闡明圓教。

頓悟可能嗎？

我曾經和聖嚴法師（1930–2009）在紐約市的一個公共論壇一起討論「漸悟」和「頓悟」。聖嚴法師是台灣法鼓山的創辦人，也是睿智且備受尊崇的禪師。他確認在禪宗裡，「開悟」是指初次直接地感知空性。儘管藏傳佛教偶爾也如此使用「開悟」，但我們更常使用它來指稱「道」的盡頭，例如聲聞乘的阿羅漢果位，或佛的正等正覺。

從「開悟」一詞的不同用法來了解「道」，似乎並未在我們的傳統之間造成巨大的鴻溝。在此，我要重述聖嚴法師告訴我的話：「在佛陀住世期間，許多人在佛陀只對他們說了隻字片語之後就頓悟了。在禪宗公案裡，許多人在被老師當頭棒喝之後，就了悟空性，但這些故事只適用於高度成就、非比尋常的弟子。並非每個人都能夠頓悟，而那些無法頓悟的人，必須從基本的佛法修行開始著手。儘管那些利根和善根深厚的人可能會迅速或突然頓悟，但在擁有開悟的初體驗之後，他們仍然必須修持方便和智慧，因為他們尚未離於所有的煩惱。唯有成佛，才離於所有的障蔽。其他每個人在開悟之前，都必須藉由漸修之道來累積必要的福德和智慧。儘管頓悟是可能的，卻不容易；它並非輕易得來、不勞而獲的事。人們仍然必須清淨持戒，並培養菩提心、禪定和智慧。」

某些藏文典籍提及漸修架構的頓時證悟或即時證悟的途徑。我閱讀一本噶舉派的法典，詳盡地將「大手印」解釋為一條頓悟的道路。我們也發現薩迦派的撰述提及「同時成辦空智與解脫」，而寧瑪派的「大圓滿」法教也談到這一點。宗喀巴大師接受這種「同時成辦」與「即時解脫」的見解，但他也指出，「頓悟」是眾多的因經過一段時間累積而聚合在一起的結果。佛陀最初所度的五位弟子即是此例，他們在聽聞四諦的教法後，立即了悟空性。密勒日巴在多生的嚴格修行後，即身成就正等正覺。因此，不論我們談的是漸悟或頓悟，為了獲得真正的修行發展，我們都需要長時間地累積「因」與「緣」。

① 《中部．怖駭經》（MN 4:32）：「……成就第四禪而住。如是心等持、清淨、皎潔、無穢、無垢、柔軟、堪任而得確立不動，我心向憶宿命智，……如是我憶念其一一之相及詳細之狀況俱種種之宿命，此是我於夜之初更（初夜）所證得之第一智（宿命智）。……我心向有情生死智。即我以清淨超人之天眼，見有情之生死。知〔有情之〕卑賤、高貴、美麗、醜陋、幸福、不幸，乃各隨其業也。……此是我於夜之第二更（中夜）所證得之第二智（生死智）。……我心向漏盡智，……如是知、如是見，我由愛欲漏心得解脫、由存在漏心得解脫、由無智漏心得解脫。得解脫已，便知：『解脫』之智生，知『〔此〕生已盡，梵行已立，所作已作，不復受有此存在（輪迴）之狀態也。』」（《漢譯南傳》中部經典一，頁27–29）

② 《增支部．四集》第一百七十（AN 4:170）：「友！比丘或比丘尼不論誰，凡於我前，明示得阿羅漢者，悉是四支，或由其隨一。四者為何？友！世間有比丘，依止修觀，於依止修觀彼道生，彼習其道，多所作，彼習修、其道，以多所作結斷，疏遠隨眠。復次，友！有比丘，依觀修止，於依觀修止彼道生，……復次，友！有比丘，止與觀一雙統修，止與觀一雙統修彼道生，……復次，友！比丘意離於法之掉舉，彼堅持。友！彼安住正內、正止、趣一境、正持時，彼之道生……。」（同注①版本，增支部經典二，頁263）

③ 十種「觀」的染分別為：（一）光明（由「觀」而起的光明）；（二）智（觀智）；（三）喜（「觀」的喜）；（四）輕安（「觀」的輕安）；（五）樂（「觀」的樂）；（六）勝解（信）；（七）策勵（精進）；（八）現起（念）；（九）捨（觀捨與轉向捨）；（十）欲（「觀」的欲）。（見覺音著，葉均譯，《清淨道論》第二十〈說道非道智見清淨品〉，高雄：正覺學會，頁654–658）

④ 《自說經》第一品第十經（Ud 1:10）：「著樹皮衣之婆醯心起如是念：『任何人為世之阿羅漢者，入於阿羅道者中，我亦為其中之一耶？』彼時，前世著樹皮衣婆醯兄弟之天人，……近彼如是言曰：『婆醯！汝非阿羅漢，亦非入阿羅漢道者，因汝不修阿羅漢行，不得阿羅漢道。』彼三再白世尊言：『大德！世尊有命障，我亦有命障之不測。……請為我說法……利益安樂。』時，世尊則宣說：『然則婆醯！汝應如是學：「見則如見，聞則如聞，思則如思，知則如知。」』……依世尊之略說法要，時，婆醯之心立即無執著，煩惱解脫。」（同注①版本，小部經典一，頁63–65）

❺ 宗密在其所作的《圓覺經大疏鈔》裡，區分了兩種不同的頓教。第一種是「化儀頓」（作為闡釋方法的頓教），第二種是「逐機頓」（對上根眾生說法的頓教）。第一種僅指《華嚴經》這一佛陀證悟後的即刻教導；而第二種指對上根眾生宣說「但顯一真覺性」的經典，例如《勝鬘經》、《密嚴經》、《金剛三昧經》、《如來藏經》和《圓覺經》等。

⑥宗密主張「漸修」是立基於「頓悟」，而「頓悟」揭示人人都具有「絕對真心」，直接承認一個本覺真心的存在，人人皆可成佛。

10 修道的進展

巴利語和梵文傳統都解釋修道的進展，進而獲得阿羅漢果和成佛的漸進步驟。了知這些步驟，使我們能夠有系統地修行，並正確評估自己的進展。

巴利語傳統：七清淨與觀智

我們藉由培養四念處、七覺支和八聖道而生起智慧——這是使我們從輪迴流轉中解脫的直接對治法。佛經（MN 24）①和《清淨道論》從「七清淨」（satta visuddhi）的角度來提出修道的架構。

覺音以樹木生長為喻。智慧生長的「土壤」，即是智慧審察的田地——五蘊、十二處、十八界、二十二根、四諦和緣起。正如同「樹根」使樹木穩定一般，「戒清淨」和「心清淨」這前兩種清淨形成智慧的基礎。正如同樹枝、樹葉、花朵和果實從「樹幹」生長出來，聖者的殊勝功德從智慧生起，因此之後的五種清淨被包括在增上慧學當中（Vism 18–22）。②

修行者依序修持七種清淨，每一種清淨仰賴前一種清淨。前六種清淨是世間的，最後一種清淨則是出世間的。

戒清淨：持守戒律，避免不善業

戒清淨（sila visuddhi）是增上戒學。修行者可以從四方面成就戒清淨。

一、別解脫律儀戒：即受戒，以及依照戒律過生活，避免身和語的不善業。

二、根律儀戒：即修持正念和正知，以避免執著令人喜愛的事物，憎惡令人討厭的事物。

三、活命遍淨戒：以誠實和無害的方式來領受四種資具③。

四、資具依止戒：在省思四種資具的目的之後，毫不執著地使用四種資具，並將功德迴向施主。

心清淨：獲得近行定或安止定

心清淨（citta visuddhi）是增上定學，藉由近行定和安止定來鎮伏五蓋而成就。

修行者可以使用兩種方式來修觀。一些修行者遵循止乘（vehicle of serenity），獲得近行定或更高層次的安止定，並將它當作生起「觀」的基礎。在此，禪修者出定時，就五蘊的角度來觀察該安止定的禪支，了解它們的「緣」，審察其本質，並看清三相即其特徵。對此人而言，心清淨是他（她）從近行定和近行定以上的禪定狀態所發展而出的定的層次。

另一些人遵循純觀乘（vehicle of pure insight），以時時變化的身心活動作為對境來修持剎那定（請參見第九章）。這可與近行定相比，也是這類修行者的心清淨。

見清淨：觀察五蘊，淨化邪見

見清淨（diṭṭhi visuddhi）即名色分別智，從觀察五蘊的特相、作用、現起和足處（近因），來展開培養智慧的過程。禪修者藉此觀察所謂的「人」，而了解人是相互依存的身心因素的聚合物，這淨化了有個單一、恆常的「我」的邪見。

度疑清淨：根除與名色之緣有關的疑慮

度疑清淨（kaṅkhāvitaraṇa visuddhi）觀察過去、現在和未來的名色之「緣」，因而根除與名色之「緣」有關的疑慮。藉由觀修緣起，禪修者將當前的五蘊聚合視為依緣而生的有為法，進而了解它們的身心綜合物並非由造物主所創造，也不是一個本初或恆常的宇宙物質的展現，更不會無因而顯現。

道非道智見清淨：十種觀染都非解脫道

道非道智見清淨（maggāmagga ñāṇadassana visuddhi）和以下的行道智見清淨都和培養十種觀智有關。在觀察了三地的名色及其緣之後，禪修者從五蘊的角度來思惟三地而生起第一種觀智「思惟智」（knowledge of comprehension）

●虔誠的信徒在尼泊爾博達那大佛塔（Boudhanath Stupa）前做大禮拜。（圖片提供：Don Farber）

——所有的「色」都被包括在色蘊之中，所有的「受」都被合併在受蘊之中等。

為了培養第一種觀智「思惟智」，禪修者將「無常」、「苦」和「無我」三相應用於五蘊之上。剛開始，他們觀修一段較長的時間，例如「今生的身體是無常的」，然後漸漸地觀修愈來愈短的時程，例如「今年的感受是苦的」，一直到他們在每個剎那都能看清五蘊是無常、苦和無我的。

第二種觀智「生滅隨觀智」（knowledge of arising and passing away）的初始階段，是藉由思惟有為法因為其相對應之「緣」的有無而生滅來發展。這種思惟並非概念上的，而是觀察在每個剎那發生的「生」與「滅」。在每個剎那，一切事物生起與滅去，然後生起同樣轉瞬即逝的下一個剎那。

隨著禪修加深，修行者會生起十種觀染：

一、光明：禪修者看見光環從他們身體散放出來。

二～四、喜、輕安、樂：他們體驗前所未有的喜、輕安和樂。

五、勝解：他們的決心變得更強大且堅定。

六、策勵：他們精進修行。

七、智：他們的觀智成熟。

八、現起：他們的正念、正知變得穩定。

九、捨：他們的「捨」（觀捨與轉向捨）變得堅定不移。

十、欲：他們對這些感受和體驗產生細微的愉悅、執取和執著。這最後一個觀染「欲」，即是它們被稱為「染」——心不正確地和前九種觀染產生關連——的原因。

這些奇妙的感受和體驗是「觀」的自然產物，可能會讓禪修者覺得他們的禪修進行順利，正在發展特殊的特質，甚至發展出世間的「道」與「果」，但情況並非如此。如果他們未看見自己的觀察錯誤，可能會因而停止修「觀」。

道非道智見清淨是觀察到，不論這十種觀染有多麼迷人，都非解脫之道，而洞見「無常」、「苦」和「無我」三相，即是解脫的正道。此一清淨可以幫助禪修者走在正軌之上，進而圓滿實現其修行的目標。

行道智見清淨：生起九種觀智，通往出世間

行道智見清淨（patipadā ñānadassana visuddhi）牽涉了生起與三相有關的其餘九種觀智。在生滅隨觀智的成熟階段，由於了無十種觀染，所以這九種觀智變得愈來愈清晰且穩定。

為了發展第三種觀智「壞隨觀智」（knowledge of dissolution），禪修者只將焦點放在事物的壞滅上。這更深入地揭露無常，因為禪修者看見輪迴的有為法都處於時時分解崩壞的過程當中。它們全都是苦，沒有任何事物是穩定和值得信賴的。由於它們只有在漸漸地壞滅，那麼「我」如何可能存在於其中？

禪修者從第四種觀智「怖畏現起智」（knowledge of fearfulness），看清這些時時崩壞瓦解的輪迴事物是令人怖畏的，因為執著於這些事物，會使人受到「苦」的束縛。

藉由第五種觀智「過患隨觀智」（knowledge of danger），修行者確知，令人怖畏的輪迴事物其本質是「苦」，欠缺任何真實之「我」的核心，並且只有在離於變幻莫測之無常事物的無為法中，才是安全的。

藉由第六種觀智「厭離隨觀智」（knowledge of disenchantment），禪修者不再執迷於輪迴的現象，並清楚地看見執著於三地的過患。

藉由第七種觀智「欲解脫智」（knowledge of desire for liberation），禪修者背離輪迴、轉向涅槃的動力增加，離於有為世間的動機也愈來愈強烈。

藉由第八種觀智「審察隨觀智」（knowledge of reflective contemplation），他們一再地從三相的角度廣泛地重複審察有為法。

藉由第九種觀智「行捨智」（knowledge of equanimity toward formations），禪修者拋棄對有為法的喜愛與厭惡，住於觀捨之中。這種心之狀態是一大紓解，它源自對五蘊生起適當的智慧。

第十種觀智「隨順智」（knowledge of conformity）在欲界心生起，而在欲界心之後的種姓心（gotrabhū）則通往出世間道。此隨順智隨順之前的觀智的諦理，以及隨順之後的出世間道的諦理。

智見清淨：成就四種出世間道智，證得涅槃

根據覺音的說法，智見清淨（ñāṇadassana visuddhi）是四種出世間道之「智」，因此是唯一的出世間的清淨。從行道智見清淨突破到出世間道之前的某些剎那，心從一個感知有為法的世間心，「轉變種姓」而成為了知涅槃的出世間心。「觀」就在出世間道的第一個剎那出現之前達至巔峰，並將焦點放在三相之上。它之所以被稱為「至出起觀」（insight leading to emergence），那是因為它將無為法的涅槃當作對境，並且盡除某些雜染，而使得出世間道從世間心中出起。

這最後「觀」的剎那被稱為「種姓心」（change of lineage consciousness），是從凡夫過度成為聖者的里程碑。儘管它類似於將焦點放在涅槃的「道」，但它也不似「道」，因為它無法驅除障蔽修行者看見四諦的雜染。繼種姓心之後生起的道心（path consciousness）發揮四種功能：（一）徹底了解苦諦；（二）捨斷「苦」之集；（三）了證涅槃；（四）發展八聖道。

須陀洹乃至阿羅漢的每個道心都發揮這四種功能，而且當與其相應的雜染被減少或根除後，果心（fruition consciousness）就繼道心而來。[4]在果心之後，觀察智（paccavekkhaṇañāṇa）生起。觀察智回顧和反思「道」、「果」和涅槃，並且常常回顧和反思那些已斷和殘餘的雜染。此時，禪修者產生極大的滿足，以及如釋重負和喜悅的感受，並繼續修行，直到證得阿羅漢果。如此一

來，禪修者成就了四種出世間道智，證得究竟的目標——涅槃。

梵文傳統：五道與菩薩十地

眾生的心受到煩惱障和所知障兩種障蔽的遮蔽，隨著我們修道的進展，這兩種障蔽逐漸被根除。煩惱障主要是阻礙修行者證得解脫，它包括煩惱及其種子——製造另一個煩惱的剎那的潛能，以及引起我們再度投生輪迴的雜染業。阿羅漢、八地和八地以上的菩薩以及諸佛已經盡除煩惱障。

所知障是較細微的障蔽，也較難移除，它主要是阻礙眾生證得遍知，障礙眾生直接且同時感知世俗法及其空性。所知障主要由煩惱的習氣（vāsanā，煩惱習）所構成，這些煩惱的習氣甚至在煩惱及其種子被根除之後，仍殘留在心續裡；再者，所知障是由繼續誤解「自性」的心之面向所構成。唯有佛才能完全根除這些障蔽，巴利語傳統也說所知障阻礙全知，而佛已經徹底斷除所知障。

其他的所知障是「麤重」（巴duṭṭhulla；梵dauṣṭulya）⑤，也就是留在阿羅漢心續裡的習氣，尤其展現在身業、語業和意業之中。《自說經》的注釋書談到，習氣是由雜染所累積起來的，在未來製造類似「麤重」的行為。這些習氣存在於凡夫和阿羅漢的心續之中。

證悟的心被稱為「道」（巴magga；梵marga），是因為它帶領修行者脫出輪迴，通往覺醒。證悟的心被稱為「地」（bhūmi），因為它是生成美好特質、脫離障蔽的基礎。在此，我們根據中觀學派的體系來解釋聲聞、緣覺和菩薩三乘之「道」。

這三乘的每一乘都有五道。以下我們將陳述所有在三乘中之五道的共同特徵，之後再解釋其中的差異。

五道：從凡夫到成佛的五種修行次第

■資糧道——了悟經典的教義

資糧道（sambhāramārga）是清楚地了悟教義——經典裡的話語。它所以被稱為「資糧」（accumulation），是因為在此一階段，修行者大量地學習教義，開始累積功德與智慧，藉以達成他們所選擇之乘的目標。

聲聞和緣覺在日日夜夜都懷有脫離輪迴的決心時，分別進入聲聞乘和緣覺乘的資糧道；菩薩在懷有脫離輪迴的決心和真誠的菩提心時，進入菩薩乘的資糧道。

■加行道——了知勝義空性

加行道（prayogamārga）是清楚地了悟真諦的意義——勝義空性。

此道是「止」與「空觀」雙運，這種證悟是推理上的，即修行者藉由概念的顯相而對空性產生概念上的了知。在加行道上，修行者為了直接感知空性而作準備。

■見道——直接且非概念地了悟空性

見道（darśanamārga）是清楚地了悟聖諦本身——空性。身為聖者的修行者直接且非概念地了悟空性，無有任何主體與客體的感受，心和空性如同水倒入水中那般融合在一起。見道有三個階段：

一、等引智（samāhitajñāna，或根本智）：直接了悟空性，無有二元分立的顯相。等引智有三種：

（一）無間道（ānantaryamārga）：捨斷分別煩惱。

（二）解脫道（vimuktimārga）：直接繼無間道之後而來，是一種已經永遠斷除分別煩惱的智慧。

（三）俱非彼二之等引智（exalted wisdoms of meditative equipoise that are neither）：這是修行者在其他時候觀修空性時所產生的「智」。

二、後得智（pṛṣṭhalabdhajñāna）：這是在修行者從等引出定之後，修持如幻禪修所產生的「智」，並且積聚福德，藉以證得更高層次的「道」。

三、俱非彼二之見道智（exalted wisdoms that are neither meditative equipoise nor subsequent attainment）：是無表的「智」。

■修道——根除俱生煩惱，熟悉空性

修道（bhāvanāmārga）始於修行者累積了足夠的功德，他們的智慧力量強大到足以開始根除俱生煩惱。「修習」（bhāvanā）一詞和「熟稔」（abhyāsa）具有相同的字根，而這條道路之所以被稱為「修道」，是因為修行者主要是讓自己熟悉藉由見道所直接了悟的空性。

修道具有等引智、後得智和俱非彼二之見道智。在此，無間道調伏愈來愈細微的障蔽，而解脫道則肯定斷除這些障蔽。

■無學道——根除二障，證得佛果

每一乘的無學道（aśaikṣamārga）都是該乘的最高目標。對聲聞、緣覺而言，這種智慧已經根除所有的煩惱障，該修行者已證得阿羅漢果。對菩薩而言，它也已經根除所知障，證得佛果。

菩薩十地——菩薩道的十個修行階段

菩薩十地[6]涵蓋菩薩乘的見道和修道。這十地是勝義菩提心——直接了證自性空的無染智慧，在概念上，這種智慧區分它前一個和後一個剎那而形成這十地。然而，並非每一地都是勝義菩提心；聖菩薩也觀修世俗菩提心，並且從事修行來產生功德。

我們可以用四種特徵來區分這十地：

一、每個相繼之「地」都具有更大數量的十二種功德，這十二種功德包括見佛、得佛加持、前往淨土、長壽、教化眾生和化現數身等。

二、每個相繼之「地」都具有更大的力量去根除障蔽，晉升更高層次之「道」。

三、每一「地」皆有其卓越的圓滿，提升精練菩薩的身、語、意。

四、在每個相繼之「地」，菩薩能夠投生更高的善趣，擁有更多、更大的力量去利益眾生。

菩薩在第八地之初徹底根除煩惱障；在第十地的最後盡除所知障，並且在下一個剎那成佛。

三乘修道進展的差異

聲聞主要觀修四諦，並且根據梵文和巴利語傳統，分別在三世和七世內證得覺醒。緣覺主要觀修緣起，以及積聚功德至少一百劫，才能夠證得覺醒。菩薩修持經乘，累積功德至少三大阿僧祇劫，才能證得佛果。

須陀洹（入流）是在「見道」上；斯陀含（一還）、阿那含（不還）和阿羅漢向（接近阿羅漢果位者）是在「修道」上；阿羅漢果則是「無學道」。身為解脫的眾生，他們不再受到輪迴的束縛，將不再受到煩惱和雜染業的控制而再生。

儘管巴利語傳統並未使用「五道」，但它使用五道裡四道的名稱來指稱修行者類似的發展次第。在後來的注釋書裡，「資糧」（sambhāra，集起）是指修行者必須聚集裝配的事物，藉以證得解脫。在論藏裡，「見」（dassana）表示須陀洹之道；「修習」（bhāvanā）是指斯陀含、阿那含和阿羅漢之道，已經熟悉在須陀洹果證得之「見」；「無學」（asekha）是指阿羅漢果或佛果，是最後一地。成佛被稱為「地」而非「道」，是因為它標示了這整個發展過程的盡頭。

根據中觀學派的說法，三乘的聖者直接且非概念地了證相同的「人無我」和「法無我」——

「人」和「法」的自性空。菩薩在「道」上培養特殊的特質而證得佛的覺醒，例如菩提心、經過數劫所累積的廣大功德、修學六波羅蜜多，以及運用諸多正理來了證空性，進而教導其他眾生，還有捨斷煩惱障和所知障。

梵文傳統的涅槃

一般而言，「涅槃」或「解脫」是心的狀態或特質。它不是一個外在的處所或為特定的少數人保留的事物，每個眾生都能證得涅槃。

心的空性、心的本然清淨或本住的佛性是基礎，在此一基礎上，我們展開一段淨化的過程，應用對治法來根除外來偶發的障蔽，直到心完全離於煩惱障為止。心的空性、清淨和離於煩惱障的狀態，即是真正的涅槃。我們藉由了悟心之勝義自性本身是離於煩惱障的，因而證得涅槃。因此，了解空性可以根除障蔽，而空性也是心清除所有雜染的「果」。

一般而言，涅槃有四種，但並非所有這四種涅槃都是真正的涅槃。

一、自性涅槃（natural nirvāṇa，自性清淨涅槃）：此是心的勝義自性。此一自性是本然清淨且自性空的。它是修行者證得真正涅槃的基礎。心的自性是心的特質，因此證得真正的涅槃無須從外界取得某種特質。相反地，它是認識已然存在之心的特質。

更概略地說，自性涅槃即是空性。周遭的每件事物、四諦、五道和果證，皆為自性空，因此，我們可以說它具有自性涅槃。然而，只有眾生能證得離於障蔽的涅槃，因為涅槃是心的空性。

二、有餘涅槃（nirvāṇa with remainder）。

三、無餘涅槃（nirvāṇa without remainder）。

就有餘涅槃和無餘涅槃而言，「餘」（emainder）是指一般的五蘊，即真正的苦，因為它們是由於無明和雜染業而生起。當聲聞和緣覺盡除所有的煩惱障之後，他們證得有餘涅槃，成為阿羅漢。之後當他們在死時拋棄肉身之後，就證得無餘涅槃，因為染污的五蘊已經滅盡。

某些佛教徒會說，在證得無餘涅槃時，雖然無餘涅槃是存在的，但得證者的心之相續卻已停止。然而其他佛教徒卻主張，一切眾生終將證得佛果，而且即使在阿羅漢入滅之後，心的相續仍然存在。在那時，阿羅漢擁有意生身，住於淨土，並且仍然安住在觀修空性的等引之中。在適當的時機，佛陀將他們從等引中喚醒，促使他們進入菩薩道，成就佛的正等正覺。

中觀學派主張有餘涅槃和無餘涅槃的第二種意義。在此，「餘」是指自性的顯相，以及主體與客體的二元顯相。無餘涅槃是在聖者觀修空性的等引期間，心離於這兩種錯亂顯相時所產生的滅諦。在從觀修空性的等引出定時，聖者再度體驗自性的錯亂顯相，即便他們視事物為虛幻且空無自性，但它們卻在此虛幻中顯現為自性存在，這便稱為「有餘涅槃」，因為其中有二元分立的顯相。

在第一個陳述當中，有餘涅槃首先發生，繼之而來的是無餘涅槃。在第二個陳述當中，這順序是相反的。

龍樹菩薩說，巴利語傳統稱之為「寂滅」（nibbāna），梵文

●柬埔寨吳哥窟（Angkor Wat）。（圖片提供：Sam Garza）

傳統稱之為「涅槃」：

大乘教導的「無生」，
以及為了其他（佛教徒）所教導的「滅」，
皆為空性。因此，人們應該承認，
「滅」和「無生」究竟而言是相同的。（RA 386）⑦

在巴利語傳統中，「寂滅」是指無餘涅槃——已經在死時拋棄染污五蘊的阿羅漢的涅槃。龍樹菩薩將「寂滅」的意義延伸，把以自性存在的現象之無相（無生）包括在內，因為在梵文傳統之中，「餘」也是指自性的顯相。

四、無住涅槃（nonabiding nirvāna）：此是指佛的涅槃，佛既不住於輪迴，也不住於聲聞乘阿羅漢的個人涅槃。所有的佛教徒都將輪迴視為討厭的事物，菩薩希望成就佛的正等正覺，以更有效率地利益眾生，並視阿羅漢的個人涅槃是有限的，他們便應追求佛的涅槃——心勝義自性的清淨面向，永遠離於煩惱障和所知障。

巴利語傳統的涅槃

「涅槃」（寂滅）是指根除對五取蘊（sakkāya）的執著，它是根除苦和苦之集的寂滅狀態。「涅槃」也是禪修的對境，即聖者之出世間智直接看見的實相。

在談到「涅槃是苦及苦之集的寂滅」時，佛陀描述他的覺悟：

我思量：「我所證得的法深奧、難見、難解、寂靜且無上、無法光從正理而證得、微妙，並且由智者所體驗……這樣的眾生很難看見此一真諦，尤其難以看見此緣性——緣起。他們難以看見此一真諦，難以看見一切行（行蘊）的靜止、一切執著的捨離、渴愛的摧毀、厭離、寂滅和涅槃。」（MN 26:19）⑧

巴利語注釋書說，「此法」是指四諦，「此緣性」是指集諦，「一切行的靜止、一切執著的捨離、渴愛的摧毀、厭離、寂滅和涅槃」是指滅諦。集諦暗示苦諦，滅諦則暗示道諦。因此，在涅槃之中，了證所有的四諦。在此，「涅槃」是指滅除所有的執著和渴愛（集諦），進而在死亡時滅除五蘊（苦諦）。同樣地，舍利弗說涅槃是「貪欲的壞滅、瞋恨的壞滅、愚痴的壞滅」。（SN 38:1）⑨「涅槃」的這個意義將焦點放在集諦的寂滅之上。

許多佛經將「涅槃」陳述為「出世間道的對境」；佛陀說涅槃有「不生」、「不滅」、「不變易」三無為相。（AN 3:47）⑩不像有為法有生有滅，無為法的涅槃離於此種變異。涅槃不會因為因緣而生滅，也不會變易成為其他事物。相反於世界是欺誑的，涅槃是真實的。涅槃是獨特的現象，既和「色」無關，也和輪迴最深度的「定」無關。藉由破斥「不來」、「不去」、「無作」等而闡明涅槃，沒有任何事物被假立於涅槃之上。（Ud 8:1）⑪《攝阿毘達磨義論》（*Abhidhammattha Saṅgaha*）將涅槃解釋為出世間道的對境，即無上勝義的心所認知的無上勝義的對境。（CMA p.258）⑫

佛經和論藏說涅槃有三個面向：涅槃是「空性」（巴suññatā；梵śūnyatā），因為它空無貪、瞋、痴和有為法。它是「無相」（animitta），因為它離於貪、瞋、痴和有為法之相。涅槃是「無願」（巴appaṇihita；梵apraṇihita），因為它離於貪、瞋、痴的渴望，而且了無渴愛之欲。（CMA p.260）⑬

梵文傳統談及這三相為「無我」的三種觀點。「空性」是指對境的「本體」空無自性，「無相」是指此對境的本體之「因」空無自性，而「無願」是指此對境的本體之「果」空無自性。

覺音針對人們對涅槃的誤解而提出駁斥，他說涅槃並非不存在，它是存在的，因為它要透過出世間道才能獲得。事實上，凡夫受限的心無法感知涅槃，這並不表示涅槃不存在。如果涅槃不存在，那麼修道就會變得徒勞無益。

涅槃不僅僅是了無雜染和「有」的止息。它被稱為「貪的滅盡」，是因為了證涅槃能摧毀貪愛。如果涅槃是貪愛的摧毀，它就不會是無為法，因為摧毀貪愛是一種有為法。儘管摧毀貪愛有其起因，但涅槃卻是無因的，它無始亦無終。（Vism 16: 71）

儘管涅槃是藉由長時間培養智慧而了證，它卻不會因為「了證」這個行為而生成。涅槃總是以無為法而存在，它無生、無緣起、無變異和無死。因為涅槃是存在的，所以盡除雜染是可能達成的。（Ud 8:3）⑭聖者之道了證無為法，而這種了證斬除雜染。

巴利語注釋書指出，「涅槃」在佛經裡兩種意義之間的相容性：

一、涅槃作為一個目標，它是一種離於苦和苦之集的安樂狀態，能夠即身體驗。

二、涅槃作為禪修的對境，它是無為、無生的，一直都存在，而且由出世間的「道」與「果」所見。它之所以被稱為「貪、瞋、痴的滅盡」，是因為了證無為界，具有斬斷和最終盡除貪、瞋、痴三者的功效。

涅槃是無為的，輪迴是有為的，涅槃完全與緣起控制的輪迴世界分離。涅槃是實相，也不同於無我，因為無我是輪迴現象的一個特相。

就中觀學派而言，輪迴與涅槃的所有現象都空無自性，因而是無我的且是「空」的。儘管涅槃常常被用來指稱苦諦和集諦的止息，但它真正的意義卻是清淨心的空性。

① 《中部．傳車經》（MN 24）：「尊者！如是戒清淨是唯至心清淨，心清淨是唯至見清淨，見清淨是唯至斷疑清淨，斷疑清淨是唯至道非道知見清淨，道非道知見清淨是唯至道跡知見清淨，道跡知見清淨是唯至知見清淨，知見清淨是唯至無取著，是至般涅槃。尊者！無取著，是至般涅槃，從世尊而住於梵行也。」（《漢譯南傳大藏經》，中部經典一，頁211）

② 《清淨道論》第十八品至二十二品。「土壤」是指慧的「地」，「樹根」是指慧的「根」，「樹幹」是指慧的「體」。

③ 四種資具是指衣服、食物、住所、醫藥。

❹ 在梵文傳統裡，道心（path consciousnesses）相應於無間道（uninterrupted paths）和通往解脫道的果心（fruition consciousnesses）。

⑤ 《瑜伽師地論》卷四十八：「當知一切所知障品所有麤重亦有三種：一者在皮麤重；二者在膚麤重；三者在肉麤重。當知此中，在皮麤重，極歡喜住皆悉已斷。在膚麤重，無加行無功用無相住皆悉已斷。在肉麤重，如來住中皆悉已斷，得一切障極清淨智。」（《大正藏》第三十冊，頁562a）

⑥ 菩薩十地依序為：（一）極喜地；（二）離垢地；（三）發光地；（四）焰慧地；（五）難行地；（六）現前地；（七）遠行地；（八）不動地；（九）善慧地；（十）法雲地。每個大乘行者都必須要經過十地、五道，最終才能成就佛果。

⑦ 《寶行王正論》第四〈正教王品〉：「於大乘無生，小乘說空滅，無生滅一體，自義莫違反。」（《大正藏》第三十二冊，頁502b）

⑧ 這段話語裡所說「這樣的眾生」，是指以五蘊為棲所、執著喜愛此一棲所的眾生。《中部．聖求經》（MN 26:19）：「諸比丘！如是予生是念：『予所得此法，甚深難見、難解、寂靜、殊妙、慮絕、微妙，而唯智者所能知。然此眾生實是好執、執於愛著、歡喜執。而以好執、執於愛著，歡喜執者，此事，是依於緣，難見緣生〔之法〕。此事即靜止一切行，捨離一切依，以滅渴愛，以去貪欲，滅而難見涅槃者。』」（同注①版本，頁232）

⑨ 《相應部．閻浮車相應》第一經（SN 38:1）：「凡貪欲之壞滅、瞋恚之壞滅、愚痴之壞滅，此稱之謂涅槃。」（同注①版本，相應經典四，頁322）

⑩ 《增支部．三集》第四十七經（AN 3:47）：「不知生，不知滅，不知住之異。諸比丘！此等三者，是無為之無為相。」（同注①版本，增支部經典一，頁220）

⑪ 《自說經》第八品第一經（Ud 8:1）：「我對此：『不言來，亦不言去，不言住，亦不言死生。彼處無依護，無轉生，無緣境處。』我云此為苦之盡。」（同注①版本，小部經典一，頁156–157）

⑫ 尋法比丘譯，《阿毘達摩概要精解》第六章第三十

節：「涅槃被稱為出世間，以及是由四道智所證得。它是道與果的所緣，被稱為涅槃是因為它離去渴愛這一個糾纏物。」（頁256）

⑬ 同上注，第三十一節：「依不同的方面，涅槃有三種，即：空、無相、無願。」（頁257）

⑭《自說經》第八品第三經（Ud 8:3）：「諸比丘！若無生、無有、無造作者，則所生、所有、所造、所作者，當不出現。諸比丘！無生、無有、無造、無作為者故，生者、有者、能造者、作為者當不出現。」（同注①版本，小部經典一，頁157）

11 四無量

巴利語和梵文兩個傳統廣泛地教導和修持慈、悲、喜、捨等四種「無量」（巴appamaññā；梵apramāṇa），它們被稱為「無量」，是因為修行者以無分別的心將慈、悲、喜、捨導向無量眾生，而且因為它們是在禪那狀態，不受到欲界心的五蓋所限制。它們也以初禪的梵天界而被命名為「梵住」（brahmavihāra），因為初禪梵天眾生的心是柔和的。「梵」（brahma）也暗示「清淨」，因為這四種無量離於貪、瞋、痴；它們之所以被稱為「住」（vihāra），那是因為它們是心寂靜安住的處所。

巴利語傳統的「四無量」

許多巴利佛經提及「四無量」，而《清淨道論》則以一整章（第九〈說梵住品〉）的篇幅來談論此一修行法門。《慈經》（*Mettā Sutta*, Sn 1:8）談論慈無量心，是最受歡迎、最常被引用的佛經之一。儘管觀修四無量可以使修行者投生色地，但此一禪修的進一步目標是證得輕安、專注、解脫的心，而且它能夠被用來當作洞見「無常」、「苦」、「無我」三相的基礎。

修持四無量可以提升人際關係。慈心是善待眾生，希望他們安樂，這應該是我們對待眾生的基本態度。在看見眾生受苦時，我們以悲心來回應，因而拋下心中的恐懼和厭惡，竭盡所能地提供協助。當我們看見他們快樂、成功、具有良善的特質時，我們報之以與嫉妒相反的喜心。當我們未達成利益他人的目標，或他人不接受我們的幫助時，我們保持平衡和平等捨。

四種行相、近因、成就與失敗

慈心是「以維持有情的利益行相為相，……見有情的可愛為足處（近因）。瞋恚的止息為（慈的）成就，產生愛著為（慈的）失敗」（Vism 9:93）①。後者是執著的煩惱，社會卻常常稱其為「愛」。真誠的愛散播到那些善待和不善待我們的人身上，它堅定不移，不因為自己的心情或其他人對待自己的方式而動搖。它隨時隨地準備伸出援手，但不會為了實現自己的願望而依附他人。

慈心結合對「無我」的了解，可以鏟除任何控制占有的感受。這種慈心了知在勝義的層次上，無有占有者或占有的人，也無實有的人去付出或領受慈心。最崇高的慈心是希望眾生擁有最崇高的安樂——涅槃。

悲心是「以拔除有情之苦的行相為相，……見為苦所迫者的無所依怙為足處，害的止息為（悲的）成就，生憂則為（悲的）失敗」（Vism 9:94）②。悲心使我們能夠檢視各種折磨人的痛苦，而不屈服絕望。它促使我們直接或間接地伸出援手，以減輕紓解人們的痛苦。悲心不偏袒某些人而排斥另一些人，它不限於那些明顯正在受苦的人。悲心是不為了自己的痛苦而怪罪他人，而是了悟痛苦究竟是源於無明。

喜心與嫉妒相反，它是為他人的快樂和幸運感到欣喜。觀修喜心使我們看見世界的良善美好。喜心是「以喜悅為相，……見有情的成功為足處，不樂的止息是它的成就，發生（世俗的）

笑則為它的失敗」（Vism 9:95）③。

捨心是平衡的心，不論遭遇什麼，都保持寧靜和穩定。它並非冷漠而無動於衷，築起高牆保護自己以避免痛苦，它讓我們的修行留在軌道上，不會因為興奮或強烈的情緒而團團轉。捨心了無執著，使我們有欣賞、感激每件事物的空間。捨心是「對有情而維持其中立的態度為相，……『諸有情的業為自己的所有，……』——如是見業為所有為足處，瞋恚與愛著的止息是它的成就，發生了世俗的無智的捨是它的失敗」（Vism 9:96）④。了解「業」，使我們生起捨心。人們面對自己的行為所製造的「果」，了解並無「我」或「我的」，可以釋放貪愛和其他煩惱，使捨心得以生起。

在開始修持四無量時，精進是關鍵要素。在修行的中途，應用對治法來調伏障礙是重要的。在修行的最後，等至是不可或缺的。

慈無量心：願一切眾生離苦得樂

由於憎恨和慈心對立，並且阻礙慈心的增長，因此，我們要先開始反思憎恨的過患和安忍的利益。「憎恨」會粉碎信任，將重要的人際關係弄得四分五裂；它摧毀我們的功德，迫使我們做出日後懊悔的行為。「安忍」則有如鎮痛香膏，它把其他人吸引到我們身邊來，並且保護我們的善德。

觀修對象的順序

在初始，以特定的順序來對特定的人生起慈心是重要的作法。在開始培養任何一種無量心時，切勿先從那些對你有（或可能有）「性」吸引力的人著手。同時，修持的對象應該是活人，因為我們不知道死者現在是以哪一種身相而存在。

在培養慈心時，先以自己當作範例，反覆地思惟：「願我離苦得樂，願我離於憎恨、煩惱和焦慮，並且快樂地活著。」⑤對自己生起慈心並非自私自利，因為我們的目標是對包括自己在內的一切眾生生起慈心，所以我們自己也值得領受慈心。這個禪修對治自我憎恨，使我們能夠自在地發展潛能。

接著思惟：「正如同我想要快樂，其他眾生也是如此。」對你敬重的人生起慈心，例如上師或其他導師。如果一開始就對摯愛的人生起慈心，執著可能很容易偽裝為慈心而生起，但這種情況卻不會在對你敬重的人身上發生。回想這個人所給予的協助，同時思惟：「願他離苦得樂，願他離於憎恨、煩惱和焦慮，並且快樂地活著。」

接著，將慈心擴展延伸，首先擴及一個親愛的朋友，並以上述的方法進行思惟。當心變得適合工作時，對一個無關係的人生起慈心，視他為非常親愛的朋友。當你能如此做時，再對敵人生起慈心，視其為無關係的人。「敵人」是指你憎恨或批評的人，那個人並不一定是也對你懷有那些煩惱情緒。

這個步驟可能會是困難的，因為你可能會對那些傷害你的人生起瞋怒或報復的心。如果你無法克服這些令人困擾的情緒，請再度對之前的其中一個人觀修慈心。當你的心再度充滿那種感受之後，再對敵人生起慈心。

如何對怨敵修慈？

■回想瞋怒的七種過患

如果憎恨持續不退，應用以下提供的對治法。如果一種對治法未能釋放瞋怒時，就嘗試另外一種。此外，先從回想憎恨的過患開始。佛陀詳細說明瞋怒的七種過患：敵人或許希望我們醜陋、經歷痛苦、事業無法興旺，以及缺少財富、好名聲、和諧的人際關係，並且投生惡趣，（AN 7:64）⑥但我們的瞋怒卻把這些招惹到自己身上。讓心住於仇恨憎惡之中，會摧毀善德，阻礙修行的進展。

在聽聞他人說出令人困擾的話語時，常常觸發我們心中的瞋怒。在此，佛陀提出告誡：

> ……你們應該如此修學：「我們的心將保持不受影響。我們不應該口出惡言，我們應該為他們的利益而住於悲心，並且懷抱慈心，而沒有內在的仇恨。我們應住於遍滿慈心的那個人當中，且就從他開始，我們應住於遍滿豐沛、崇高、無量、無憎惡、無瞋恚的慈心的整個世界當中。」（MN 21:11）⑦

這是禪那狀態的慈心（Vism 9:44）⑧。當我們離開禪那狀態，回到日常之心的狀態時，這種慈心也會一直跟隨。即使我們尚未證得禪那，但若以慈愛的態度來修心而接近一切眾生，將制伏我們的不適、懷疑和瞋恚，使我們充滿自在，對一切眾生充滿情感。

■ 反思他人的美好特質

反思一個人在融洽的情境所展現的美好特質，當他惹麻煩時，我們就可以回想他的美好特質，而去除我們吹毛求疵的態度。如果我們在此人身上很難看見任何美好的特質，那麼就要對他生起悲心，思量他正在製造的惡業，以及他將會承受的苦果。我們無須希望一個傷害自己的人受傷，反而最好對他生起悲心。

■ 思量佛陀宿世的德行

思量佛陀在多生多世前身為菩薩時對瞋怒所作的回應，可以啟發我們原諒他人的過失。《本生經》（*Jātaka*）也述說菩薩（即佛陀）在多生多世前以悲心回應瞋怒者的許多故事。

■ 思量一切眾生曾是自己的親人

當我們思量一切眾生曾經是我們的母親、父親、手足和子女時，我們了解到他們全都曾經在過去嘉惠我們，因此對他們懷有敵意是不當的。如此一來，我們對他人的情感和感激之情就會勝過怨懟。

■ 尋找成為怒氣來源的人

我們也可以自問：「我是在氣誰？在這個被稱為某某某的人所仰賴的五蘊當中，我是在對哪一蘊生氣？」此時，尋找那個真實的、成為我們怒氣來源的人，就變得有如在虛空中作畫。

■ 施予禮物或善願

另一個建議是，致贈一份禮物給對方。當我們認真誠摯地致贈和接受一份禮物時，我們對彼此的憎恨和敵意都會因而平息。

一旦瞋怒和怨懟消散，對敵人生起慈心，正如同對其他人生起慈心那般。

念誦「願你離苦得樂，願你離於憎恨、煩惱和焦慮，並且快樂地活著」，是一個公式，也是一個工具，可以幫助我們生起這些話語所指的心態。如果持誦變成機械化的動作，就試著用自己的話語來表達其中的意義。你可以更詳盡地思量你希望對方擁有哪一種快樂，並想像對方擁有它們。把禪修變成一件更個人、更私密的事。慢慢地，你的慈心將會生起，並且具有動力。經過一段時間之後，無須使用公式，禪修就會自行開展。

打破藩籬，修習平等的慈心

下一個步驟是「打破藩籬」，平等地對待你自己、受敬重的人、朋友、無關的人和敵人等五個個人，且一視同仁地對他們生起慈心。

當這五個人之間的藩籬被打破，你能夠把慈心平等地擴及他們時，你也獲得似相和近行定。重複地修持似相，你將證得初禪的安止定。如此一來，五蓋已被鎮伏，五禪支現起，並且證得慈心解脫（mettācetovimutti）。它被稱為「慈心解脫」，是因為在安止定中，心從瞋恚和憎恨中解脫。這也被稱為「慈梵住」。

在獲得初禪時，禪修者說：

……住於遍滿慈心的一方，如此住於第二方、第三方、第四方；然後如此地住於上方、下方、周圍和各處，並且如同對待自己那般對待所有人，他住於遍滿豐沛、崇高、無量、無憎惡、無瞋恚之慈心的整個世界當中。（MN 43:31）⑨

為了進一步發展這種慈心，我們把慈心擴及一個方向，例如東方，如此慈心遍滿東方的一切眾生。在這麼做時，先從小處開始，想著東方的一個住所，然後把慈心推及那個住所裡的每個人。接著，把慈心擴及兩個住所，漸漸地擴及位於同一方向的整個城鎮、整個州等等。當這個禪修穩定之後，逐漸地加入另外三方、四位、上方和下方的眾生，一一地將慈心散放到每個處所。

接著，將慈心擴展到每個處所，沒有特定的方向、生存地、社會位階、種族、族群、宗教、性別等。這種無量慈心是清淨、無分別、無條件的，不會因為負面情緒、悲傷或痛苦而受損。

除了擴展慈心的範圍，我們也可以憶念在無始世之中，我們都曾是彼此的母親。此舉可以增強慈心，有助於打破分別的感受，敞開心胸，視如己出地去愛所有的眾生。《慈經》說道：「如同母親會用生命保護她唯一的孩子一般，我們應該對一切眾生生起無量心。」⑩

修持「慈梵住」，表示我們不論是在清醒時，或是在行、住、坐、臥間，都要時時刻刻地修持。隨著我們繼續禪修，將會獲得四種禪中的第二禪和第三禪。

在培養慈心的早期階段，念頭和想像力是必要的；但慈心一旦生起，變得穩固而堅定時，就不需要它們了。心會安止於慈愛的感受和體驗之中，慈心便能自動散放。

我們以「無限制的遍滿」（universal pervasion）來修持慈心解脫，將慈心擴展至一切眾生，然後擴及一切有呼吸者、一切生物、一切人和一切肉體所有者。儘管這五個詞彙是同義字，但一一加以觀修，會讓我們對慈心的對境產生不同的觀點。慈心解脫也可以用「限制的遍滿」（specific pervasion）來修持，將慈心擴展至一切女人、男人、聖者、凡夫、天人、人和惡道眾生等不同群體。

我們培養慈心解脫，以十種方式將慈心遍滿十方，並且如上述那般思量慈心擴展至十方一切眾生，每個方向有五種限制遍滿、七種無限制遍滿等共十二種眾生。此外，「離於憎惡」、「離於煩惱」、「離於焦慮」和「快樂地活著」這每個句子都是一種安止定，因此組合起來，其數量是相當龐大的。⑪

修持慈心解脫的利益

佛陀說，修持慈心解脫的修行者將體驗十一種利益：

> 你睡眠安穩；你醒來開心；你沒有惡夢；你令人道眾生快樂；你令非人的眾生快樂；你受諸天守護；火、毒藥和武器無法傷害你；你的心很快入定；你的面容安詳；你死時不昏亂；如果你未進一步深入修持，你會前往梵天界。（AN 11:15）⑫

如果將慈心解脫當作修觀的基礎，你可以證得阿羅漢果。這個過程是在修持禪那，然後出定，並且觀察其禪支而達成。藉由這麼做，你了解甚至連這個禪定的妙樂狀態都是無常、苦和無我的。這種「觀」洞見「無常」、「苦」、「無我」三相，將使修行者證得涅槃，盡除所有的結縛。

悲無量心：不忍眾生受苦

培養悲心類似觀修慈心，是從思惟缺乏悲心的過患和擁有悲心的利益著手。你生起悲心的第一個對象應該是承受巨苦的人，你可能認識或不認識此人，但是親眼看見此人，將會生起更強烈的悲心。如果你並未遇見適當的人選，你可以對某個正在製造極大惡業的人生起悲心，即便他當時看起來很開心。當你對此人生起悲心時，你可以將他比作一個在被處決之前領受美食的人。

在對受苦的人生起悲心之後，接著將一個摯愛的人當作對象，然後是一個無關的人，最後是敵人。如果你對敵人生起瞋怒，就要使用上述的方法來對治。如果當時這些人都未經歷巨大的痛苦，你可以回想他們仍然受到煩惱和業的控制，並未離於行苦，藉此而生起悲心。

接著，打破我們自己、摯愛的人、無關的人和敵人這四種人之間的藩籬，直到似相顯現，獲得近行定為止。藉由重複觀修似相，你將獲得四種禪的前三禪。這種安止定使心變得輕安、調柔，因而能夠如上述觀修慈心那般，對各個方向的一切眾生觀修悲心，上述的十一種利益也會因而產生。

當你看見他人受苦而生起悲心時，如果你被絕望無助的感受弄得不知所措，你

●在一座越南寺廟內，尼師正在敲鐘召集大眾。（圖片提供：Don Farber）

就錯失了目標。對他人的苦難感到憂傷，或對引起苦難的社會勢力感到憤怒，或因為他人陷入困境而感到挫折，這些或許都是人之常情，但它們卻和佛教「悲心」的意義相去甚遠。悲心是希望他人離苦的願望，而且為了生起悲心，我們必須保持專注，以溫柔的關切來回應他人的苦難，並且希望能夠提供協助。

喜無量心：隨喜他人的美好

喜心隨喜他人的成功、美好特質和快樂。我們首先對一個親愛的人生起喜心，此人溫厚和善，值得我們隨喜他的快樂和功德成就。如果此人過去有所成就，或你預期她未來將會有所成就，你也如此隨喜。

在對此人生起喜心之後，接著對一個無關的人生起喜心，然後是敵人。同樣地，以上述解釋的方法來鎮伏對敵人的瞋怒，打破藩籬，一再地修持似相，增長安止定，直到證得第三禪，培養輕安、調柔，並且收割修持喜心的利益。

捨無量心：與一切眾生保持平衡的關係

在熟練慈心、悲心和喜心的第三禪之後，從禪那中出定，思惟前三個無量心的過患和捨心的利益。前三個無量心之所以是「過患」，是因為執著和瞋怒尚未遠離。例如，在發展慈心時，可能會生起執著，而非生起慈心。此外，前三個無量心都和快樂有關，「定」的深度因而會降低。因此，我們要追求捨心——心的穩定一致。

有了捨心，我們就不會對他人有所渴求和憎惡。我們接受快樂和痛苦，了解這兩者是因為那個人所造之業而生起。這種捨心並非漠不關心、無動於衷，因為禪修者已經獲得慈心、悲心和喜心的禪那。捨心保持寂靜和接納，但在面對眾生時，前三種無量心卻使捨心遍滿平靜、沉著的情感，並且與眾生保持平衡的關係。

在思惟慈心、喜心和悲心之後，把焦點放在一個無關的人身上，並且培養捨心。當這個修持變得穩定之後，對一個摯愛的人觀修捨心，然後再以敵人為觀修的對象。

如上述那般打破藩籬，重複修持和培養似相。藉此，你將進入第四禪。唯有在證得慈心、悲心、喜心的初禪、第二禪和第三禪之後，你才能證得捨心的第四禪。

在通曉不同層次的禪那之後，你的修行將會擴展，進入並置身正面情緒的領域當中，這將影響你在日常生活中伸出援手、利益他人的能力。

即使在成就正等正覺後，佛陀仍然繼續觀修四無量。他慈悲且充滿喜悅，他的平等捨心使他能夠在各種不同的情況下，有效率地和各種人互動。

覺音把修持四無量的順序比為父母對子女的態度轉變。當孩子仍在腹中時，父母懷著慈心想著：「什麼時候可以看見我們健康的孩子？」在他出生後，可愛的嬰兒因為做惡夢而躺在那裡哭叫，父母為此感到悲憫。當孩子長大，父母見他玩耍、學習，因而為孩子的快樂感到喜悅。當孩子長大成為一個負責任的獨立成人時，父母平靜泰然地知道他能夠照顧自己。這個比喻顯示每種態度在特定情況時的用處。

以「三相」深觀禪那

「心解脫」（liberation of mind）是一種源自「止」的禪定狀態，它是離於五蓋的解脫。如果光只有「心解脫」，並無法使我們解脫輪迴，但是當它被用來觀修三相和涅槃時，它所產生的

「觀」卻能帶來解脫。

例如，禪修者以慈心為基礎來發展初禪，並且藉由慈心而進入初禪。在觀修慈心的初禪穩定之後，他們從那種狀態脫出，並且審察它。禪那的感受和體驗是那麼地喜樂，如果禪修者不加以審察，就會很容易地執著它，因而為了定的妙樂而放棄解脫。

但是當他們觀察禪那時，會看清禪那純粹是一種心的狀態，其中有愉悅或平靜的感受，以及一些分別心，諸如愛、作意、觸、思和定等各種其他的行蘊心所。五蘊裡的識蘊、其他三個心理蘊聚（受蘊、想蘊、行蘊），以及色身（色蘊）也都現起。他們分析拆解慈心禪那為它組成的部分，因此，看清它是一個由五蘊構成的組合現象。藉由「觀」，禪修者看清禪那是無常的，因為它依緣而生滅。由於它在每個剎那生滅，所以無法帶來永久的安樂，而且其本質是「苦」。既然它是無常、是苦，就不值得執取；它也不是「我」、「我的」或「我自己」，我們無法在它當中找到一個實有的人，或與不斷改變之身心聚合物相異的事物。

他們從三相的角度繼續更深入地探究其禪那的感受和體驗，其智慧因而增長，直到有所突破而感知無為法——涅槃。他們成為須陀洹，展開放棄結縛的過程，最後成為阿羅漢。

某些聖者培養四無量心，在死後投生梵天界，並繼續在那裡修觀而成為阿羅漢，這與某些人為了投生梵天界而培養四無量心大為迥異。後者欠缺「觀」、智慧和增長四無量心的興趣，在投生梵界的業耗盡之後，他將墮入惡趣。

無量心的近敵與遠敵

每個無量心都有一個「近敵」和「遠敵」；前者是一種煩惱，在某些方面類似無煩惱的無量心，後者則是與那個無量心恰恰相反的煩惱。我們必須確定自己離於兩者。

近敵難以偵測。貪（執著）是慈無量心的近敵，因為兩種情緒都是在其他人身上看見美好的特質。然而，「貪」懷著不切實際的期待而對他人產生執著，我們所感受到的情感受到占有欲和需求的染污。

個人的憂苦是悲無量心的近敵。這種悲傷是以世俗生活為基礎，也是我們在摯愛的人不快樂時所感受的悲傷難過。它類似悲心，因為兩者都有因為他人的痛苦不幸而悲傷的元素。

喜無量心的近敵是以世俗生活為基礎的快樂，也就是在過去或現在得到感官歡樂或地位而感到欣喜。我們興奮地眼花撩亂，因而太過投入且執著於其他人的快樂。

捨無量心的近敵是以世俗生活為基礎的漠不關心和無動於衷。它們類似捨心，因為它們都不注意其他人的過失或美好的特質。

瞋恚是慈心的遠敵；殘害是悲心的遠敵；嫉妒和不樂是喜心的遠敵；貪著、瞋怒、偏見和分別心是捨心的遠敵。

梵文傳統的「四無量」

《大乘菩薩藏正法經》（*Bodhisattvapiṭaka Sūtra*）大篇幅地闡釋四無量，而四無量也是菩薩乘的精要。一般而言，在開始一座修法之初，禪修者觀修四無量，藉以穩定和增長菩提心。四無量的一個版本是：

願一切眾生擁有樂與樂因，
願一切眾生離於苦與苦因，
願一切眾生不離無苦之樂，

願一切眾生常住於捨，離於偏見、貪著與瞋怒。

另一個版本是：

如果一切眾生都住於離於偏見、貪著和瞋怒的捨之中，那會多麼勝妙！
願他們住於捨之中，
我應該使他們住於捨之中。
佛陀！請加持我，使我能夠這麼做。

如果一切眾生都能擁有樂與樂因，那會多麼勝妙！
願他們擁有樂與樂因，
我應該使他們擁有樂與樂因。
佛陀！請加持我，使我能夠這麼做。

如果一切眾生都能離苦與苦因，那會多麼勝妙！
願他們離苦與苦因，
我應該使他們離苦與苦因。
佛陀！請加持我，使我能夠這麼做。

如果一切眾生都能永遠不離善趣和解脫之殊勝大樂，那會多麼勝妙！
願他們永遠不離善趣和解脫之殊勝大樂，
我應該使他們永遠不離善趣和解脫之殊勝大樂。
佛陀！請加持我，使我能夠這麼做。

在第一個版本中，捨無量心居末。這強調了我們希望其他眾生享受寂靜，離於對朋友的貪著、對敵人的瞋怒，以及對陌生人的冷漠。

在第二個版本中，捨無量心居於首位，為生起無分別的慈心、悲心和喜心提供基礎。在此，四無量心的順序是生起菩提心的「七重因果教授」(the sevenfold cause-and-effect instruction，或七支因果)⑬的綱要。我們將在下一個章節更詳細地解釋「七重因果教授」。

首先，我們對一切眾生放下貪著、瞋怒和冷漠，這是捨心的禪修，也是「七重因果教授」的前行。第二，觀修慈心，視一切有情眾生為母親，認識到他們的仁慈，並希望能夠回報；這構成了「七重因果教授」的前四個教授。第三，培養悲心，這是第五個教授。這樣做使我們下定決心和生起菩提心，這是第六和第七個教授。我們懷著菩提心，為了眾生眼前和最終的安樂而努力，即為了他們投生善趣和獲得解脫而努力，這是「願眾生永不離所得之樂」的喜心的擴大意義。

在四無量的第二個版本之中，每首偈頌都包含四個部分，其中的情緒逐漸地變得強烈。這四部分分別是：

一、願望：「如果……那會多麼勝妙」。

二、祈願：「願他們……」。

三、決心：「我應該使他們……」。

四、懇請佛陀加持：「佛陀！請加持我，使我能夠這麼做」。

讓我們以慈心為例。首先，我們希望眾生擁有樂與樂因。將焦點放在這個願望上，我們的感受因而增強，並且祈願眾生擁有樂與樂因。接著，我們投入其中，下定決心，擔負起實現此一願望的責任。為了實現願望，我們需要精力和決心，因而尋求佛陀和上師的加持和支持。我們的慈心和信心因而變得強烈且穩固，為了使眾生擁有樂與樂因而去從事任何必要的工作。

在生起慈心和悲心時，我們刻意加入「與樂因」、「與苦因」，表示我們希望眾生了解因果業報的法則和通往覺醒的道路，如此一來，他們將創造樂因，並停止創造苦因。

喜心是希望一切眾生證得解脫——離苦之不退轉寂靜，它也隨喜他人暫時的快樂，並且不希望他們與已擁有的快樂分離。我們也隨喜眾生已具有佛性——使覺醒有其可能的清淨心性。

捨心是禪修者對其他眾生所生起的平等捨，以及在一切眾生心中的平等捨。我們希望一切眾生都體驗到平等捨，如此他們的心將離於粗重的貪著和瞋怒，並且領受同等的利益。

在彌勒菩薩所作的《現觀莊嚴論》裡，他說慈、悲、喜、捨除非伴隨真正的禪那，否則就不是無量心。因此之故，觀修這四種特質，或許可以增長我們的菩提心或增長禪那。

我們將「作者」、「受者」和「行為」三者視為自性空，藉以結合四無量和智慧。以慈心為例，這表示我們思惟那個為眾生生起慈心的禪修者、作為慈心對象的眾生，以及希望眾生擁有樂與樂因的行為，都是相互依緣的，因此空無自性。這種智慧結合四無量和菩提心，可以使我們成就正等正覺。若無這種智慧，觀修四無量最多使我們投生梵天界。

①覺音著，葉均譯，《清淨道論》第九〈說梵住品〉，高雄：正覺學會，頁320。

②同注①版本。

③同注①版本。

④同注①版本。

⑤《清淨道論》第九〈說梵住品〉：「最初對自己『我欲樂、不苦』或『保持我自己無怨、無害、無惱、有樂』這樣的屢屢修習。」（同注①版本，頁296）

⑥原書所引出處AN 7:64有誤，請參見《增支部．七集》第六十經（AN 7:60）：「諸比丘！此等之七法，對敵而希望，對敵而作，於瞋恚之女人或男子而來。以何為七耶？諸比丘！此處敵者對敵而如是希望，『嗚呼！願為醜。』……『嗚呼！彼當苦痛而眠。』……『嗚呼！彼勿為益利豐富。』……『嗚呼！彼勿為富者。』……『嗚呼！彼勿為有名聲者。』……『嗚呼！彼勿為朋友者。』……『嗚呼！彼於身壞死後當生於惡處、惡趣、險難、地獄。』」（《漢譯南傳》，增支部經典四，頁288–290）

⑦《中部．鋸喻經》（MN 21:11）：「我等之心不得變，我等不發惡語，我等是憐愍心，住於慈心，不抱瞋恚，而且對彼人以俱慈之心，充滿而住，以彼為出發點，俱慈一切世間等於地之廣大、廣博、無量、無恚、無害之心，充滿而住。」（同注⑥版本，中部經典一，頁180）

⑧原書所引出處Vism 9:44有誤，應為Vism 9:43。《清淨道論》第九〈說梵住品〉：「彼以初禪等的任何一種『與慈俱心，對一方遍滿而住，同樣的第二、第三、第四。如是上、下、橫、一切處，一切看作自己，具一切（有情）世間，廣大、無量、無怨、無憎，與慈俱心遍滿而住』。依初禪等而證安止（定）的人而得完成此等心的變化。」（同注①版本，頁309）

⑨《中部．有明大經》（MN 43:31）：「比丘以俱慈心偏滿一方住，如是第二、第三、第四，如是四方上、下、橫、一切處，將對一切世界之（有情）廣大、廣博無量、無恚、無害、俱慈之心，偏滿而住。」（同注⑥版本，中部經典二，頁16–17）

⑩《慈經》（Sn 1:8）：「恰似母有獨生子，甘為守護捨身命，修習無量大慈意，一切生類如斯對。」（同注⑥版本，小部經典二，頁38）

⑪《清淨道論》第九〈說梵住品〉：「於十方遍滿（慈心而解脫），依『東方的一切有情』等（的五行相遍滿）之法，一一方各有二十，則（十方）共有二百（安止定）。次依『東方的一切女人』等（的七種行相遍滿）之法，一一方各有二十八，則（十方）共有二百八十（安止定）。如是（二百加二百八十）合為四百八十安止定。」（同注①版本，頁313）

⑫原書所引出處AN 11:15有誤，請參見《增支部》（AN 11:16）：「諸比丘！若習、修習、多修慈心解脫，……可期則有十一種之功德。何等為十一耶？即眠樂，覺樂，不見惡夢，為人愛樂，為非人愛

樂，為諸天所守護，不受火、毒、劍，速疾入於心定，顏色明亮，不蒙昧而命終，若不能通達上位，則趣於梵世。」（同注⑥版本，增支部經典七，頁290）

⑬ 七重因果教授是：(一)知母；(二)念恩；(三)報恩；(四)慈心；(五)悲心；(六)增上意樂；(七)菩提心。

12 菩提心

菩提心是為了一切眾生之利益而成就正等正覺的熱望，也是使悉達多．喬達摩成為菩薩，然後成佛、轉動法輪的巨大發心。巴利語和梵文兩個傳統都談到「菩提心」、「菩薩」和「菩薩行」。

藏傳佛教：為一切眾生的利益生起菩提心

深入且持續地觀修輪迴的過患，會使我們生起出離心——尋求解脫的熱望。這種熱望是一種對自己的悲憫，希望自己能離於苦與苦因。了知一切眾生也體驗輪迴的過患，並且希望他們解脫自在，即是作為菩提心基礎的悲心。

菩提心有眾多的利益，它對一切眾生懷抱大慈大悲，因而使我們的心非常喜悅。它是佛陀能成就正等正覺的特殊之因，菩薩依此而能輕安自在地處理問題和困難，為社會帶來寧靜。在展開佛法修持之初，菩提心激發我們精進修行；在修行的中途，它促使我們根除所有的染污；在修行的最後，它使我們投入無限的心力去利益眾生，帶領他們獲得解脫和正等正覺。

菩薩必須從事聲聞乘的所有修行法門，包括避免從事有害於身業和語業的別解脫戒。此外，他們修學菩薩戒，藉以對治我執。菩薩努力證得法身——佛之遍知心，藉以實現自己擁有一個全然清淨之心的目的。他們想要證得佛的色身，化現為不同的身相，帶領眾生走上法道，圓滿其他眾生的目的。

菩薩的悲心是如此地強烈，如果留在輪迴能夠更加利益眾生，他們便會義無反顧。然而，由於在盡除雜染後能利益更多眾生，他們因而更加精進修行。在盡除所有煩惱障之後，菩薩不住於涅槃，反而擁有意生身，可以化現為各種不同的身相，利益輪迴眾生，同時積聚福德。他們持續修行，直到盡除所有障蔽，成就正等正覺。

寂護在所作的《中觀莊嚴論》（*Madhyamakālaṃkāra*）裡，為兩種立志成為菩薩的修行者解釋禪修的順序。那些中根者最初生起出離心，接著對一切眾生生起悲心。他們對那些教導菩提心的人具有強烈的信心，因而欽佩仰慕菩提心，而他們想要證得覺醒的願望是源自其對三寶的熱切信心。他們生起菩提心，修持波羅蜜多，然後培養洞見空性之「觀」。

那些上根者不會因為三寶和上師說覺醒是可能的，就心滿意足地相信事實是如此，他們進行探究，藉以判定無明是否能夠被根除。當他們看見了悟空性的智慧能夠降伏無明之後，他們至少努力去獲得對空性的正確推理，進而確信覺醒是可能的，他們便是在此基礎上生起菩提心。當菩提心和了悟空性的智慧融會貫通之後，他們接著修持波羅蜜多。

悲心和智慧雙修是極具利益的。隨著對空性的了解增加，我們對受到無明控制的眾生的悲心也會增長。在此同時，悲心暫時對治許多比較粗重的煩惱，使得觀修空性變得更加容易。

我們可以透過兩種方法來修持菩提心：（一）七重因果教導；（二）自他交換法。在這兩種方法當中，大悲心是生起菩提心的主因，這仰賴我們把其他眾生視為可愛的，並且深深感受他們所承受的痛苦。

增長捨心：不偏不倚的慈悲

為了對一切眾生生起不偏不倚的慈心和悲心，我們必須先使自己的心離於對親友的粗重執著、對陌生人的冷漠，以及對敵人的憎恨。如上述所言，生起平等捨是對治之道。

為了增長捨心，我們省思自己將人們分類為朋友、敵人和陌生人，是既不穩定且非常主觀的作法。如果今天某人善待我們，我們視其為友，並生起執著。但是如果明天她出言批評，我們對她的喜愛就煙消雲散，因而成為自己的敵人。當我們和朋友或敵人失去連繫時，對方就成為陌生人了。在此同時，今天的陌生人可能在未來成為朋友或敵人。如果我們是在不同的情況下遇見敵人，他可能又會成為朋友。在這些人際關係之中，沒有什麼是固定不變的。在無始輪迴中，我們曾經無數次互為朋友、敵人和陌生人，因此我們沒有理由偏袒或反對任何一個眾生。

敞開心胸、一視同仁地關懷其他眾生，並不表示我們要同等地對待或信任每個人，約定俗成的世俗角色和人際關係其實仍然存在，我們對老友的信任依然會勝過陌生人，即使我們都希望兩者離苦得樂。在內心保持平等捨的同時，我們仍然可以防止自己受人傷害。

第一種修持法：七重因果教授

知母、念恩、報恩

在修持捨心的基礎上，前三個「因」幫助我們培養慈心和悲心。這前三個「因」分別是：

一、知母：認識到在過去世當中，一切眾生都曾經是我們的雙親。

二、念恩：思惟他們身為我們的雙親的恩慈。

三、報恩：希望能夠回報他們的恩慈。

慈心、悲心

這三者帶來第四因——慈心，這是對一切眾生的深情和慈愛；這進而引生第五因——悲心。

悲心有兩個主要的面向，那就是對其他眾生的親密感，以及關懷他們身受的痛苦。憶念眾生的恩慈，使我們視眾生是可愛的，這在我們心中創造了一種親密、深情和摯愛的感受。觀修眾生經歷三種苦，尤其是行苦，使我們衷心關懷他們所受的痛苦。將這兩個面向結合起來，就可以使我們對一切眾生生起真誠的悲心。

增上意樂

看見其他眾生因為煩惱障和所知障而經歷痛苦折磨，讓我們覺得難以忍受，從此而生起的悲心進而引發第六因——增上意樂，也就是為了眾生的安樂而擔負責任的大決心。雖然暫時在輪迴內利益眾生也包括在增上意樂之內，但它主要是讓眾生從輪迴解脫。增上意樂是全心全意地投入，努力為其他眾生帶來安樂，免於痛苦。

菩提心

這六個「因」帶來的「果」即是第七因——菩提心。為了將增上意樂轉化成為菩提心，我們反思，為了使眾生離苦得樂，他們必須製造適當的「因」。為了教導眾生如何製造適當的「因」，並引導他們走上佛道，我們必須透過親身經驗而了知通往正等正覺的所有修行法門和道路。我們也必須觀察其他人的習氣和性情，進而知道他們適合修持哪些法門。為了證得佛果，我們必須完整地發展這些能力；成佛是盡除所有障蔽，無限地增長所有殊勝功德的狀態。菩提心是證得佛果的動機，它是第六意識，且具有兩種願望：一是利益一切眾生，二是為了利益一切眾生而成就正等正覺。

雖然發展菩提心的法門不難理解，但要圓滿實現菩提心，卻需要安忍和持續不斷的努力精進。在生起菩提心之後，我們需要透過一再重複地禪修而使它堅定不移，進而修持波羅蜜多來體現這個偉大的發心。為了成佛而能更有效率地利益眾生，不論需要多久時間，不論我們在道上經歷何種艱困，這些都是值得的。

第二種修持法：自他交換

第二種培養菩提心的方法有幾個步驟：自他平等、思惟自我中心的過患、珍愛他人的利益、自他交換以及施與受（給予和接受）。

自他平等

為了自他平等，我們探究內心妄自尊大的俱生感受，並且了解到自己並無將它合理化的理由。我們和他人是平等的，都想要離苦得樂，都值得獲得快樂、止息痛苦，因為我們都是具有佛性的眾生。我們只是單一的個人，而其他眾生卻是無量的，我們沒有道理去忽略他們的福祉安樂。在此同時，抵消他

●出家受戒前的剃度。（攝於印度，圖片提供：香光尼僧團）

人的痛苦不幸，為他們帶來快樂，是一件具有利益的事。

思惟自我中心的過患

自我中心的過患有很多，從無始輪迴以來，自我中心的心態已經造成各種不良的後果。雖然我們想要快樂，但只顧自己的態度已經使我們造了不可思議的惡業，也為周遭人的生活製造混亂和破壞。無數劫以來，我們一直為了自身的利益而犧牲他人，但我們和他人的目標都未因此而達成。只顧自己的態度助長罪惡感、焦慮和恐懼；相反地，如果我們珍愛他人，我們早已成佛了。

當我們思惟自我中心的過患時，重要的是記住自我中心不是與生俱來的，我們也不會因為自私自利而成為一個「糟糕的」人。此外，做個快樂的人並不表示我們是自我中心，也不代表必須受苦，如此我們的悲心才會是真誠的。修持法道需要喜悅的精進，以及能夠帶領我們成就正等正覺的無上大樂。

珍愛他人的利益

所有的美善皆來自珍愛他人，利他是獲得快樂的最佳途徑。我們活在一個需要仰賴他人才能生存的世界裡，如果我們只顧自己而忽略他人的困境，很快就會發現自己置身在一群不快樂的人當中。他們的不快樂肯定會影響我們；他們會發牢騷，怨恨我們的成功，並試圖偷取我們的財產。然而，如果我們為了他人的利益而努力，周圍的人將會心滿自足、仁慈親切，而這肯定會使我們的生活更加愉悅！

珍愛他人為今生和來世帶來安樂。如果我們懷著一顆真正關懷他人的心，就是在創造善業。這樣的結果是，我們死時將了無恐懼或悔恨，並且肯定會投生善趣。由於珍愛他人而創造功德，我們的心已經獲得功德的養料，進而生起菩提心，在菩薩的「道」和「基」上前進，並成就正等正覺。

自他交換

在看清自私自利會帶來痛苦不幸，珍愛他人會帶來喜悅之後，我們修持「自他交換法」，這表示我們將「離苦得樂」的焦點從自己轉換到他人身上。剛開始，我們可能會認為這是不可能的，因為從生物機制的觀點來看，眾生本就是要先照顧自己。我們無法感受他人身體所感受到的苦樂，因此當然不會像在乎自己的身體那般在乎別人的身體。然而，讓我們思量「我的身體」這個有機體其實是無明的串習，這個身體沒有什麼是我們的——精子、卵子和基因屬於父母，其他的則是我們飲食的結果，而食物來自大地，並且是由其他人所給予的。我們純粹是出於習慣而將這個身體視為「我的」，我們以正念審察身體、感受、心和心所，可以看見它們之中沒有「我」或「我的」，純粹只有色蘊、心的剎那和心所。將五蘊視為真實的人，或認為這個人擁有五蘊，這純粹是一種造作。

有兩大障礙會阻礙我們從事自他交換。第一個障礙是，我們認為自己和他人是分別的。事實上，自己和他人彼此依賴，正如同山谷的一側要被稱為「這一側」，就需要另一側被稱為「那一側」，而「這一側」和「那一側」仰賴我們所站立的位置。對其他人而言，我們所謂的「我」，他們則視為「你」，「自他交換」的意義就是將「我」安立在他人身上，因此，「我的快樂最重要」是指其他眾生的快樂。

自他交換的第二個障礙是，我們認為沒有必要去除他人的痛苦，因為他們的痛苦不會對我們造成傷害。這種想法也是源自我們將自我和他人視為彼此完全分離；但事實上，我們彼此依賴。這種想法類似「我不需要為自己存老本，因為那個老人和他的痛苦傷不了我」，也類似我們的手拒絕拔出腳上的棘刺，因為腳痛不會傷手。

我們的行為會影響其他人的安樂，不論那是另一個人或我們將會成為的那個老人。正如同我們為那個老人創造安樂的因緣一般，我們也應該為其他人的快樂創造因緣。正如同手足都是同一個身體的一部分，因而手不期待回報地幫助腳一般，我們也應該幫助其他眾生，因為我們都是生命共同體的一部分。寂天問：

因為習慣之故，
我對此無我之身生起「我」念；
因此，對於其他眾生，
我何不生起相同的念頭？（BCA 8:115）①

儘管以前我們最重視自己，現在則視他人是無上的，此舉具有巨大的利益。寂天說：

世間所有喜樂，
皆來自希望他人快樂，
世間所有痛苦，
皆來自希望自己快樂。

何須多說？
幼稚者為自身利益而努力，
諸佛為其他眾生的利益而努力。
且看兩者之間的差異！（BCA 8:129-130）②

菩薩從自他交換所獲得的喜悅，遠比我們這些自我中心的眾生所能想像的來得勝妙。

施與受

觀修「施與受」加深慈心、悲心和自他交換的能力。「受」（接受）源自充滿悲心的願望：「我將承受其他眾生的所有困境、痛苦和雜染，希望他們因而能夠離於困境、痛苦和雜染。」「施」（施予）受到慈心的激發而生起這樣的願望：「我將把我的身體、財物和功德贈予他人，願他們所有的願望都因此而圓滿實現。」龍樹菩薩立下這樣的願望：

> 願我承受他們惡業之果，
> 願他們擁有我所有善業之果。（RA 484）③

我們想像自己承受所有其他人的痛苦，並且使用這個念頭來摧毀自我中心的態度。接著，我們將身體、財富和善德轉化成為他人之所需，並且贈予他人。他們因此而得到一切所需，而我們也離於自私自利。

自我中心和我執無明

在聽聞了菩薩珍愛他人勝過自己的能力之後，我們或許會懷疑：「如果我放棄自私自利，只珍愛他人，我將會忽略自己，我的痛苦也會因此而增加。」珍愛他人不表示只在乎他人而忽略自己的需求。如果真是如此，我們將會落入一種只利益他人的悲慘狀態，修持佛法也將會變得幾乎不可能。在這種情況下，與其我們幫助其他眾生，他們可能反而需要照顧我們！

儘管自私、吝嗇和急躁易怒是自利的一種形式，但明智的自利卻是另一種形式，後者了解利己和利他不必相互牴觸。如上述提及的，菩薩的自利是藉由證得佛的法身，使他們圓滿自己的目的，進而證得佛的色身來利益他人。

同樣地，儘管我執無明這種自我感會惹是生非，製造麻煩，但在成就法道這方面，穩定和切合實際的自信卻是必要的。菩薩必須擁有極為堅強穩固的自信，才能夠圓滿所有的波羅蜜多。這種自信離於傲慢，嚮往正面積極的事物，卻不執著於它。

在通往覺醒的道路上，「自信」自始至終都是必要的，而佛性是生起自信的可靠基礎。反思空性，有助於我們認識佛性，因為我們看見雜染是外來偶發的，可以被移除。對他人生起悲心，憶念我們的珍貴人身，以及人身的意義和難得稀有，也可以建立自信。

自我中心的態度通常視自己是最為重要的，而我執無明則誤以為「我」是存在的。自我中心的態度會以粗重和細微的方式展現，前者顯然是有害的，但後者卻是僅僅為了自己而尋求解脫。一般而言，這並非我們要放棄的事物，它是一種無謬誤的心，促使聲聞和緣覺去實現願望，生起善的功德，並且證得解脫，這些全都是令人仰慕的事業。然而，對於那些遵循菩薩道而成佛的人而言，自我中心卻是要捨斷的事物。

自我中心的態度不是煩惱障，也不是所知障，它並非染污，也不是輪迴的根源。另一方面，我執卻是輪迴的根源，也是必須根除的煩惱障，否則我們無法證得解脫和正等正覺。

自我中心的態度和我執之間既無因果關係，也無相同本質的關係，它們不是彼此的「因」，而且如果其中一個存在於人的心續之內，另一個不一定也會存在於心續之中。阿羅漢已經盡除我執，但仍然存有自我中心的態度；初地菩薩（換句話說，他們不是之後成為菩薩的阿羅漢）和八地以下的菩薩都擁有我執，但不一定擁有自我中心的態度。自我中心的態度和我執無明也有不同的對治力，菩提心對治自我中心的態度，了證空性的智慧則對治我執無明。

融合空性見地的菩提心

當我們考慮效法偉大菩薩的行誼時，我們的心可能會充滿焦慮。「如果我以無私的心幫助他，我會發生什麼事？」如果我們將中觀學派和瑜伽行派（唯識宗）的空性見地融入其中，就有助於克服這種不必要、具局限性的恐懼。它幫助我們放鬆對自我和他人、苦與樂，以及朋友、敵人和陌生人等不切實際的執著，進而生起菩提心；它也加深我們對那些受到煩惱和業控制之眾生的悲心。

根據瑜伽行派的觀點，顯現於根識上、看似外在對境的對境，是由留在識上的「業」的種子而生起。儘管這些對境不是獨立存在於心之外的本體，卻因為無明之故而以那種方式顯現。事實上，它們有如夢中的事物，並不像它們顯現的樣子那般存在。

看清不論好壞的經驗都是因為留在心續裡的種子而現起的業，這鬆動了我們視眾生和環境為堅實的見解。從這個觀點來看，朋友、敵人和陌生人純粹都是「業」的顯相，而且我們之所以會對他們產生貪著、瞋怒和冷漠，其實是受到誤導的。同樣地，吸引人和不吸引人的對境、讚美和咎責、美譽和惡名、財富和貧窮，都是因為「業」的種子的啟動而在心中顯現。它們欠缺任何外在的存在，因此它們雖然在心中顯現，卻非獨立分別於心之外。因此，我們沒有理由執著於某些事物，也沒有理由憎恨他人。

根據中觀學派的見解，沒有任何事物能自行存在，每件事物的存在都是由心假名安立的。「自我」和「他人」仰賴標籤（假名）而存在，並無以自性存在的「我」或「他人」，也無以自性存在的痛苦或快樂。思惟這些事物都相互依存，因此都是空無自性的，這減少了我們對痛苦的恐懼和對自身快樂的執著。如此一來，在修持菩薩的行誼時，我們的心變得更有勇氣且更充滿喜悅。

中國佛教：時時將心導向佛道的菩提心

龍樹菩薩的七種因緣

龍樹菩薩所作的《十住毘婆沙論》（*Daśabhūmikavibhāṣā*）談到可能會使人們生起菩提心的七種因素，而這也取決於他們的性情和習氣：

一、受知曉其根器的佛所教導而發菩提心。
二、見佛法即將在世界毀壞，而想要護持佛法。
三、對受苦的眾生發起悲心。
四、從某位菩薩處領受教導，受菩薩的影響而發起菩提心。
五、觀察菩薩的行止，而想要效法。
六、實踐布施的行為使他們憶起菩薩的善德。
七、在看見或聽聞佛的三十二相和八十隨形好時感到欣喜。④

人們可能因為這七種因緣中的任何一個而發起菩提心。然而，只有那些已經用前三種方式生起菩提心的人，才肯定會成就正等正覺。這是因為以這三種方式生起的菩提心所創造的善根非常深厚，而以其他四種方式創造的善根則不一定穩固。然而，如果好好修行，穩定其善根，也能藉由其他四種因緣獲得佛果。

實賢的十種因緣

實賢⑤是禪修大師，也是淨土宗祖師，在其所作的《勸發菩提心文》裡，他提出思量十種因緣⑥來激發菩提心。但是為了先確保我們清淨且正確地發起菩提心，他討論修行者所生起之菩提心的四組（八種）差異。⑦

■第一組差異：正與邪

修行者不檢視自己的心，反而追求財富、名聲和感官欲樂，因此他們的修行是不正的（邪）。不執著於今生或來世的個人利益、名聲和欲樂的修行者，其修行是正確的（正）。

■第二組差異：真與偽

時時將心導向佛道，每個念頭都試圖利益眾生，並且不因自己必須修持菩提心達數劫之久而退卻，這是真正的決心（真）。不淨化自己的惡業，而懷著熱忱展開計畫，卻又有始無終，雖然擁有善念，卻混雜了對財富和名聲的執著，這是謬誤的決心（偽）。

■第三組差異：大與小

決心成就正等正覺，持守菩提心的發心和菩薩戒，直到眾生成為正等正覺者，這是勝大的決心（大）。只為個人解脫，不照顧他人，這是微小的決心（小）。

■第四組差異：圓與偏

如果我們認為佛道是在我們的心之外，並且仍然執著自己的功德、智識和見地，那麼這種想法是偏於一面的（偏）。生起菩提心、領受菩薩戒，並且用一顆依止了悟空性智慧的心來修持六度，這是圓滿的（圓）。

在了解這八種差別之後，我們必須持續不斷地審察自心，確保菩提心是「正」、「真」、「大」、「圓」。如果能這麼做，修行肯定會成功。

思量前五個因緣，可以激發我們生起菩提心；這五個因緣是憶念我們從佛陀、父母、師長、施主和一切眾生處所領受的恩慈。認識這一點，可以激發我們生起菩提心，修持菩薩道，藉以回報他們的恩慈；而其他五個因緣則支持和引導我們的菩提心。我們應該：

一、對一再重複的輪迴生死之苦保持正念。

二、尊重自己的佛性。

三、思量不善業的過患，並且悔改、清淨。

四、發願求生淨土。

五、祈請佛陀的清淨教法常住世間。

在發起菩提心之後，實賢大師告誡：

勿畏難而退卻，勿視易而輕浮；

勿欲速而不久長，……勿言一念輕微。❽

菩提心對我們自己和他人的安樂極為重要，絕對不可放棄。如果我們在受苦時思量菩提心，心的苦惱將會減少。同時，藉由生起悲心，身體的痛苦將會轉化，成為覺醒道上具有意義的事物。

世親的七輪慈悲禪

中國佛教包含數種禪修法門，有助於生起慈心和悲心。其中一個是觀修四無量；另一個是七輪的慈悲禪（seven-round compassion meditation），此禪修法門源自世親的《俱舍論》。⑨此法門包含七輪，每一輪皆有七個步驟，思惟我們和七組人之間的關係。

一、憶念今生長輩的恩慈：回想每個曾經照顧、教導、指引和保護你的模範長者。思量「長輩已經為我付出那麼多。由於他們曾經無私地幫助我，我應該努力回報他們的恩慈。然而，我所做的反而是和他們爭執，讓他們操心，不聽從他們的建議，不感激他們為我所做的一切。我為此而懺悔」。衷心地感受這一切。現在，將你所有的功德迴向給長者，希望止息他們的痛苦，證得佛果。接著，思量你過去世的長輩，並重複上述的修持。

二、憶念包括手足、朋友和同事等同儕：思量他們曾在你需要幫助時，陪伴、善待和協助你。回想你非但沒有關懷他們，反而批評責怪、辱罵、不體諒他們，或嫉妒他們的成就。懺悔和清淨這一切，並將功德迴向給他們。思量你過去世的同儕，並重複上述的修持。

三、以相同的方式觀修你的後輩：包括子女、學生和員工。

四、觀修你長輩的仇敵：包括那些曾經傷害、背叛或占你長輩便宜的人。

五、觀修自己的敵人。

六、觀修你後輩的敵人。

七、觀修那些不曾幫助你也不曾傷害你的無關之人，思惟他們的恩慈。接著，回想你非但未回報他們的恩慈，有時反而傷害他們，對其生起瞋恚。你懺悔並清淨，以及迴向功德，如此他們可能會離苦得樂，皈依三寶，而成為正等正覺者。對在前世和你有同樣這些關係的人從事相同的修持。

如此思惟這七個步驟，構成一輪。在第二輪，你以相同的方式思量這不同群體的人，但卻逆向地從無關的人開始，而以長輩作結尾。第三輪則是正向地進行。如此正、逆向地分別從事這種禪修，總共七輪。

在結行時，盡空心裡所有的念頭和執著，保持清楚的覺知，思惟空性。

那些投入數個月的時間來從事此一慈悲禪的人，肯定會看見他們的生活以及與眾生之間的關係有所改變。

禪宗的四弘誓願

禪宗的修行者藉由反思四弘誓願而發起菩提心：

眾生無邊誓願度，
煩惱無盡誓願斷，
法門無量誓願學，
佛道無上誓願成。

這四弘誓願的最後一個是發起菩提心，為了圓滿實現此誓願，我們需要前三個誓願的支持。因此，第一個誓願是解脫無量的眾生，因為我們對他們在輪迴所受的痛苦感同身受。這種大悲心引生出第二個誓願，即培養了悟勝義自性的智慧，藉以根除自己和其他眾生的無盡雜染。這帶來第三個誓願，即培養無限的法門、證量和善巧方便。

菩薩心心念念持守此四弘誓願，時時刻刻不離其心。菩薩不會因為這四弘誓願的廣大而心生畏懼。他們的心專注於一切眾生的正等正覺，並願意盡一切所需來達成此一目標。

《華嚴經》引導修心

偈頌（gāthas）是引自佛經或由偉大的大師所寫的短詩，引導我們修心，使一般的行為充滿菩提發心，並且把中立無記的行為轉化成為善行。在藏傳佛教的「修心」法門裡，我們也可以找到這些偈頌。在《華嚴經》（*Avataṃsaka Sūtra*）第十一品裡，有一些偈頌：

若有所施，當願眾生，
一切能捨，心無愛著。

（在布施時，願一切眾生能夠懷著了無執著的心捨棄一切。）

若在厄難，當願眾生，
隨意自在，所行無礙。

（在面對危難時，願一切眾生不論前往何處，都能夠自在無礙。）

正身端坐，當願眾生，
坐菩提座，心無所著。

（在挺身端坐時，願一切眾生坐在覺醒之座上，心了無執著。）

涉路而去，當願眾生，
履淨法界，心無障礙。

（在道路上旅行時，願一切眾生行走於實相的清淨界，心了無障蔽。）

大小便時，當願眾生，
棄貪瞋痴，蠲除罪法。

（在如廁時，願一切眾生拋棄貪、瞋、痴，盡除惡行。）

培養菩提心的五個次第

根據中國佛教經典，菩提心是以五個次第來培養和擴展：

一、立誓成佛，解脫無量眾生。
二、從事眾多修行，對治煩惱，逐漸朝覺醒前進。
三、直接了證勝義自性，即覺醒的菩提心。
四、持續修持菩薩行，成為正等正覺者。
五、證得無上究竟菩提心——佛果。

這五個次第類似藏傳佛教傳統所解釋的菩薩五道。

在禪宗裡，第三個次第被視為一種覺悟的形式。在此，修行者了悟清淨的心、佛性皆是「空」的，也是真正的菩提心。如同上座部佛教，中國佛教也使用「覺醒」來指稱任何直接、了無概念的了證實相。❿這兩個傳統都不認為這第一個覺醒的體驗是究竟的覺醒，它們也都說，需要時間培養「覺醒」以盡除所有障蔽，才能達到最終的目標。

修持兩種菩提心

願菩提心：為利眾生而求佛果的願望

就其本質而言，菩提心有「願菩提心」和「行菩提心」兩種。前者是為了一切眾生的利益而成就正等正覺的願望；後者是這種願望的圓滿成熟，因此這伴隨著修持六度的菩薩戒和誓言，以及四種聚集弟子的方式（四攝法）。在下一章裡，我們將對此進行討論。

剛開始，我們的菩提心是造作的。我們持續反思發起菩提心的兩種方法，並且增長它，使它成為非造作的菩提心。在上師跟前參與發菩提心的法會，有助於發起菩提心，這是「在法會中，領受願菩提心」，它可以穩定發菩提心的決心。

在我們覺得能夠修持菩提心的學處，而使菩提心不退失之後，可以再度於上師跟前，懷著永不放棄的念頭來發起菩提心。這是「在法會中，懷著誓戒領受願菩提心」。此時，我們領受願菩提心的戒律，防止菩提心在今生和來世退失。

行菩提心：受持菩薩戒，使願望圓滿成熟

在懷著誓戒修持願菩提心之後，我們可以領受菩薩戒，此舉即是行菩提心。大多數立志成為菩薩的修行者，在成為羽翼豐滿、懷有非造作之菩提心的菩薩之前，都領受菩薩戒。此時，菩薩戒是一種相似的形式，不是真正的菩薩戒，但它們有助於發展菩提心和修持菩薩行。

在藏傳佛教傳統之中，菩薩戒是由十八根本戒和四十六支分戒構成。佛陀在不同時期教授這十八根本戒和四十六支分戒，它們最初是散布在梵文的佛經裡。無著、寂天和月官（Candragomin）加

●上座部比丘裁剪迦絺那衣（功德衣）。（攝於馬來西亞，圖片提供：Cheong Thoong Leong）

以整理校勘，目前的十八根本戒和四十六支分戒是根據他們所編列的集合而成。

中國佛教的菩薩戒有兩個譯本。《梵網經》（*Brahmajāla Sūtra*）包含十根本戒和四十八支分戒，而《瑜伽師地論》（*Yogācārabhūmi Śāstra*）則有四根本戒和四十一支分戒。這兩本經典所列舉的戒律，以及藏傳佛教的菩薩戒，皆有相互重疊之處。

在中國和西藏傳統之中，出家眾和在家眾都領受菩薩戒，並且打算持守菩薩戒直到成就正等正覺。不論違犯菩薩戒的程度有多麼嚴重，所有的違犯都能夠透過懺悔而清淨。

在中國傳統之中，人們領受菩薩戒之前，有一個自願「以身供佛」的儀式。對於出家眾而言，這表示他們在頭頂上燒出三個小小的戒疤；至於在家眾，則是在手臂上燒出三個戒疤。這象徵他們把身體供養給諸佛菩薩，並願意為了利益眾生和努力成就正等正覺而經受痛苦。此外，在古代中國，出家眾受戒律的管理，因而免於受到民法的懲處。有些罪犯為了避免被捕快逮捕和獲取供養，因而披上僧袍，為了區分真正的出家人和冒充者，而有了用香在出家人頭上燒出三個或三個以上戒疤的習俗。

一般而言，日本的僧人和立誓的在家眾都領受十六種菩薩戒。前五種菩薩戒相對應於五種在家戒，最後三種則是皈依三寶，其他的菩薩戒則包括不議論他人的不當行為、不讚美自己而誹謗他人、不拒絕提供修行和物質方面的協助、不放任發怒、不辱罵三寶。其餘的三種菩薩戒是放棄惡行、從事善行、解脫一切眾生。

簡而言之，儘管各種不同傳統的菩薩戒之間存有差異，但其本質和目的卻是相同的。

巴利語傳統的「菩提心」與「菩薩」

對巴利語傳統的信徒而言，追隨哪一乘是個人的抉擇，而追求佛的正等正覺則是一個選擇。⓫雖然大多數的修行者都追求阿羅漢果位，但菩薩道卻是為非凡的個人所設計。《佛種姓經》（*Buddhavaṃsa*，《佛史》）、《所行藏》（*Cariyāpiṭaka*）、《本生經》（*Jātakas*）、《大緣經》（*Mahāpadāna Sutta*, DN14）和《譬喻經》（*Āpadāna*）都是談論之前諸佛圓滿實現菩薩行的聖典。在十二世紀，由來自大寺傳統的阿難陀（Ananda）尊者所著的巴利語論著《優婆塞莊嚴》（*Upāsakajanālaṅkāra*）鉅細靡遺地談論聲聞、緣覺和菩薩的覺醒。

以悲心學法、傳法

一些巴利語佛經強調，悲心是佛陀證得覺醒的驅動力。他是「為眾人的福祉和安樂而生，他是出於對世界的悲憫，為了天人和人的利益、福祉和安樂而生」。（AN 1:170）⑫佛陀囑咐弟子以相同的悲心作為動機來修學佛法，如此梵行將維持很長一段時間。（DN 16:3.50）⑬基於相同的理由，佛陀派遣僧人去傳播佛法。（SN 4:5）⑭

僧人不僅是為了自身的利益而踏上解脫道，也是為了未來的世代而存續佛法，並且成為激勵他人修持法道、證得解脫的範例。佛陀出於對眾生的關懷和悲心，他教導追隨者和合共處。他讚美大迦葉（Mahākassapa）懷著悲心傳法，而大迦葉本身則說，他為了利益他人而出家為僧，對簡單的食物、衣服和住所感到心滿意足。他希望其他人看見這種生活方式的價值，並且自行採取這種生活方式，最後獲得解脫。

僧人透過容納、接受供養，以及勸誡來自各個社會經濟、種族、族群和教育階層的人等方式來示現悲心。他們的職責是以一種無害的方式來謀生，教導人們佛法和如何有道德地過活，鼓勵他們修持正念，並感謝人們供養，如此世俗之人將會從事供養而累積福德。

最古老的巴利語經典談到菩薩在他們身為眾生的最後一世，無須上師的協助，即成為正等正覺佛。他們開始傳法，轉動法輪，使啟發人心的法教存於世間，這是諸佛證得的覺醒，它被譽為勝過聲聞、緣覺的覺醒。儘管一些古代巴利聖者說，菩薩道只是為了那些注定要成為轉法輪之佛的人而設計，但南印度的法護論師卻不同意這種說法，反而描述菩薩道是開放給其他追隨者的道路。

在大藏經之前的巴利語撰述《十菩薩誕生故事》（*Dasabodhisattupattikathā*）裡，佛陀說：「曾經有……並且將會有無量無邊的聖者……擁有勇氣和決心，成功地圓滿實現波羅蜜，證得佛果，並在圓滿佛的職責之後入滅。」[15]此書接著描述在未來將有十位菩薩從事這些行誼的故事。

上座部佛教國家對菩薩的理想和理念並不陌生。在歷史上，斯里蘭卡曾對菩薩道感興趣，觀世音菩薩像曾在斯里蘭卡、泰國和其他上座部佛教國家出土。在過去和現在，上座部國家的國王和平民發現菩薩的理想和理念可資仿效。從八世紀開始，斯里蘭卡、緬甸和泰國的一些國王不是被其他人稱為菩薩，就是宣稱自己是菩薩或菩薩道的修行者。[16]一些上座部佛教學者和作者在其著作的末頁宣說他們的菩提心發心：「Buddho bhaveyyam」或「願我成佛」。大寺的僧人將覺音視為彌勒佛的轉世。

一些上座部佛教的修行者認為菩薩道具有吸引力而加以修持。[17]時至今日，上座部國家的僧人和在家佛教徒為了利益一切眾生，而下定成佛的決心。[18]在泰國，兩位泰國大師被視為彌勒菩薩的化身。

斯威王與蘇美達的菩薩行

佛陀前世身為斯威王（King Sivi）的故事說明了菩薩的清淨發心。當時，斯威王想要將他的眼睛布施給需要的人。為了考驗他，天眾之主帝釋天顯現為一個蒼老而眼盲的老人，向斯威王索求他的眼睛。斯威王大喜，立即要求醫師摘除雙眼贈送給老人。在這麼做之後，斯威王說：

> 在我想要布施時，在我正在布施時，在我已經布施之後，心的狀態並無矛盾；那是為了覺醒

之故……遍知於我是珍貴的，因此我布施雙眼。⑲

《佛種姓經》述說喬達摩佛陀在前世發菩提心的動人故事。婆羅門蘇美達（Sumedha）出身富族，過著奢侈的生活。然而在父母過世之後，他了悟世間快樂的無常，因而決心尋求解脫，成為螺髻苦行沙門。有一天，他得知燃燈佛及其弟子即將造訪他隱居處附近的城鎮。他從隱居處一路下來，開始為燃燈佛等人清潔道路，但未能在他們抵達之前完成。當燃燈佛接近時，看見燃燈佛的蘇美達興高采烈，整個人趴在泥巴裡禮拜燃燈佛。蘇美達述說這個動人的事件：

我鬆開頭髮，把我用樹皮做的衣服和一片獸皮攤在泥濘裡，我俯倒在地。「讓佛及其弟子行走在我身上，切勿讓他走在泥濘裡，這將是為了我的福祉之故。」（Bv 52–54）⑳

當他邀請燃燈佛及其弟子使用他作為跨越泥濘的橋梁之初，他將焦點放在自己的福祉之上。他知道，如果他自己希望，就能在當天聆聽燃燈佛傳法時盡除雜染，而成為阿羅漢。但是在他質疑自己以自我為中心的發心之後，便下定不移的決心，立誓成佛，並帶領所有眾生脫出輪迴：

如果我仍然不知道如何了證佛法，這有什麼用處？在證得遍知之後，我將在此人天世界成佛。我獨自度至輪迴彼岸，做為覺察自己力量的人，這有什麼用處？在證得遍知之後，我將使此人天世界度至彼岸。

藉由我為最上之人的功德，我將證得遍知，我將使眾生度至彼岸。斬斷輪迴之流，粉碎三種生死輪轉，搭乘佛法之船，我將使此人天世界度至彼岸。（Bv 55–58）㉑

燃燈佛於是授記蘇美達能成就正等正覺：他將圓滿他成就正等正覺的誓戒，在四無量劫和十萬劫之後，以「喬達摩」之名成佛。蘇美達隱居於僻靜處，思惟如何實現他成就正等正覺的目標，並了解十波羅蜜是他要發展的主要善功德。在此，巴利語經典制定了一個成熟而完整的菩薩道。

實現成佛的「至上願」

《佛種姓經》述說了二十四佛的生平事蹟，他們全都經歷類似的過程。首先，他們立下堅定不移的決心和誓願，立志要精進修持法道很長一段時間，藉以達到成為菩薩、進而成佛的目的。他們立即就下定這樣的決心，接著，在諸佛面前立下為了利益一切眾生而成就正等正覺的「至上願」（abhinihāra）㉒。然後，菩薩完成增上行（adhikāra），以對每個佛展現他們全心奉獻、立志實現「至上願」的誠意，於是諸佛為他們的成就授記（vyākaraṇa）。

為了實現成佛的「至上願」，必須具備八種條件：

一、此人必須擁有人身。
二、生為男性。㉓
三、具備必要的依止緣（堅定的佛法修持）。
四、已在佛的面前發起菩提心。
五、出家。
六、具有神通和更高等至等神聖的特質。
七、對佛陀具有深刻的虔敬心，並能全心奉獻，且願捨身來為三寶實踐勝妙的善行。
八、具有強烈的善欲和決心去培養成佛的特質。（Bv 59）㉔

菩薩想要成就正等正覺的願望應該強烈到：

如果他聽說：「唯有在地獄經歷四無量劫和十萬劫的痛苦折磨之後，才能夠成佛」，他不會視其為困難，反而會毫不畏縮，而且心中充滿想要達成任務的渴望。（《波羅蜜論》，TP sec. 6）

於是菩薩探究波羅蜜，修學波羅蜜，並且實現波羅蜜。

在修持波羅蜜時，修行者除了生起成就正等正覺的願望之外，也需要有大悲心和善巧方便。善巧方便（巴upāyakosalla；梵upāyakauśalya）是一種智慧，可以將波羅蜜轉化為成就正等正覺所需的資糧。菩薩雙修智慧與悲心，圓滿實現十波羅蜜㉕，修習勇猛、上智、決意、利益行，㉖培養出離、隱居、無貪、無瞋、無痴和解脫等六種傾向。㉗

①《入菩薩行》第八品第一一五頌（BCA 8:115）：「於此無我軀，串習成我所；如是於他身，何不生我覺？」（如石譯註，《入菩薩行譯注》，高雄：諦聽文化，1998，頁 171）

②《入菩薩行》第八品第一二九至一三〇頌（BCA 8:129–130）：「所有世間樂，悉從利他生。一切世間苦，咸由自利成。何需更繁敘？凡愚求自利，牟尼唯利他，且觀此二別！」（同注①版本，頁 174–175）

③《寶行王正論》第五品（RA484）：「願彼所作惡，於我果報熟；是我所行善，於彼果報熟。」（《大正藏》第三十二冊，頁 504c）

④《十住毘婆沙論》（*Daśabhūmikavibhāṣā*）第六品：「眾生初發菩提心，或以三因緣，或以四因緣，如是和合有七因緣。……何等為七？答曰：一者諸如來，令發菩提心；二見法欲壞，守護故發心；三於眾生中，大悲而發心；四或有菩薩，教發菩提心；五見菩薩行，亦隨而發心；〔六〕或因布施已，而發菩提心；〔七〕或見佛身相，歡喜而發心，以是七因緣，而發菩提心。」（《大正藏》第二十六冊，頁 35a）

⑤實賢大師（1685–1733）別號「省庵」，所以又稱「省庵大師」，是清代高僧，中國淨土宗第十一代祖師。大師專精念佛，主張先志求往生，然後圓成菩提大願。著有《淨土詩》、《西方發願文注》、《勸發菩提心文》、《續往生傳》等。

⑥省庵大師《勸發菩提心文》：「此菩提心，諸善中王；必有因緣，方得發起。今言因緣，略有十種。何等為十？一者念佛重恩故，二者念父母恩故，三者念師長恩故，四者念施主恩故，五者念眾生恩故，六者念生死苦故，七者尊重己靈故，八者懺悔業障故，九者求生淨土故，十者為念正法得久住故。」

⑦省庵大師《勸發菩提心文》：「然心願差別，其相乃多；若不指陳，如何趨向？今為大眾略而言之。相有其八，所謂邪、正、真、偽、大、小、偏、圓是也。」依這八種發心的差異而分成四組，分別為「邪正」、「真偽」、「大小」和「偏圓」。

❽法友（Dharmamitra）比丘譯，《生起成佛之決心》（*On Generating the Resolve to Become a Buddha*, Seattle: Kalavinka Press, 2009），頁 71。

⑨《俱舍論》第八品：「初習業位云何修慈？謂先思惟自所受樂，或聞說佛菩薩聲聞及獨覺等所受快樂，便作是念：願諸有情一切等受如是快樂。若彼本來煩惱增盛不能如是平等運心，應於有情分為三品，所謂親友、處中、怨讐。親復分三，謂上、中、下；中品唯一；怨亦分三謂下、中、上，總成七品。……於親三品得平等已，次於中品下、中、上怨亦漸次修如是勝解。……。次於所緣漸修令廣，謂漸運想思惟一邑、一國、一方、一切世界，與樂行相無不遍滿，是為修習慈無量成。」（同注④版本，第二十九冊，頁 150b）

❿在第九章談論中國佛教的部分，將對此作詳盡的

解釋。

⑪ 羅睺羅・化普樂（Walpola Rahula）著，〈上座部與大乘佛教〉（Theravada–Mahayana Buddhism），出自《佛教智慧的寶藏》（*Gems of Buddhist Wisdom*, Kuala Lumpur: Buddhist Missionary Society, 1996）。

⑫《增支部・一集》第一七〇經（AN 1:170）：「有一人生於世，是為多人之益，為多人之樂，為愍世，為人與天之利，為益，為樂而生。」（《漢譯南傳》，增支部經典一，頁28）

⑬ 原書所引出處 DN 16:3.50 有誤，請參見《長部・清淨經》（DN 29:17）：「此法是依我之知解而說：於此即一切者共來，一切者共會集，義理對義理，字句對字句，應宣說、等誦、不諍。即此梵行永遠久住，乃為眾人之利益、眾人之安樂、慈愍世間、人天之利義、利益、安樂也。」（《漢譯南傳》，長部經典三，頁122）

⑭《相應部・惡魔相應》第五經（SN 4:5）：「諸比丘！為眾人之利益、幸福以憐憫世間。為人天之利益、幸福以遊方！」（《漢譯南傳》，相應部經典一，頁182）

⑮《十菩薩誕生故事》（*Dasabodhisattupattikathā*）1:1–2，哈瑪拉瓦・薩達提沙（Hammalawa Saddhatissa）譯，出自《十位菩薩的誕生故事》（*The Birth Stories of the Ten Bodhisattvas*, London: Pali Text Society, 1975）。

⑯ Jeffrey Samuels, "The Bodhisattva Ideal in Theravaada," *Philosophy East and West* 47.3 (July 1997):399–415.

⑰ Guy Armstrong, "The Paramis: A Historical Background," 出自網址：http://media.audiodharma.org/documents/paramis/HistoricalBackground.html. 圖丹・卻准在二〇〇七年停留於一座泰國寺院時，也從其他比丘處聽過此一法教。

⑱ 同注⑪版本。

⑲《所行藏》（*Cariyāpiṭaka*）I 8:15–16，伊莎里內・布露・荷娜（Isaline Blew Horner）譯，出自《*The Minor Anthologies of the Pāli Canon*》（Lancaster: Pali Text Society, 2007）。（譯按：《所行藏・施波羅蜜》第八：「我續與施，於續與施物之某時，予心無他，只為菩提之故。我非憎惡兩眼，我亦非憎惡自己。我為好一切智性，故我施與雙眼。」（《漢譯南傳》，小部經典十九，頁272））

⑳ 原書所引出處 Bv 52–54 有誤，請參見《佛種姓經》第二品（Bv 52–53）：「予於其處解髮，將樹皮之衣及獸皮佈敷於泥土之上而俯伏。『佛與弟子等俱，踏予而行，勿踏泥土，此應為予之利益。』」（《漢譯南傳》，小部經典十九，頁176）

㉑《佛種姓經》第二品（Bv 55–58）：「予於此處有何要耶？以行異相而證法，予達一切智，於人天世界成佛。予唯一人度，作顯示力量之人、有某種之要。達一切智度人天世界。為最上人，予依此決心達一

切智，度數多之諸人。斷輪迴之流，滅三之生有，乘正法之船，度人天世界。〔然希望將成佛人〕」（《漢譯南傳》，小部經典十九，頁 176）

㉒「至上」（abhi）是指正等正覺，「願」（nihāra）是指「朝向」或「意向」，「至上願」即是願得正等正覺。「至上願」的相是內心傾向於正等正覺；作用是發願成佛，並希望成佛後度脫眾生；現起是菩薩行的根本條件；近因是大悲心。

㉓根據巴利語傳統，人可以女身相成為聖者和阿羅漢，但無法成佛。根據密續乘的說法，一個人也可以女身相成佛。

㉔《佛種姓經》第二品（Bv 59）：「生為人，得為〔男〕性，有因緣見佛奉侍，出家，具德，奉仕與願心，結合此八種之法〔完成作佛之決心〕。」（《漢譯南傳》，小部經典十九，頁 177）

㉕十波羅蜜為布施、持戒、出離、智慧、精進、安忍、真實、決意、慈悲、捨。

㉖這四個因素有利於成就正等正覺，故稱為「四佛地」。「勇猛」是修習波羅蜜、捨離與善行的精進力；「上智」即指方法善巧智；「決意」是對修菩薩道不可動搖的決心；「利益行」即指培養慈悲心。

㉗這六種傾向是波羅蜜的根本條件。由於強烈的「出離」傾向，菩薩看透欲樂與在家生活的過患；由於強烈的隱居傾向，他看透群體與社交生活的過患；由於強烈的「無貪」、「無瞋」與「無痴」傾向，他看透貪、瞋、痴的過患；由於強烈的「解脫」傾向，他看透各生命界的過患。菩薩藉由這六種內心的傾向而修得波羅蜜。

13 菩薩修學波羅蜜

「波羅蜜」或「波羅蜜多」是證得覺醒的法門，而「四攝法」（巴saṅgahavatthu；梵 saṃgrahavastu；四種攝取眾生的方法）則帶領其他眾生走上覺醒之道。

梵文傳統所列舉的十種波羅蜜為布施、持戒、安忍、精進、禪定、般若、方便（善巧方便）、願（不移的決心）、力和智。最後四種波羅蜜是般若波羅蜜的精練面向，因而構成六波羅蜜。

在巴利語傳統中，十波羅蜜分別是布施、持戒、出離（巴nekkhamma；梵naiṣkramya）、智慧、精進、安忍、真實（巴sacca；梵satya）、決意（巴adhiṭṭhāna；梵adhiṣṭhāna）、慈悲和捨。

「波羅蜜」和「波羅蜜多」的意義是「度無極」（going beyond the end）或「事究竟」（reaching perfection）。在生起菩提心之後，這些修行法門帶領我們超越輪迴而成佛，根除所有的障蔽，所有的善功德都無限地增長。在結合了悟空性的智慧後，這些波羅蜜就成為出世間的波羅蜜；菩薩了知每個波羅蜜的作者、受者和行為本身都相互依緣而起，因此都空無自性。

梵文傳統：六波羅蜜

在生起菩提心後，我們需要積聚所有適當的因緣，藉以成就正等正覺。這些因緣區分為「福德」和「智慧」兩種類別。福德資糧可以使心成熟，使其更能接納包容，這是獲得佛之色身的主因；智慧資糧可以根除雜染，是獲得佛之法身的主因。這兩種資糧涵蓋所有的波羅蜜。

那些修持波羅蜜的人是「基」（basis），他們藉由生起菩提心而喚醒他們的菩薩性情和傾向。他們依止具格的上師，領受關於波羅蜜的廣泛法教。他們不滿足於智識，反而把握每個機會反思和觀修這些教法，並且修持波羅蜜。

每個波羅蜜的本質如下：

一、布施波羅蜜：包括身、語、意等業行，並以仁慈的發心和樂意布施為基礎。

二、持戒波羅蜜：避免從事不善行。

三、安忍波羅蜜：在面對他人的傷害、身心痛苦和學法困境時，保持平靜無擾的能力。

四、精進波羅蜜：欣喜地行善，創造成就佛之法身和色身的「因」。

五、禪定波羅蜜：心專注於善對境而不散亂的能力。

六、般若波羅蜜：能夠區別和深深了解世俗諦和勝義諦，並且能夠在法道上審察何者需要修持或捨棄。

每個波羅蜜都以特定的方式來成就眾生的福祉與安樂。布施波羅蜜能紓貧解困，提供人們基本的生活所需和其他可以享用的事物。持戒波羅蜜能緩解他人的恐懼和痛苦。安忍波羅蜜能忍受他人不體恤或有害的行為舉止，不加以報復而使對方痛苦。精進波羅蜜能幫助他人，而自己不會怠惰、怨懟，或因感同身受而緊張焦慮。禪定波羅蜜能使修行者擁有神通。般若波羅蜜能教導其他眾生，使他們生起智慧，進而根除疑惑，帶領他們覺醒。

由於圓滿福德和智慧兩種資糧需要很長一段時間，因此，我們必須確定自己在來世擁有珍貴的人身，才能夠繼續修持法道。布施波羅蜜確保我們擁有修持所需的物質資源。持戒波羅蜜是投生善趣的主因。安忍波羅蜜使我們受到善知識的吸引，他們會鼓勵我們修持佛法。精進波羅蜜使我們能夠在來世圓滿善的事業。禪定波羅蜜使心穩定寂靜，不散亂地從事禪修。般若波羅蜜使我們正確地了解因果業報，了知在法道上何者需要修持或捨棄，進而能夠區分正道上的上師和江湖術士之間的差別。修持每個波羅蜜，並在來世嘗受其果是重要的，即便只是欠缺其中一種波羅蜜，都會限制我們來世在菩薩道上前進的機會。

六波羅蜜可以被容納在三增上學當中，布施、持戒、安忍波羅蜜被包括在增上戒學裡，禪定波羅蜜是增上定學，般若波羅蜜是增上慧學。這三種增上學都需要精進波羅蜜。

所有的波羅蜜也都可以包含在每個波羅蜜的修持當中。例如，我們可以懷著菩提心來完成「奉茶」這個小小的布施行為。如果在奉茶時，不對他人做出身或語的傷害，即是持戒波羅蜜。如果接受奉茶的人傷害我們，或未心存感激，那麼，安忍波羅蜜可以使我們的心保持平靜。以精進波羅蜜來奉茶，為自己的布施行為感到欣喜。穩定的心有其必要，因此在布施時，心保持菩提發心，不受到煩惱的染污。在布施之前，我們需要般若波羅蜜，

●西藏的尼師修法。（攝於印度，圖片提供：Brian Harris〔Tibetan Nuns Project〕）

才能夠知道要布施什麼、在何時布施，以及布施的方法。在布施時，思惟施者、布施的物品、受者、布施行為的空性，如此可以生起智慧。

圓滿實現六波羅蜜需要時間、修持和耐心，與其期望自己成為專家，我們可以接受自己目前的能力，並在同時努力修持，使它們在未來有所增長。佛陀並非一開始就全然覺醒，他有時也會覺得修持六波羅蜜深具挑戰性。然而，由於「因」會帶來相應之「果」，因此，藉由穩定的修持，我們可以展開、增長和完成所有的菩薩行。

巴利語傳統：十波羅蜜

偉大的巴利論師法護撰寫《波羅蜜論》（*Treatise on the Pāramīs*），將十波羅蜜解釋為菩薩行。《波羅蜜論》包含在法護針對《所行藏》所作的注釋書中，以及針對《梵網經》所作的義疏裡。法護的聽眾是「那些熱切地修持『大菩提乘』（mahābodhiyāna）法門的『經師』（suttantika），目的在於提升他們積聚覺醒所需資糧的善巧方便」。覺音讚美佛陀圓滿菩薩道，成為正等正覺佛，同時也對此提出評論：「為求一切眾生解脫而受持的六波羅蜜戒為上。」（Vism 1:33）①不論追隨三乘中的哪一乘，六波羅蜜都是我們要培養的美好特質，許多追求阿羅漢果位的人都修持六波羅蜜。菩薩為了達成修行目標，必須更密集、更長時間地修持波羅蜜。上座部佛教國家的佛弟子常常讚美他們的上師積聚波羅蜜。

覺音解釋菩薩在生起四無量之後，從一個波羅蜜進展到下一個波羅蜜的進程：

（一）不作「此人應施，此人不應施」的分別而行為一切有情的快樂之因的「布施」，（二）為避免加害彼等（一切有情）而「持戒」，（三）為圓滿戒律而行「出離」，（四）

為了不愚痴於有情的有益無益而淨其「慧」，（五）為了有情的利益安樂而常勤「精進」，（六）以獲得最上的精進與勇猛而對有情的違犯行「忍」，（七）對於「我要給你這些，我要替你做」的允許絕不破約（即「諦」＝真實），（八）為彼等（有情）的利益安樂而作不變動的「決意」，（九）對諸有情以不變動之「慈」而施以恩惠，（十）由於「捨」而不希望酬報。他（菩薩）如是完成了十波羅蜜乃至十力、四無畏、六不共智②、十八佛法等一切善法亦得圓滿。（Vism 9:124）③

十波羅蜜共有許多特相：它們都發揮利他的功能，以證得覺醒為發心，並用不受貪愛、慢和邪見染污的心來完成。智慧將大悲心和善巧方便轉化成為覺醒的必要條件；大悲心和善巧方便是十波羅蜜的近因，也伴隨著每個波羅蜜。

在觀修波羅蜜時，我們應該省思：在修持每個波羅蜜時，我應該特別留意哪些煩惱？那個煩惱的對治法是什麼？我如何能夠提升正念和正知，藉以認清煩惱，並且運用對治法？

菩薩為了增長內在力量來圓滿菩薩道，而將自己供養給諸佛。如果他們在修持波羅蜜時遭遇困難，例如，欠缺生活必需品、受到侮辱、生病、受傷或筋疲力竭，他們就會反思「為了使一切眾生覺醒，我已經將自己供養給諸佛了。既來之，則安之」。他們不但信任三寶，且深信因果業報。他們不屈服於恐懼或憂慮，保持堅定不移的決心，繼續在菩薩道上前進。

摧毀自我中心，培養慈心，即是成就波羅蜜的方法。菩薩視一切眾生如己，並在所有情況下保持情緒穩定。菩薩視一切眾生為珍貴的子女或親人，其慈心、悲心和情感因而增長。在調伏自己的貪、瞋、痴之後，他們以四攝法使他人的心成熟，帶領眾生進入並圓滿三乘的任何一乘。

成就波羅蜜所需要的時間長短，取決於每個菩薩的傾向，例如他是否以智慧、信心或精進見長。所有的菩薩都直接從佛領受覺醒的授記，然後繼續在與其傾向相對應的時間內圓滿波羅蜜。

菩薩需要智慧的力量來成就正等正覺，因此智慧傾向突出的菩薩會有比較迅捷的進展。

菩薩是無上的功德田，受到人和非人的崇敬，也受到天神的保護，野獸不能侵害。他們離於瞋恚、嫉妒、競爭、偽善、吝嗇貪婪、頑固傲慢。有菩薩之處，即可免於危險和災禍。菩薩因修持波羅蜜而得長壽，能夠積聚殊勝的功德，加深其禪修，成就眾多利生的善業。他們出身殊勝的家庭，外表迷人，具有影響力，並擁有眾多的助手來進行利他的事業。他們可靠且值得信賴，因此眾生重視他們的忠告，願意賦予他們威權。他們的心已經轉化進入佛法，因而不會受人制伏，反而可以透過他們崇高的特質來調伏眾生。藉由這些成就，菩薩有能力也有許多機會引導眾生進入三乘的佛法之中。

儘管如此，我們不應期待每個菩薩都施展所有這些利益。菩薩會根據眾生的「業」，以任何可以利益眾生的方式顯現。因此，菩薩可能出身於社會的底層，他不具吸引人的外表，甚或短命。

佛果是菩提心和菩薩波羅蜜之果，擁有無上士（巴mahāpurisa；梵mahāpuruṣa）三十二大人相和八十隨形好的莊嚴色身，以及以十力等美好功德為莊嚴的法身。

在巴利語和梵文傳統之中，十種波羅蜜裡有五種波羅蜜的名稱相同，即布施、持戒、安忍、精進和般若波羅蜜。願波羅蜜（堅定不移的決心，梵文傳統）和決意波羅蜜（巴利語傳統）雖然名稱不同，但意義卻類似；梵文傳統的禪定波羅蜜和巴利語傳統的出離波羅蜜也是如此。「真實」、「慈」和「捨」只有在巴利語傳統中被列為波羅蜜，而「方便」、「力」、「智」也只被梵文傳統列為波羅蜜，兩個傳統的教法都針對每個波羅蜜的意義加以解釋。法護認為，當從它們的本質來看時，這十種波羅蜜可變成六種波羅蜜，也就是梵文傳統裡的六種波羅蜜。因此，兩個傳統共同擁有絕大部分的波羅蜜。

我們將解釋兩個傳統都教授的波羅蜜，然後再解釋只屬於一個傳統的波羅蜜。源自法護之論著的資料有巴利語拼音，源自梵文傳統的資料則有梵文拼音。

布施波羅蜜：以無執為基礎的「給予」

布施波羅蜜是「給予」的心，以無執和放下慳吝為基礎。布施波羅蜜有四種：（一）財布施；（二）無畏布施；（三）慈布施；（四）法布施。

財布施

「財布施」是指布施財物或金錢。菩薩將一切所需給予有所需要的人，即使人們並未提出請求，菩薩也會布施，並且布施適量的錢財，而非只布施少許，以此幫助有需求之人。他們行布施，卻不期待對方回贈禮物、讚美或名聲。如果他們沒有足夠的錢財可以布施時，便會將錢財平均分配給需要的人。他們不布施可能會造成傷害或使人生起煩惱的物品，例如武器、致醉物、色情書刊和危險的化學物品。他們只會布施適合受者且有助於對方獲得安樂的事物。

當菩薩注意到自己開始執著於特定的物品時，就會立刻將該物品布施出去。當有人要求某些物品時，菩薩會思惟執著的過患，並視對方為密友，他正在幫助自己離於這些物品的束縛，給予自己布施的機會。

菩薩也布施自己的身體來服務他人，或者將部分身體布施出去，但只有在適當時機才會這麼做。如果他們對布施身體猶豫不決，就會思量：如果有一棵可作藥的樹，有需求的人前來取用該樹的不同部位，樹不會發出怨言。同樣地，這個肉身的本質是苦，菩薩原本就要以它來服務眾生，因此，無任何理由來執著於它，而產生「這是『我的』，這是『我』，這是『我的自我』」的想法。

聖菩薩能夠毫不猶豫、毫無畏懼地布施身體。在此一果位之下的修行者只能夠布施部分的身體，而且不能危及性命。對一般的菩薩而言，比較明智的作法是維持並使用此一珍貴人身來修持佛法。在此同時，他們可以立下在未來成為聖菩薩之後，布施其身體的願望。

聖菩薩在布施身體時，因為其勝妙功德的緣故，並不會體驗肉體的痛苦；同時也因為其智慧的緣故，不會體驗心理的痛苦。一般菩薩在布施身體的部位時，會感受到身體的痛楚，但痛楚只會增強他們對眾生的悲心，因為眾生在惡趣承受的痛苦，遠遠超過這些菩薩所體驗的痛苦。

我們應該修持布施，盡可能地多施予財物。每天供養三寶，在享用食物前，將食物當作供養，並施食給有需要的人。我們也可以想像自己布施身體和財物，以及過去、現在、未來三世的善德。這種修行也具有利益，尤其當我們反思施者、受者、施予的物品都相互依存且空無自性時，利益就更廣大了。

無畏布施

「無畏布施」是指保護那些感到驚恐、迷失或置身險境之人，它使眾生的心平靜下來，保護他們免於身體的痛苦。

慈布施

「慈布施」包括擔任社會福利計畫的志工，他們會撫慰悲傷的人，並鼓勵、激發他人的良善特質。

法布施

「法布施」是指給予正確的佛法教授，它可以帶來今生和來世的安樂、解脫和正等正覺。菩薩將佛法介紹給尚未遇見佛法的眾生，並使那些已經在修持佛法的眾生的心成熟。他們根據聽法者的習氣和傾向而傳授三乘的教法，在分享佛法時，他們不期望受到特殊的待遇、尊敬和供養，純粹將領受佛法者當作親近的朋友那般給予忠告或教導。

布施的利益

布施具有眾多利益，它是收受資源之因。供養三寶能創造業緣，使我們遇見引領自己走上法道的聖者。菩薩懷著喜悅的心布施眾生所要求的、能夠利益眾生的一切，並且知道透過布施的善行，他們將成就正等正覺。

如果我們思量布施的利益和慳吝的過患，但在面對人們有所求卻無法布施時，佛陀囑咐我們要謙卑地對人們解釋說明：

此時，我的力量微薄，我的善根尚未成熟……我仍然有所執著，並且陷於「事物是我和我的」的執著當中。因此，善人！我請求你的寬恕，切勿氣惱。〔在未來，〕我將努力從事，以實現你和一切眾生的渴望。❹

「布施」並不表示要革除世間的所有貧窮，如果我們有布施之願，卻欠缺資源，那是毫無過失的。當人們求助時，我們需要就自己的動機、能力、行為後果來檢視每個情況。

持戒波羅蜜：放棄傷害他人的念頭

持戒波羅蜜是捨棄以自我為中心的態度，以及放棄傷害他人的念頭。持戒有三種：

一、避免具毀滅性的行為；

二、積聚善的特質；

三、利益有需求的眾生。

避免具毀滅性的行為

「避免具毀滅性的行為」是表示放棄十不善業，持守我們領受的戒律和誓戒。它是避免我們受到傷害的最佳保護，比成千上萬個彈頭更具效力，也是最佳的護衛。持戒賦予我們掌控身、語、意的主權，那些清淨持戒的人散放出「戒香」，使他們更具吸引力，進而能夠更有效地利益眾生。

如果菩薩生起煩惱而威脅戒德，他們會反思：「我不是已下定決心，要為了利益一切眾生而覺醒嗎？為了達成目標，我必須傳授佛法。為了做一個值得信賴的嚮導，我必須擁有清淨的性格，並具備禪那和智慧等成就。這一切都是以清淨持戒為基礎，因此，我應該守護戒律。」因此，菩薩應增強持戒的決心、個人的誠正和對他人的體恤，且要領受在家戒或出家戒，並藉由修持正念和正知來避免違犯戒律，以及清淨所有的違犯。

菩薩護衛四門，而持戒的過失都是從這四門而產生：

一、因無明而不知何者該修持或捨棄；
二、不敬重戒律，不認為持戒是重要的；
三、草率輕心；
四、心被強烈的煩惱所制伏。

他們修持對治法來對治此四門：

一、修學十善業和戒律；

二、藉由了解不道德行為的過患和持戒的利益，而對戒律生起信心和敬意；
三、保持正念和正知，行為小心謹慎；
四、運用對治法對治煩惱。

積聚善的特質

「積聚善的特質」是為了在修道上有所進展，菩薩把握每個機會去積聚福德和智慧的資糧。菩薩敬重和服侍上師和那些值得敬重之人，在他們生病時提供照護。菩薩感激智者提供的忠告和教導，並隨喜他人的功德。菩薩感謝那些曾經對其伸出援手的人，並且以利益他們和崇敬他們作為回報。

利益有需求的眾生

「利益有需求的眾生」包括：照料病者和傷者；撫慰悲傷者；對即將從事魯莽行為者提出睿智的忠告；幫助置身險境者；從中調停，促進人們之間的和解與原諒。這也表示協助盲者、聾者和身心面臨挑戰的人；幫助那些不具信心者生起信心；教導懶散怠惰者如何做一個充滿活力的人；教導飽受五蓋之苦者如何運用對治法；菩薩使那些違犯戒律、上癮和有犯罪紀錄的人恢復正常生活。簡而言之，如果他們的陪伴、知識或能力能夠利益到他人，他們都會毫不猶豫地加以應用。

菩薩有見識且判斷正確，並且只有在正確的時間、適當的地點和情況下，才會平易近人。菩薩不會勉強他人接受協助和忠告，也不會拒絕他人的需求。在引導眾生時，菩薩的行為只會增長他人的良善特質和善行，同時避免羞辱他人。菩薩盡可能地依據他人的需求和願望而採取行動，只要這些需求和願望不會傷害自己或他人，而且不偏離佛法修持即可。

持戒的順序

這三種持戒有固定的順序。「避免從事有害的行為」奠定從事善行的基礎，進而使我們為了眾生的福祉而努力。

在聽聞過往菩薩的勝妙行誼和修行成就之時，菩薩不會因此而心灰意冷或不知所措，反而會省思：「那些偉大人物也曾經是人。他們修學波羅蜜，圓滿積聚福慧資糧，因而證得勝妙的能力。我也會像他們那般修學，獲得相同的成就和能力，進而利益他人。」菩薩如此生起信心，鼓舞自己。

菩薩不會因為清淨持戒而變得傲慢，反而總是保持謙遜，隱藏自己的善德，揭露自己的過錯。他們知足、不抱怨、不傲慢自大，或玩弄他人於股掌之間。他們誠實直率，同時圓融得體。

當菩薩生起不執著於三輪體性的無染智慧時，其持戒就成為出世間的修持。此三輪是指捨棄有害行為的人、有害行為本身，以及有害行為的受者。

菩薩為了成就正等正覺而迴向功德，並不是為了投生善趣、脫出輪迴或獲得神通。法護說，菩薩迴向功德：

> ……只為了成為遍知佛，以使一切眾生獲得無可比擬的持戒嚴飾。（TP sec. 10）

安忍波羅蜜：面對艱苦時，保持堅毅和冷靜

「安忍」是指在面對艱難或痛苦時，能保持堅毅果斷和冷靜沉著。如之前所解釋地憶念瞋怒的過患，可以激發我們修持安忍。由於我們無法辨識誰是菩薩或誰不是菩薩，因此我們最好對一切眾生抑制自己的瞋怒。

培養安忍帶來諸多利益，使我們充滿魅力，親近聖者，投生善趣，而且減少不善業。安忍是美好聲譽的基礎，能夠使我們利益他人。安忍波羅蜜有三種：（一）耐怨害忍；（二）安受苦忍；（三）諦察法忍。

耐怨害忍

「耐怨害忍」是指不因為他人傷害而困擾的安忍。這表示，當他人傷害我們、我們摯愛的人或財物時，我們不會加以報復。當別人傷害我們時，可以反思以下的主題，藉以避免生起瞋怒、怨懟和惱恨：

一、瞋怒是真正的敵人，它會摧毀一切善，製造傷害，散播負面的事物。

二、敵人是瞋念和偏見的結果。為了遠離敵人，我必須捨棄瞋怒。

三、瞋怒會摧毀善業和功德，若無善業和功德，我將無法圓滿實現菩薩的願望。在圓滿菩薩的願望之前，一切眾生都將沉浸在痛苦之中。

四、瞋怒並無任何好處，我的良善特質和聲譽將會因為瞋怒而式微，甚至連吃飯、睡覺都不得安穩。

五、這個痛苦將耗盡「業」，使它不再障蔽我的心。

六、雖然這個痛苦源自他人的惡行，但我的身體卻是那個痛苦的溫床，而使我擁有這個身體的「業」是我獨自創造的。我沒有理由為了自己的痛苦不幸而歸咎他人。

七、傷害我的人即是我的老師，使我能夠培養安忍。

八、雖然這個人正在傷害我，但他過去曾是我的朋友，也曾經幫助過我。

九、一切眾生有如我的子女，我怎能因為他們無知的不當行為而生氣？

十、這種傷害正在教導我輪迴的本質是苦，而我必須努力終止我和他人的痛苦。

十一、面對和遭遇令人愉悅和不悅的對境，即是感官諸根的本質。

十二、在此一剎那，傷害者、傷害的行為和受傷者都已經滅盡。我應該對誰生氣，誰要開始生氣？由於一切現象皆是無我，我能夠傷害誰？

十三、佛陀視一切眾生為親愛的人，我怎能仇恨佛陀所愛的人？

十四、現象欠缺「我」或「我的」，無法獨立存在。現象依因緣而生滅，它們不從任何地方來，也不往任何地方去，更不立於任何處所。一切現象都沒有任何自我具足的作者。

十五、人和行為是不同的。一個行為可能是有害的或錯誤的，但做出這個行為的人卻不是邪惡的。他有成佛的潛能，他的煩惱才是真正的麻煩製造者，使他做出有害的行為。

巴利語傳統解釋，菩薩解析傷害和瞋怒的體驗，因而看清每個因素都仰賴其他因素而生起，而且每個因素都是短暫的且會在瞬間生滅。所以，有什麼好執著的呢？這些因素是無常的，也是苦的，它們並不適合被視為「我的」、「我」或「我的自我」。因此，沒有人會因為它而受到批評和傷害。

●西藏禪修大師密勒日巴位於西藏的聖穴。（圖片提供：Mike Nowak）

梵文傳統解釋，菩薩在觀修空性之後，將傷害者、受傷害者和傷害的行為等所有傷害的元素都視為欺誑；它們就如映影和幻相那般並非真實地存在，卻欺誑地顯現為自性存在。這種智慧使菩薩能夠忍受痛苦，而不會有身心的苦悶和苦惱，也因而不會有瞋怒。

修持安忍且做一個充滿悲心的人，並不表示我們的身業和語業都是消極且令人愉悅的。儘管在某些情況下，平靜沉著的舉止是合宜的，但在其他情況下，我們或許需要採取激烈或斷然的行動，以阻止一個人傷害另一個人。然而，即使在這樣的情況下，我們都不應心懷瞋怒地採取行動。

當某人在傷害我們之後，真心誠意地為了他的過失而向我們道歉時，我們都要原諒他，且不心懷怨恨，這點非常重要。不斷地提醒他人的過失，或私底下希望禍害降臨在他身上，這些作法都違反菩薩的精神。

安受苦忍

「安受苦忍」是指自願接受痛苦的安忍，並且能夠冷靜沉著地忍受身心的艱苦。在生命當中，有時我們願意忍受痛苦，例如即將臨盆的女人願意忍受生產之苦。同樣地，我們要培養忍受痛苦且不因而氣惱的能力，因為此舉將防止未來的痛苦，並使我們在覺醒的道路上前進。

當我們因為生病或受傷而感受身體的疼痛，或因為不公不義、背叛而承受心理的痛楚時，我們要記得，這種痛苦是惡業之果。我們可以反思：「這個『業』的種子現在成熟為現世的苦，比我在來世投生惡趣來得好。」或者我們可以思量：「願我的痛苦足夠到可以替代一切眾生的不幸。」我們思惟，以平靜的心忍受痛苦可以去除慢心，增長出離心，鞏固自己對三寶的皈依，並且增長悲心。

諦察法忍

「諦察法忍」是指不論要花多久的時間，才能理解佛法深奧微妙的意義，此一安忍使我們能夠快樂地繼續學習和修持佛法。在修法的道路上，佛法挑戰我們珍視持有卻充滿煩惱的偏見，恐懼和排斥可能會因而生起。我們需要安忍，它使我們產生繼續修持的勇氣，才不會隱退到習慣性的情緒和行為舉止當中，這些情緒和行為是痛苦不幸的根源。觀修空性可以挑戰俱生我執無明的根源，因此，我們需要勝妙的安忍和勇氣來瓦解此一無明。

我們因為智慧尚未能徹底深入而無法了解某些佛法概念，但是基於對佛陀話語的信任，或對自己已經了解和體驗的教法所產生的信任，我們因而接受那些尚未徹底了解的佛法概念，此一安忍即包括了這種接納。這使我們能夠繼續探究教法，並且明白自己需要時間才能徹底了解。藉由從反思佛法而產生的安忍，我們就能包容之前似乎無法包容的事物。

精進波羅蜜：對善德感到欣喜

精進是對善德感到欣喜的態度，若無精進，我們就不可能實現修行的願望和志向。有了精進，我們可以為了自己和他人的福祉而快樂地在法道上修行，不會心灰意冷或筋疲力盡。有了不懈不倦的精進，就不會放棄去圓滿福慧資糧，也不會放棄去解脫救度輪迴中的一切眾生。因此，精進是一切吉祥成就之源。

披甲精進

佛典提及有三種精進：（一）披甲精進；（二）攝善精進；（三）利樂精進。

「披甲精進」是一種修行的熱忱，使我們能夠繼續修持佛法，不落入拖延怠惰、追求無意義的活動或心灰意冷。有了披甲精進，菩薩立誓「即便只利益一個眾生，也將奉獻此身達數劫之久」。

攝善精進

「攝善精進」是受到利益眾生之深切願望的推動，使我們的心充滿活力，樂於修行。

利樂精進

「利樂精進」是指如第三種持戒「利益有需求之眾生」那般，對相同群組的眾生伸出援手。

三種精進對治三種怠惰

《現觀莊嚴論》提及三種精進可以對治三種怠惰：

一、不執著於瑣碎行為的精進：這對治執著於世間八法的怠惰。憶念輪迴的過患，使我們猛然從自得意滿的散亂中醒悟。

二、孜孜不倦的精進：這相對於睡眠、昏沉無力和耽擱拖延的怠惰。思惟死亡，可以讓我們感激目前此一珍貴人身所提供的機會，並且不再拖延。

三、徹底護持法道的精進：這相對於灰心喪志的怠惰，例如心想「我沒有能力修行」、「這條道路太過艱難」或「覺醒的目標太過崇高」。

有時，我們想要增長某種技能或想要幫助他人，但事與願違時，我們會因而感到沮喪。這種情況也曾發生在我身上，但是當我審視自己的動機之後，我又重獲信心，重新懷抱利益他人的真誠渴望。我不畏蜚短流長，知道自己的發心是真誠的，這賦予我勇氣和內在的力量，即便我表面上可能不是成功的，但我仍然覺得心滿意足。另一方面，如果我的發心不夠真誠，那麼即使他人讚美我，我也功成名就，我仍然會感到不自在和自我懷疑。

對治這種因氣餒而來的怠惰是重要的。你可以反思自己具有解脫和正等正覺的潛能，藉以對治這種怠惰。思量自己擁有珍貴人身之自在閒暇和幸運等不可思議的境遇，回想佛陀也像你一樣曾是個受到限制的眾生，但透過精進修持，他成就了正等正覺。

剛開始，你修行的能力相當薄弱，但它會隨著你一再地修行而增強。當能力變得穩固堅強時，我們將會回顧並看見當初看來幾乎不可能的事情，如今都成為可能，也成就自己從前認為不可能成就的事情。我們的內在能力因為自己的努力精進而增長。

對治怠惰的四種力量

有四種力量可以對治那些阻礙精進的怠惰：

一、我們思量精進的利益和怠惰的過患，因而生起培養精進、捨棄怠惰的「興趣」。

二、藉由「穩定力」，我們繼續從事善行，並在審察自己是否有時間和能力去完成這些計畫之後，才致力獻身投入。

三、我們懷著「喜悅」，持續地從事利他的行為。

四、我們藉由「棄捨」，在有需要時休憩身心，之後再充滿熱忱地重新展開善行。

保持精進的三種信心

菩薩培養三種信心，使其保持精進：

一、懷有「行動的信心」：他們準備在無人協助的情況下，獨自採取行動。

二、懷著「自己有能力服務他人的信心」：他們毫不懷疑自己，也無絲毫猶豫地從事利他的事業。

三、帶著「對抗煩惱的信心」：他們決心去預防和對治煩惱。

菩薩思量：「我今天是否已經積聚資糧？我今天做了什麼利益眾生的事？」如此，他們憶念自己衷心的修行願望，並鼓勵自己採取行動。菩薩樂意承擔一切眾生的痛苦，隨喜一切眾生的福德和善行。他們常常回想佛陀的勝妙功德，並發菩提心來從事各種活動。每當他們感到快樂時，便祈願一切眾生也感到快樂，他們如此日復一日地積聚覺醒所必需的資糧。

禪定波羅蜜與出離波羅蜜：捨離欲樂與培養「定」

梵文傳統的「禪定波羅蜜」和巴利語傳統的「出離波羅蜜」兩者儘管名稱不同，處理的卻是相同的修行法門，即捨離感官欲樂和培養「定」。禪定波羅蜜是透過九種心住來發展「定」，我們已在之前的章節討論過這個法門。

菩薩捨棄對感官欲樂的追求，反而去增長八種安止定，但這八種安止定卻不是他們主要的興趣和關注。他們的究竟目標是運用「定」來發展專注於空性的「觀」，進而運用這種「觀」去斬斷輪迴之根，盡除煩惱障和所知障。

了悟輪迴的本質是苦，這是出離波羅蜜的基礎。菩薩感受到修行的迫切感，因而捨棄對感官欲樂和輪迴六道的執著。出離心使得菩薩不會從事極端的苦行主義或涉入他人的煩惱，以及耽溺於感官欲樂。

為了鞏固出離心，菩薩省思感官欲樂的危險、家庭生活的散亂，以及出家生活的利益。他們看清職業生涯和家庭生活會帶來無數的糾纏束縛，消耗時間，激起煩惱。感官欲樂如同塗抹在劍鋒的蜂蜜，帶來的歡樂有限，而傷害卻會源源不斷。它們如閃電般稍縱即逝，如飲用鹽水般，只會使我們更加口渴。

菩薩看清這些過患，思量出離、簡樸和獨居的利益而出家。他們持戒度日，對身上所穿的僧袍、乞食而得的食物和住所感到心滿意足，進而為從事禪修，在其中感到欣喜而證得禪那。在此，法護談論十三種苦行，以及四十種修「止」的對境。

般若波羅蜜：了知四諦，照見現象的本質

我們無須擁有高智商或高學位才能培養成就正等正覺的智慧和智識；相反地，我們必須心胸開闊，具有學習和清楚分析的能力、真誠的修行熱望，以及創造足夠的福德。我們可以在睿智且慈悲的上師的引導之下從事聞、思、修，而在今生增長智識和理解力。

觀修空性的方式

在梵文傳統之中，般若波羅蜜有三種：（一）了解空性的智慧；（二）利益眾生所需的知識和善巧的智慧；（三）了知如何利益眾生的智慧。在此，我們強調了悟空性的智慧，因為如果沒有這種智慧，我們就會留在輪迴，利益眾生的能力也會受限。

觀修空性有兩種方式：（一）「如虛空般的禪修」（space-like meditation）；（二）「如幻般的禪修」（illusion-like meditation）。「如虛空般的禪修」是觀修空性——人無我和法無我的等至，它之所以被稱為「如虛空」（space-like），是因為空性如虛空般無礙、無限，而且觀修空性的心是開闊的，了無以自性存在之對境的顯相和散亂的概念化思想。

在破斥自性後，剩下的僅僅只是名言的存在。很明顯地，從我們的親身經驗來看，事物是存在的，並且會帶來幫助或傷害，而我們的行為都有其結果。然而，在分析這些事物存在的方式之後，我們找不到任何事物是自行獨立存在的，一切事物都只是依名言而存在。

在修行者從觀修空性的等至中出定時，因為無明種子的緣故，事物再度以自性存在顯現於修行者眼前。此時，菩薩從事「如幻般的禪修」，思量事物如同幻相，一方面顯現為自性有，另一方面則以自性空而存在。這種禪修使得修行者在面對看似可喜和可憎的事物時，能保持平等捨。於人和現象（法）的如幻本質保持正念，可以鞏固修行者在一般座上修法時所了證的空性。

智慧能淨化所有的波羅蜜

在巴利語傳統中，般若波羅蜜了解現象本身的共相和不共相。般若波羅蜜源自於「定」和了知四諦，以及清楚地照見現象的本質。

智慧（般若）可淨化所有其他的波羅蜜，使它們成為佛之遍知心的基礎。智慧使得菩薩甚至布施自己的身體。它使持戒波羅蜜離於貪愛等煩惱，認識到感官欲樂和家庭生活的危險，了知出離、禪那和涅槃的利益。它將精進導往正確的方向，成就一切善。在面對他人的過錯和冒犯的行為時，智慧賦予菩薩安忍。具智慧的人說話真實不虛（真實），擁有堅定不移的決心（決意），慈愛地照料一切眾生的福祉（慈），並且在變遷的輪迴之中服務、引導一切眾生時，保持平等捨（捨）。

般若波羅蜜與三慧

為了培養「聞所成慧」（從學習而生起的智慧），菩薩徹底研究五蘊、六處、十八界、四聖諦、二十二根、十二因緣（Vism 14–17）、四念處和現象的種類。菩薩也學習各種有益於眾生的知識。菩薩藉由反思現象的不共特相，而生起「思所成慧」（從思惟而生起的智慧）。

接著，他們從事「修所成慧」（從禪修而生起的智慧）的前行，它屬於世間的遍知（巴pariññā；梵parijñāna）。在此，菩薩觀察五蘊的三種共相，並且了解所有內在和外在的現象都是「依緣而生滅之名色（nāmarūpamatta），沒有作者或行為者。它不會停駐，因而是『無常』的；它受到改變的壓制，因而是『苦』的；它不受掌控，因而是『無我』的」。藉由這種了解，菩薩捨棄執著，也帶領其他眾生捨棄執著。在三乘的道路上，菩薩使眾生的心成熟，進而獲得禪那、定解脫、定、證量和世間的神通。菩薩繼續這麼做，直到達至智慧的巔峰，佛的功德近在眼前。

我們可以從兩方面來談論修所成慧——五種世間神通（Vism 12–13）和五種清淨。見清淨、度疑清淨、道非道智見清淨和行道智見清淨是世間的清淨，智見清淨則是四種聖道的出世間智⑤。（Vism 18–22）

法護評論，《清淨道論》為那些遵循聲聞道而證得阿羅漢果的人陳述這些主題，菩薩應該懷著慈心、菩提心和善巧方便智慧來修持它們。此外，菩薩增長智慧達至行道智見清淨的程度。他們必須等到證得智見清淨，因為這是依照次第了證涅槃的四種聖道。在進入四聖道之前，菩薩必須善巧地平衡悲心和智慧的發展，而且唯有當他們圓滿波羅蜜之後，才進入四聖道，成就正等正覺。如此一來，他們證得涅槃將會相符於正等正覺。

願波羅蜜與決意波羅蜜：立願利益眾生，從事不共勝行

梵文傳統的「願波羅蜜」類似巴利語傳統的「決意波羅蜜」。願波羅蜜是立下堅定的願望，決心要為利益眾生而從事不共的勝妙行誼。在梵文傳統中，這包括藥師佛的十二大願、阿彌陀佛的四十八大願，以及普賢如來的十大願。根據《華嚴經》（*Gaṇḍavyūha Sūtra*）的說法，普賢如來十大願是指：（一）禮敬諸佛；（二）讚歎如來；（三）廣修供養；（四）懺悔業障；（五）隨喜功

德；（六）請轉法輪；（七）請佛住世；（八）常隨佛學；（九）恆順眾生；（十）普皆迴向。

菩薩立下堅定不移的決心，但可能不會實現，例如承諾帶領一切眾生解脫痛苦。立下這樣的大願，並非毫無意義的追求，它可以增強我們的決心，使我們不論面對何種艱困，都竭盡所能地去利益有所需求的眾生。做為身心能力有限的凡夫，我們必須在採取行動之前，評估自己的能力。不論如何，即使它們看似不切實際，但立下這種勝妙的決心，可以拓展心的廣度和強度，使我們能夠漸漸地增長利他的能力。

決意波羅蜜是實現我們解脫眾生的承諾和圓滿十波羅蜜的堅定決心，它賦予我們穩定地修行的勇氣，即使在煩惱威脅、動搖我們時，也充滿勇氣。

巴利語和梵文兩個傳統都有上述這些共同的修行。此外，兩個傳統雖然都修持以下列舉的波羅蜜，但只有梵文傳統將它們列為波羅蜜。

方便波羅蜜：針對眾生根器解釋教法

「善巧方便」是指諸佛、菩薩受到悲心的驅使，針對眾生特殊的需求和根器，而採用最佳的溝通和行為方式來解釋教法。善巧方便也包括菩薩視一切現象為空卻不捨眾生的能力，以及住於深定的狀態，而不執著於投生色地和無色地的能力。

《菩薩地經》（*Bodhisattvabhūmi*）描述兩種善巧方便。第一種善巧方便是「成就他們本具之佛的所有功德」，菩薩懷著悲心看顧一切眾生，出於悲心和智慧而再度投生於輪迴之中，了知現象的勝義本質，不放棄輪迴的眾生，渴望無上覺醒的智慧，並且以菩提心來激發熱忱。

第二種善巧方便是「成熟所有其他眾生」的能力，菩薩教導眾生如何將微小的行為轉化成為大善，使他們毫無艱難地成就勝妙的善根，盡除那些不喜歡佛陀教義之眾生的瞋怒，鼓勵對佛法懷抱中立態度的人進入佛法，使那些已經進入佛法者的心續成熟，並使成熟的眾生獲得解脫。

力波羅蜜：修持菩薩乘，得聖菩薩之力

力波羅蜜有許多種，包括：

一、已經捨棄煩惱而不再沉溺於煩惱之力。
二、修學聖菩薩智慧的無上念之力。
三、記得一切所讀、所聞的教法之力。
四、住於深定而不散亂之力。
五、了知在無數地的一切眾生行為舉止之力。
六、實現我們所有目標之力。
七、善於區分和審視佛的功德之力。
八、不放棄佛行事業之力。
九、完全成熟自己和他人本具之佛的功德之力。
十、不偏不倚地保護一切眾生的大慈力。
十一、不偏不倚地盡除一切眾生之苦的大悲力。
十二、體驗究竟實相如幻之力。
十三、趨近遍知智慧之力。

思惟這些聖菩薩之力，讓我們一瞥自己能夠藉由修持菩薩乘

●印度達蘭薩拉的卓瑪林尼寺（Dolma Ling Nunnery）舉行供燈法會。（圖片提供：Brian Harris〔Tibetan Nuns Project〕）

而獲得的特質。如果我們創造獲得這些力量之因，並使用它們來利己、利他，將會為我們帶來滿足、信心和從事修行的旺盛活力。

智波羅蜜：了知一切現象的多元性

智波羅蜜了知現象的多元性和世俗，並且能夠使菩薩為眾生帶來巨大的利益。

真實波羅蜜：所言不虛且信守承諾

真實波羅蜜是指所言不虛，我們說實話且言出必行，信守利益眾生和不捨棄眾生的承諾。眾生將因此而信任我們，敞開心胸讓我們利益他們。

不論對方是幫助或傷害他們，菩薩都說實話。他們根據聽眾的習性和傾向，善巧地傳授佛法，但不會為了受人尊敬或得人供養而修改佛陀的話語。因此，眾生可以信賴菩薩的教導是真正的佛法，而非為了縱溺他們的煩惱所調整或捏造出來的事物。

菩薩以真實波羅蜜接受眾生的空性，他們確實了知現象的真實本質，圓滿積聚覺醒和成就菩薩道所需的一切資糧。

慈波羅蜜：給予創造快樂之因的願望

慈波羅蜜是給予一切眾生快樂並創造樂因的願望。菩薩心想：「希望他人快樂是一件好事，但光是祈願並不會為他們帶來快樂。我必須懷著慈心和精進來採取行動，成就這件事。」他們也反思，眾生是無可比擬的功德田，他們可以用此功德田來培養善德，圓滿資糧的積聚。

因此，菩薩的心無邊無盡，總是珍愛眾生，永不放棄眾生，並且賦予眾生快樂。他們也因此而生起悲心，希望盡除眾生之苦與苦因——煩惱，希望眾生遠離苦與苦因。

捨波羅蜜：懷著捨心利益眾生

捨波羅蜜是不去分別事物是否可喜或可憎、令人愉悅或不悅。菩薩保持平等捨，不論面臨何種遭遇，都繼續修行。他們懷著捨心利益眾生，不區分是誰提供協助或是誰製造傷害。

若無平等捨，心就會隨著周遭的人或事物而搖擺不定。這種失衡會阻礙定的發展，擾亂持戒，阻礙我們從事利生的行為。如果心充滿平等捨，我們就可以平衡地面對現前的一切，遠離憂慮、不滿和恐懼，進而增長利益眾生的決心，為修持波羅蜜提供支柱。

四攝法：促進他人之善的四種方法

在巴利語和梵文傳統之中，菩薩都使用「四攝法」來激起人們對佛法的興趣，說服他們學習和修持佛法。四攝法即是「促進他人之善的四種方法」和「團結的四種方法」，我們以這四種方法形成一個社群，並且以修持佛法的共同目標來團結此一社群。

這四攝法分別是：（一）布施攝；（二）愛語攝；（三）利行攝；（四）同事攝。

布施攝

「布施攝」是指協助和提供他人所需的物質。他們將會受到我們布施的吸引而敞開心胸，接受佛法的教導。同時，布施讓他人擁有學習佛法的資具，若無基本物質所需，就連真心誠懇的弟子也將無法修行。巴利語和梵文傳統都證明佛法是無上的贈禮，因為它能夠使他人為自己創造暫時和究竟安樂之因。

愛語攝

「愛語攝」是指取決於情況，以各種方式對他人說話。我們可以談論人們感興趣的話題來認識他們，與其相熟。當他們接納佛法時，我們可以用愉悅的話語來傳授佛陀的教法；在他們面對困難時，提供明智的忠告。菩薩說話時文雅有禮，尊重他人，仔細傾聽，不把自己的想法強加在他人身上。不論教導的對象是貧或富、男或女、出家或在家，他們都不偏不倚。

利行攝

「利行攝」是指以充滿利益的行為鼓勵他人。我們讚美他人的美善特質，並給予支持，使他們可以修持佛法，將身、語、意業轉化成為善業。我們或許可以組織安排或帶領人們從事佛法服務、禪修和閉關。佛教徒從事社會福利工作，顯示我們的悲心不只是空談，且社會大眾也會因此而受到佛法的吸引。我們需要極大的耐心和精進，鼓勵那些因為業障而抗拒佛法的人，但這一切都是值得的。簡而言之，我們努力在懷疑中生起信心，在不道德中生起善德，在慳吝中生起布施，在無明中生起智慧。（AN 9:5）⑥

同事攝

「同事攝」是指行為和生活符合法教，樹立個人的典範。同事攝鼓勵他人修持佛法，增加他們對三寶的信心。重要的是，我們的日常行為必須體現佛法，才值得他人的信賴，並且才能繼續利他。我們和他人一起工作和生活，為他們樹立一個仁慈且有道德地過生活的良好典範。我們善巧地帶領他人採取各種善的方式。

教授佛法是一件極具利益的事，但也責任重大，必須漸進而行，並且得到上師的許可。在教授佛法時，重要的是要以悲心作為發心，我們必須不斷地反思和清淨自己的發心。有些出家人在傳授佛法時，希望他人會聽從，並供養生活必需品和其他禮物來表達感激，佛陀批評這種傳法方式是不淨的。佛陀解釋清淨的傳法方式：

> 對他人教授佛法的比丘懷有這樣的想法：「世尊已經詳盡地解釋佛法，其法直接可見、即時、邀請人來探看、適用，並且經過智者親身體驗。願他們從我這裡聽聞佛法！在聽聞之後，願他們了解佛法！在了解之後，願他們如實地修持佛法！」因此，出於佛法的本然殊勝，他對其他人傳授佛法；出於悲憫和同情，他對其他人傳授佛法。比丘如此傳授佛法是清淨的。（SN 16:3）⑦

為了傳授佛法，我們必須先透徹地了解佛法，否則可能會面對傳授不正確的佛法和誤人子弟的風險。我們不應該傳授自己不熟悉的主題，當我們不知道問題的答案時，最好說「我不知道」，然後請教上師或研究法典。

①見覺音著，葉均譯，《清淨道論》，高雄：正覺學會，頁 14。

②六不共智為菩薩不與聲聞弟子所共之智，是巴利語傳統所說。六不共智為：（一）根上下智；（二）眾生意樂隨眠智；（三）雙示導智；（四）大悲定智；（五）一切知智；（六）無障智。

③同注①版本，頁 327。

❹出自《郁伽長者會》（*Ugrapariprcchā Sūtra, A Few Good Men*），珍．那體慧（Jan Nattier）譯（Honolulu: University of Hawaii Press, 2005），259。（譯按：《大寶積經．郁伽長者會》：「若不能施，應以四事白於乞者：『今我力劣善根未熟，於大乘中我是初行，其心未堪自在行施，我是著相住我、我所。善大丈夫！今向汝悔勿生嫌恨，我當如是勤行精進，滿足一切眾生所願。』長者！在家菩薩應當如是白於乞者。」《大正藏》第十一冊，頁 475c）

⑤四道智是須陀洹道智、斯陀含道智、阿那含道智和阿羅漢道智。

⑥《增支部．九集》第五經（AN 9:5）：「諸比丘！諸利行中之最勝者，為令不信者成就其信而勸導，令入而住；為令破戒者成就其戒而勸導，令入而住；為令慳貪者成就棄捨而勸導，令入而住；為令劣慧者成就其慧而勸導，令入而住。」（《漢譯南傳》，增支部經典六，頁 16）

⑦《相應部．迦葉相應》第三經（SN 16:3）：「諸比丘！任何之比丘，以如是之心，對他人說法者：『法乃由世尊善說者，於現世不隔時而有果報，可得說來見之法，而導於涅槃。識者各各應自知之法。實為我聞法，聞法而予瞭解，瞭解而更如法修行。』如是乃契於善法之性質，向他說法，由悲愍、哀憐之哀愍為始，向他人說法。諸比丘！如是乃比丘之淨說法。」（《漢譯南傳》，相應部經典二，頁 250）

14 覺醒的潛能與佛性

解脫是可能的嗎？

心性本然清淨，雜染是外來偶發的

如果終結「苦」是可能的，那麼這個目標就值得去追求。解脫之所以是可能的，其中有兩個因素——明光（巴pabhassara；梵prabhāsvara；光淨）是心的本質，而雜染則是外來偶發的。

根據梵文傳統的說法，心的「明光」本質是指心本初、生動的本質，其明晰和覺性使心能夠覺察對境。心覺察或了知對境的能力一直都在那裡，無須加以培養發展。

心無法了知特定的對境，這一定是因為有障蔽之故。諸如牆壁等物質的對境，會阻擋我們看見牆壁後面的事物，而對境如果太遠或太小，一般的感官也無法感知。知根受損（例如眼盲），會使我們無法了知可見的對境（色塵）。我們天生具備的知根和腦的種類不同，也會阻礙我們了知對境，例如人類的耳朵無法聽到許多動物能夠聽到的聲音，而動物的腦無法使用語言，也無法取得和了解複雜詳盡的概念智識。

更困難的是，例如六種神通所能了知的對境非常精微、甚深或廣大，一般的心無法加以認知。我們必須具備深刻的禪定和正確的智慧，才能了知這些對境。

心的細微無明種子及這些種子所產生的錯亂顯相與感知，也阻止我們了知所有現象。當了悟細微的「法無我」的智慧盡除心的障蔽之後，心將自然而然地感知所有對境，因為那時再也沒有任何事物能從中阻擾。所以，佛心是遍知的，能夠同時了知一切法，包括在一個剎那內覺知諸法的空性。

心的本質（心性）如水般清澈，水中的塵土並非水的本質，而且是可以被移除的。不論水有多麼混濁，它清澈的本質永遠不會喪失；同樣地，煩惱是外來偶發的，並未滲入心的本性之中，心的明性和覺性並非每個剎那都和煩惱有所牽扯。如果煩惱本具於心，那麼煩惱會一直現起，不可能被根除。

心性之所以被稱為「明光」，那是因為心空無自性，這是心的本然清淨。如果心以自性存在，那麼執著於自性的無明將會是一個正知者，因而不可能被根除。然而，心和所有其他現象都是相互依存的。「自性」這個東西並不存在，而執著於自性的無明是一種顛倒識（wrong consciousness）。

智慧了知自性空——現象真正存在的方式，智慧了悟的事物與無明執著的事物恰恰相反，因此智慧具有根除無明的能力。我們愈熟悉智慧，愈多的無明和煩惱就會減少，直到它們完全滅盡為止。從無始以來一直障蔽我們的心的煩惱，不是透過祈願、請求佛陀和本尊加持，或專注於一境的禪定，就能夠捨斷。唯有透過觀察和直接感知究竟實相的智慧，才能夠盡除煩惱。無明有其對治法，因此它可以被去除，解脫因而成為可能。摧毀煩惱並非摧毀心的本身，心的清淨本質仍然留存，所以說無明和煩惱是外來偶發的，其原因即在於此。

每個佛教教義體系對「解脫」和「涅槃」的詮釋都稍有不同，但都同意這兩者是心的一個特質，藉由運用對治法來對治這些雜染，可永遠地與製造輪迴的雜染分離。

在審察「與雜染分離」時，我們發現，它是離於雜染之心的勝義自性。從無始以來，這種勝義自性一直存在；只要有心，它就存在。在眾生的心續中，心的勝義自性被稱為「佛性」或「成佛的可能性」。當它具備與雜染分離的特質時，就被稱為「涅槃」。因此，涅槃的基礎（心的空性）總是存在於我們之內，它不是剛剛被創造出來或從外界取得的事物。

轉化自心成正等正覺之心的三個因素

再者，心的良善特質可以無限地發展培養，將我們的心轉化成為佛的正等正覺心。其中有三個因素可能促成此一目標。

一、心的明性和覺性是培養所有殊勝功德的穩定基礎。

明光心是堅定穩固且持續不斷的，它無法被斬斷。在諸如肉身這樣一個不穩定的基礎上，我們無法無限地發展培養殊勝的功德。我們愈是在「明性」這個穩固的基礎上修學殊勝功德，這些功德就愈會無限地鞏固增強，直到它們在成佛狀態中臻至圓滿。

二、心會習慣於逐漸累積起來的良善特質。

我們可以逐漸累積自心的良善特質，而且每當我們專心地發展它們時，不必從頭開始。跳高選手無法無限地發展跳高的能力，每一次橫竿提高，他就必須跳得比上一次還高。然而，我們培養心之特質所使用的能量卻得以維持，如果我們明天培養相同的特質，便可以在昨天的基礎上繼續累積，而無須以同等的能量來達成昨天的程度，相同的能量將被用來增長那個良善特質。當然，這需要我們不斷地修學，否則就會像運動員一樣，修行的「肌肉」將會萎縮。如果我們規律地修行，能量將持續地用於增長良好的特質，直到我們非常熟悉那些特質，且變得自然任運為止。

三、正理和智慧能夠增長良好的特質，而非削減。

具建設性的態度和情緒有正理作為可靠的後盾，不會因為了悟實相的智慧而受損傷。悲心、信心、誠正以及所有其他殊勝的特質，都可以和智慧一起培養，也會因為智慧而增強。因此，它們可以無限地發展。

所有的佛教傳統都同意，我們可以培養廣大浩瀚的美善特質，也能夠徹底地將雜染從心上根除。每個傳統都描述達成此一目標的基礎，但描述的方法都稍有不同。

巴利語傳統：了知心是光淨的，即是修心

在巴利語經典裡，佛陀指出修行者顯露其解脫資質的某些特徵。如果人們的欲望適度且心滿意足，表示他們是以解脫為目標的真正修行者。這些特徵就是表示他們獲得成就的潛能，應該每天加以培養。

一些佛經談到光淨心，而心的光淨即是修心的基礎。佛陀說：

比丘！此心是光淨的，但卻受到外來偶發的雜染所染污。未受教的世人不了解心的如實面貌，因此他們的心了無發展。

比丘！此心是光淨的，且離於外來偶發的雜染。受教的聖弟子了解心的如實面貌，因此他們的心有所發展。（AN 1:51–52）①

佛陀也說：

識是不顯現的、無邊的、全然光淨的……（DN 11: 85）

瑜伽行派：佛性是種子，具有生起三身的潛能

在般若諸經、彌勒的《現觀莊嚴論》和《寶性論》，以及無著的《菩薩地論》等梵文經典都談及「佛性」（buddhagotra）❷，並且從瑜伽行派（唯識宗）、中觀學派和密續乘的觀點來探討。

根據瑜伽行派的說法，佛性是從無始以來一直存在的種子或力量，具有生起佛之三身的潛能，它是「無漏智種子」，是有為法。③「佛性是種子」的說法符合瑜伽行派的體系，該派認為一切事物的生起都是因為根本識（阿賴耶識）的種子之故。當此一「無漏智種子」尚未受到聞、思、修所潤發時，它被稱為「本性住種姓」（naturally abiding buddha nature）。當同一個種子受到聞、思、修佛法的潤發之後，它被稱為「習所成種姓」（evolving buddha nature）。④

「本性住種姓」是具有三種特徵的種子：

一、它從無始以來一直存在，不間斷地從一世延續到下一世。

二、它不是剛剛被創造出來的，而是本然地住於我們之內。

三、根據瑜伽行派隨教行者的說法，它是由根本識所持，而瑜伽行派隨理行者則說它是由第六意識所持。兩者都同意，感官的根識⑤只能時斷時續地呈現，並非穩定的基礎，因此它們不可能是佛性。

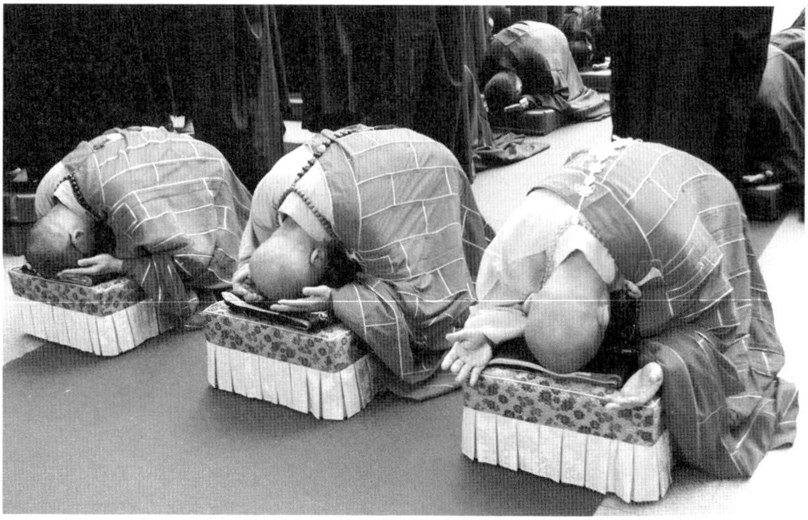

●中國出家人禮佛。（圖片提供：新加坡淨土梵音）

之後，當「本性住種姓」已經覺醒，並且藉由聞、思、修而轉化之後，修行者了證聖道，而這被稱為「習所成種姓」。瑜伽行派隨教行者主張，根據三乘，這些種子或力量有三種。由於這些種子是以自性存在的，因此它們無法改變成為另一乘的種子，因此而有最後三乘。並非每個眾生都會成佛，有些會成為聲聞乘或緣覺乘的阿羅漢，永遠住於個人的解脫之中。⑥

瑜伽行派隨理行者和中觀學派都堅持「究竟一乘」，並且說一切眾生終將成為正等正覺者，首先包括那些進入聲聞、緣覺乘以及證得阿羅漢果的眾生。

中觀學派：佛性是心的空性，但尚未捨斷雜染

《寶性論》將「佛性」定義為具有轉化成為佛任何一身的可能性之法。從中觀學派的觀點來看，佛性主要是指心的空性，但尚未捨斷雜染。這種心的空性超越時間、涅槃、善業和惡業，它既非善，也非不善，是輪迴和涅槃兩者的基礎。佛性純粹是心的自性空，而佛心也欠缺自性，因而龍樹提出佛性是眾生的本質（MMK 22:16）⑦。然而，這不表示眾生已經是佛，因為眾生的心有雜染，佛心卻無染。

心性是「空」的，但不表示我們已經了證空性。唯有當我們直接了證心的空性，並且使用那種了證來淨化心的雜染，它才會成為聖者功德的基礎。

由於無為法不仰賴「因」，因此心的自性空也被稱為「自性涅槃」（natural nirvāṇa）。只要凡夫存在，其心的空性就會存在。當凡夫成為聖者，凡夫心的空性便不再存在，但聖者心之空性卻仍然存在。這兩種空性都無自性，而且在一個直接了證這兩種空性的心感知它們時，兩者並無差異。

如上述所解釋的，因為心的勝義自性是自性空，所以障蔽我們看見勝義實相之心的雜染，便能與勝義實相分離，可以被移除。這些雜染不會植入心的勝義自性當中。

洞見心的空性——自性涅槃，是克服所有雜染的關鍵且是必要的元素，這種智慧啟動解開十二因緣之鏈的過程。藉由了證自性涅槃，我們將證得淨化心之雜染的涅槃，這種涅槃是究竟的滅諦——聖者的第三諦。

如第二章所解釋的，佛的心性有兩種清淨——它本淨無染且離於自性，以及它已盡除所有外來偶發之雜染的清淨，這兩種清淨構成佛的自性法身。儘管眾生之心是自性空的，其雜染也是外來偶發的，但我們不能說佛性是具有這兩種清淨的佛的自性法身，這是因為眾生的心仍然受到雜染障蔽的緣故。

如同瑜伽行派，中觀學派也談論「本性住種姓」和「習所成種姓」，但中觀學派卻有不同的陳述，不論眾生是否走上法道，一切眾生都具有這兩種佛性。⑧「本性住種姓」是心的空性，但尚未離於雜染，並能轉化成為佛的自性法身。「習所成種姓」是無漏智種子，它是由有為法所構成，將會轉化成為佛的智慧法身。如果心中沒有這個種子，佛的覺醒事業就無法進入我們之中，因為若無這個種子，即使我們接觸佛陀的教法，也不會有任何東西在我們心中發芽。「習所成種姓」能使我們的心受到教法的影響和轉化，佛陀傳授佛法這件事，即表示眾生具有成佛的潛能。如果我們沒有成佛的潛能，佛陀轉法輪就會變得毫無用處。

「習所成種姓」包括無記的第六意識，以及慈心、悲心、智慧、菩提心、信心和其他善心；隨著我們逐漸證得菩薩十地，可以漸進地發展這些特質。成佛時，「本性住種姓」將會成為自性法身，「習所成種姓」將會成為智慧法身。

煩惱不具有佛性，無法轉化成為任何一種佛身。雖然岩石和草木等非有情的現象也皆空無自性，但它們並無佛性，因為它們沒有心，無法生起善心。

不論眾生投生至哪一地，「本性住種姓」一直都在那裡，不增不減。黃金可能埋藏地底達數世紀之久，但我們總有可能掘出黃金，因為它可能被泥土掩埋，但不會變成泥土。雖然泥土障蔽它，但它可以被洗淨，閃耀出本然的明亮光燦。因為佛性存在，所以我們可以清淨它，無限地培養所有善的特質。

密續乘：佛性是「最微細的心氣」

根據《無上瑜伽續》的獨特描述，佛性是「最微細的心氣」（the subtlest mind-wind），而其本質是自性空。「最微細的心」（the subtlest mind）是最精細之心的狀態，也被稱為「本元俱生明光心」（innate clear-light mind），而「最微細的氣」（the subtlest wind-energy）是它的坐騎，兩者不可分離。一切眾生都具有這個「最微細的心氣」，而且它一直相續，直到覺醒。它不是靈魂，也不是獨立的本質；它時時刻刻都在改變，無我又空無自性。當我們死亡時，「粗重的心」（the coarser levels of mind）⑨融入「本元俱生明光心」之中；而當我們再生時，「粗重的心」再度從「本元俱生明光心」的基礎浮現。當這些「粗重的心」現起時，善念和惡念生起而造業。輪迴是煩惱念頭之果，而證得涅槃則是出離心、菩提心、智慧等善心之果。因此，「本元俱生明光」是涅槃和輪迴兩者的基礎。眾生「最微細的心」是佛之智慧法身的實質因（substantial cause），而「最微細的氣」則是佛之色身的實質因。

就一般眾生而言，「最微細的心氣」只在死亡明光時展現，而且不被注意。儘管它在一般眾生身上是無記的，但特殊的瑜伽修行法門卻可以把它轉化為善法，進而把它帶入正等正覺之道上。這種作法是《無上瑜伽續》的心要。藉由特殊的密續修行法門，修行者可以啟動這個「最微細的明光心」，使其充滿大樂，並運用它來了證空性。這「最微細的心氣」是如此細微，因此當它直接了證空性時，它成為非常強大的對治力，盡除煩惱障和所知障。如此修行者或許可以迅速成佛。

禪宗：一切眾生都具有本淨的佛性

從中國禪宗的觀點來看，一切眾生都具有本淨的佛性。在此，「淨」是指它超越「淨」與「不淨」的二元分立。當佛性徹底展現時，那個眾生即是佛。但是因為煩惱和雜染，尤其是無明，佛性目前並未在眾生身上展現。

「清淨心」和「佛性」所指的是同一件事，卻是從不同的角度來看待。「清淨心」是指心性未受到雜染的染污，也不會受到雜染的染污；「佛性」是指保證我們具有成佛的潛能和能力的心的面向。當它徹底被淨化時，就被稱為「覺醒心」或「真實菩提心」。這表示，當無明存在時，我們不知道自己的本淨之性，而現在隨著無明被移除，我們看見它且了解它。從尚未覺醒的眾生還不認識「心性本淨」的觀點來看，眾生是無菩提心的；但從心性了無外來偶發之雜染的觀點來看，眾生具有菩提心。

在此，「菩提心」是指永遠不會被污染的清淨心。它有如一粒珍珠，已經被泥濘掩蓋了數千年之久，但即便它被掩藏在泥濘裡，無法看見它的光輝，但它的光彩亮麗卻從未喪失，只是暫時受到障蔽。我們可以將它從泥濘中取出、洗淨，如此它的美麗便可為眾人所見。它的亮麗光澤並未因被泥土掩蓋而減少，也未因從泥土取出而增加。同樣地，佛性一直都是清淨的，當佛性被雜染遮蔽時，它的功德並未減少；當雜染被盡除時，它的功德也毫無增加。

菩提心是佛性。在禪宗傳統裡，「真如」、「佛性」、「本性」、「究竟實相」、「淨性」等詞彙都具有類似的意義，而它們所指的意義無法完全以語言文字來了解。了證佛性或菩提心，即是了悟它不是造作出來的，它不會消失，它是本淨的。

裴休⑩是唐代的一位在家居士，受到華嚴宗暨禪宗祖師宗密的讚譽。他解釋，菩提心必須從「真心」（true mind）生起，也就是從心的清淨面向生起，而此一清淨面向是佛性的一部分。它不是從我們的輪迴身，或從受到感官欲樂和世俗成就障蔽的心生起。我們的真身「圓滿空寂」，而我們的真心廣大浩瀚，充滿智識和覺知。圓滿且完整的法身具足無量的善功德，它是空寂的，超越所有的色相和特相，而且永遠不動搖。真心是廣大浩瀚的，與法界（實相界）相符一致，它充滿智識和覺知，因為它專注、深入、明晰和鑒照。它包含勝妙的善功德，斬斷謬誤的思惟，例如事物是自生、他生、自他生或無因生等邪見。猶如受到煩惱之雲障蔽的滿月，它的本淨將會在捨斷煩惱後展現。如《華嚴經》所說的「十方諸佛、一切眾生與我此心三無差別」，這真心和菩提心的本質是相同的。當我們沒有看見這一點時，就會受到謬誤概念的糾纏，並從事使我們身陷輪迴的行為。⑪

佛陀宣說如來藏的意義

在盛行於中國和西藏的如來藏諸經裡，佛陀解釋每個眾生都具有一個恆常、穩定和持久的「如來藏」或「佛性」；那是一個全然發展的佛身，具足三十二相。有些人將這種說法接受為了義的教法，但中觀學派卻不同意，並提出問題：「如果佛存在於我們當下的狀態中，我們難道不就是無明之佛？如果我們此時此刻是佛，那麼修持法道的目的為何？如果我們擁有恆常、穩定且持久的佛性，這不就和無我的教法相牴觸，而且類似外道所主張的自我？」在《楞伽經》裡，大慧（Mahāmati）也提出相同的疑慮：

〔佛陀教導〕明光是如來藏的本質，本初清淨，具足三十二相，並且存在於一切眾生之內。〔佛陀說〕如同被包裹在一塊骯髒的布料之內的珍貴寶石，〔如來藏〕也被包裹在五蘊、十八界和六處的骯髒布料之內，受到貪、瞋、痴的壓制，以及雜染念頭的污染，而且恆常、穩定且持久。這個被闡明為如來藏的事物，和外道所說的自我有何差異？⑫

中觀學派審視如來藏教法的意義，並回應以下三個問題。

一、當佛陀作出這樣的陳述時，他最終想要表達的意義是什麼？

當佛陀談到每個眾生都有一個恆常、穩定且持久的佛性時，他想要表達的意義是「心的空性」、「本性住種姓」是恆常、穩定且持久的。因為心空無自性，而且雜染是外來偶發的，因此成佛是可能的。

二、佛陀教導此法的目的是什麼？

目前，有些人的修行仍然尚未成熟，「無我」和「空性」的想法令他們感到害怕。他們誤以為「無我」和「空性」是指什麼都不存在，因而害怕在了悟空性之後，他們就會停止存在。為了平息恐懼，漸漸地使他們徹底且正確地了悟空性，佛陀採取與他們目前的想法相應的方式，而說有一個恆常、穩定且持久的佛性，並且具足三十二相。

三、如果將這個陳述信以為真，將會產生什麼與邏輯不相符之處？

如果這是一個符合其字義的教法，那麼，此教法和外道執著於一個恆常且以自性存在的自我的主張之間，兩者並無任何差別。但如般若諸經所陳述的，恆常之性與「自性空」之了義相互抵觸，而且受到正理的破斥。

自性空——勝義實相和心之本淨——無別地存在於一切眾生之內，就此而言，佛是存在的，但真實的佛並不存在於眾生之內。就空性是心的勝義自性而言，諸佛和眾生是相似的，但就勝義實相而言，兩者卻不相似，因為一個是佛心的勝義自性——自性法身，另一個則是雜染心的勝義自性。如果自性法身存在於眾生之內，那麼，與自性法身同性之智慧法身也會存在於眾生之內，這就表示眾生是遍知的，但事實並非如此！同樣地，如果眾生捨斷所有雜染，就沒有什麼能夠阻止他們直接感知空性，並且已經了悟空性，但實際情況也並非如此。

如果我們已經具足三十二相，那麼，說我們仍然需要修持法道，藉以創造證得三十二相之因，這就相互牴觸。如果某個人說，三十二相已經以一種未顯之相存在於我們之內，只需要使其顯明即可，那麼，這種說法就類似數論派所提出的「自生」見解，而中觀學派駁斥這種見解。《楞伽經》繼續陳述佛陀的回應：

> 大慧！我的如來藏教法不同於外道的我見。大慧！那些如來阿羅漢——成就正等正覺的諸佛，已經表示如來藏具有空性、圓滿清淨、涅槃、非造作、無相、無願等意義，因此為使尚未成熟的眾生完全捨棄由於無我而產生的恐懼，進而教導無妄想的狀態與無顯相的境界。⑬

在此，我們看見佛陀善巧地針對不同眾生當時的需求，而教導不同的事物，帶領他們走上法道。我們也得知，我們必須深刻地思惟教法，運用正理，廣泛地閱讀佛經和釋論，藉以辨別其是否為了義，此舉將使我們對如來藏諸經產生正確的了解。如來藏諸經包含甚深的教法，暗示本元俱生明光心是存在的，而密續將對此提出解釋說明。

學習「佛性」和「如來藏」的目的，是在於了解心不是原本就有瑕疵的，它可以臻至圓滿，而且心的那些面向早已存在，使其可以被清淨和被圓滿。了解這一點，將使我們對修持這些法門產生巨大的信心和能量，進而清淨、圓滿我們的心，使其成為正等正覺之佛的心。

① 《增支部．一集》第五十一至五十二經（AN 1:51–52）：「諸比丘！心者，是極光淨者，卻為客隨煩惱所雜染，而無聞之異生，不能如實解，故我言無聞之異生不修心。諸比丘！心者，是極光淨者，能從客隨煩惱得解脫，而有聞之聖弟子能如實解，故我言有聞之聖弟子修心。」（《漢譯南傳》，增支部經典一，頁 12–13）

❷ 在討論佛性時，人們也會使用其他詞彙和用語，包括如來藏（tathāgatagarbha）、有情界（sattvadhātu）或本性（dhātu）。有時，這些詞彙用語可以交替使用，它們的意義也稍有不同。

③ 此種子是有為法，之所以稱為「無漏智種子」，是因為依此種子能於將來證獲「無漏智」的緣故。「無漏智種子」因聞、思、修所潤發後，各乘因而趣入各自之道：（一）「聲聞種姓」是具有堪能成辦聲聞阿羅漢之力的有為法。（二）「緣覺種姓」是具有堪能成辦緣覺阿羅漢之力的有為法。（三）「大乘種姓」是具有堪能成辦佛身之力的有為法。

④ 《瑜伽師地論》卷三十五：「云何種姓？謂略有二種：一本性住種姓，二習所成種姓。本性住種姓者，謂諸菩薩六處殊勝，有如是相，從無始世展轉傳來，法爾所得，是名本性住種姓。習所成種姓者，謂先串習善根所得，是名習所成種姓。」（《大正藏》第三十冊，頁 478c）「本性住種姓」是屬於未入道者的種姓，「習所成種姓」是屬於已入道者的種姓。

⑤ 感官的根識即「五根識」，是指眼識、耳識、鼻識、舌識、身識。

⑥ 《瑜伽師地論》卷三十二提到三種定性種姓：「聲聞種姓以聲聞乘能般涅槃，獨覺種姓以獨覺乘能般涅槃，大乘種姓以無上乘能般涅槃。」（同注④版本，頁 502a）

⑦ 《中論．觀如來品》第十六頌（MMK 22:16）：「如來所有性，即是世間性；如來無有性，世間亦無性。」（同注④版本，頁 31a）

⑧ 中觀學派所許的種姓分為兩種——「自性住種姓」和「隨增種姓」。「自性住種姓」是空性、如來藏，故是常法、無為法；「隨增性種姓」是無漏智種子，故是無常法、有為法。以修行的角度而言，所謂「隨增性種姓」，是依於空性而串習通達空性之智，才能在心續中產生通達空性之智，最後能成辦佛法身。

⑨ 「粗重的心」（the coarser levels of mind）即指六識。

⑩ 裴休（791–864）是唐朝一代名相，宿信佛教，追隨宗密學習華嚴。

⑪ 裴休《勸發菩提心文》：「既發菩提大心，須識菩提心體。夫菩提心體不從真心發，無由得至菩提。……我有真身圓滿空寂者是，我有真心廣大靈知者是也（圓滿者，法身無量功德本自具足也。空寂者，法身離諸色相永無動搖也。廣大者，真心體兼法界包含虛空也。靈知者，了了分明鑒照清徹也）。空寂靈智，神用自在，性含萬德，體絕百非，如淨月輪圓滿無缺，惑雲所覆不自覺

知。妄惑既除，真心本淨也，十方諸佛、一切眾生與我此心三無差別，此即菩提心體也。捨此不認，而認自身妄念，隨死隨生。」（《卍續藏》第五十八冊，頁486a）

⑫《楞伽經．一切佛語心品之二》：「爾時大慧菩薩摩訶薩白佛言：『世尊，世尊修多羅說如來藏自性清淨，轉三十二相，入於一切眾生身中，如大價寶垢衣所纏，如來之藏常住不變，亦復如是。而陰、界、入垢衣所纏，貪欲、恚、痴不實妄想塵勞所污，一切諸佛之所演說。云何世尊同外道說我言有如來藏耶？』」（《卍新纂續藏》第十八冊）

⑬《楞伽經．一切佛語心品之二》：「佛告大慧：『我說如來藏，不同外道所說之我。大慧！有時說空、無相、無願、如、實際、法性、法身、涅槃、離自性不生不滅本來寂靜自性涅槃，如是等句說如來藏已。如來、應供、等正覺，為斷愚夫畏無我句故，說離妄想、無所有境界如來藏門。」（《卍新纂續藏》第十八冊）

15 密續

密續修行的主要支柱為何？

根據佛教金剛乘大師的了解，密續乘是佛教傳統的重要部分，它經由古印度那瀾陀寺、超戒寺的大師和遊方瑜伽士而傳續下來。佛教密續不同於非佛教的外道密續，佛教密續將皈依三寶當作基礎，結合出離心、菩提心和正智作為修行的支柱。因此，金剛乘是從巴利語和梵文教法提出的想法所演進而來。

一般而言，金剛乘獨特之處在於它深奧微妙的禪定法門，使修行者有可能迅速成就正等正覺，而追隨經乘的修行者則需要積聚功德和智慧達三無量大劫之久，才能成就。理想上，修行者是在聲聞乘和菩薩乘兩者的基礎上修持密續乘。在三增上學和六波羅蜜的修學有成之後，具有強烈菩提心的菩薩進入密續乘。這些菩薩懷有大悲心，看見輪迴眾生所受之苦而感到難受，因而請求和領受密續灌頂，持守密續戒和誓戒。接著，他們除了修持佛經所描述的修行法門之外，也精進地研習、禪修密續法教。

金剛乘在藏傳佛教和日本真言宗的信徒間廣為流傳，密續修行法門也交織進入中國、韓國和越南的佛教之中。有趣的是，阿彌陀佛的修行法門在這些國家盛行，在藏傳佛教則是一種密續修行法門。

不幸的是，人們因為欠缺正確的資訊，而對金剛乘產生誤解。儘管一些密續修行法門容許兩性雙修的性瑜伽和飲酒，但它們僅限於在修行次第極為高深的人來修持，只有極少數的人具有從事這些修行的資格，而且都祕密從事。有些人希望自己成為具有高度證量的密續修行者而進入金剛乘，但尚未了證勝義實相就從事這種行為，即是違反密續戒律，造作惡業。再者，一些所謂的密續修行者出於尋求財富或名望的世俗發心，已把密續乘貶低為舉行法會；有些人可能為了領受供養而給予灌頂。這一切都是錯誤的，而且脫離佛法的範疇。在本章，我將解釋修行者應該如何真誠且嚴肅地修持金剛乘。

密續本尊：般若智的大樂和空性

凡夫的心太過障蔽，無法直接從佛陀之遍知心領受法教，因此佛陀根據眾生的習性，示現各種不同的色身來施教。由於眾生具有不同的心之習氣和不同的身體組成成分，各種不同的禪修本尊於焉出現。所有的密續本尊都是同一個本質——般若智的大樂和空性，他們不是以自性存在的自我的個體。

密續修行者使用充滿大樂的心來了證空性，因此許多無上瑜伽密續的禪修本尊都是與明妃雙運。男性本尊象徵法道的方便面向——悲心、布施等，女性本尊象徵法道的智慧面向，但這並不表示這些覺醒的禪修本尊具有性欲。

佛的智慧可能展現為寂靜本尊或忿怒本尊。忿怒本尊的顯相說明了悲心、智慧的力量和明晰。他們的忿怒直接指向無明、煩惱和自我中心，而這些都是摧毀安樂的真正敵人。這些覺醒的本尊具有悲憫之心，永遠不會怒氣沖沖地傷害眾生。

那些不了解密續修行的佛教徒可能會把本尊誤解為受人崇拜的外在神祇。儘管密續禪修手冊包含頂禮、供養和祈願文等，但密續之道不在於崇拜外在的人物，如此他（她）就會賜予加持和涅槃。佛陀清楚地指出，我們需要培養和修持法道，轉化自心。頂禮、供養等是清淨惡業、創造功德的法門，使我們的心準備就緒，從事止觀的修行。

進入金剛乘的各種準備

領受密續灌頂表示我們正式進入密續。在領受灌頂前，審視上師的資格和特質是重要的。具格的金剛上師具備菩薩上師的特質，正確地了解空性和菩提心。這種上師護衛身、語、意遠離惡業，修持三增上學，通曉佛經和密續，充滿悲心，離於作假欺瞞，他（她）具有金剛上師的十種外在和十種內在特質。這個上師必須已經領受進入金剛乘的灌頂，清淨持守戒律和誓戒，仔細地研究修行法門，完成適當的閉關和結行，並且經由此道而體驗到一些深刻的「觀」。尋找具格的密續上師可能需要多年的時間，但小心謹慎地挑選是值得的。

密續典籍教導，灌頂只能授予那些已經準備就緒的人，而不是對佛教欠缺基本了解的人；前者具有信心、出離心、菩提心，而且能正確地了解空性。儘管如此，一些西藏上師容許新手參加灌頂，希望藉此在那個人的心續裡「種下善的種子」。一般而言，這種作法可能具有利益，但過早給予灌頂，有時會帶來有害的後果。

在密續裡，持戒不可或缺。修行者是在菩薩戒的基礎上領受密續戒，而領受菩薩戒則是以皈依三寶和持守在家五戒為基礎。

領受密續灌頂的人必須研習各種戒律和誓戒，並且精進地修持。同樣地，他們必須領受法教，研習觀修空性的次第，在從事密續禪修時觀想本尊，持誦咒語，並將這些當作日課。再者，金剛乘的修行者必須繼續增強出離心、菩提心和了悟空性的智慧，從事清淨除障的修行法門，以清淨心續裡的惡業，同時積聚福德。

金剛乘的法教和修持法門應該保持「私密」，而密續修行者不應吹噓自己領受了哪些灌頂，或建議他人修持金剛乘的法門。他們應該將金剛乘的圖像保持祕密不公開，只有在從事禪修時才取出。如此一來，他們避免產生自我中心、憍慢等會阻礙修道進展的心態。

《無上瑜伽續》的殊勝特色

根據一個分類體系的區分方法，佛教密續可以分為《事續》、《行續》、《瑜伽續》和《無上瑜伽續》等四部。《無上瑜伽續》解釋最細微層次的心——本元俱生明光心，藉此揭顯佛性的勝義。當這最微細的心轉化成為「道」時，瑜伽士就配備了一個力量極為強大的工具，可以迅速地清淨煩惱障和所知障，圓滿佛所有的莊嚴功德。

有些因素使得《無上瑜伽續》獨特出眾且甚深。這些因素分別是：

一、修行者強烈且迫切地想要成佛，以利益眾生。這種願望使修行者特別精進地修行。

二、修行者用來修「止」的對境非常精微，因此帶來甚深的「定」。

三、在「安止修」時，修行者觀修細微的禪修對境和細微層次的心，因而對空性有了更明晰的探知。

四、由於使用特殊的禪修技巧，修行者可以同時獲得「止」與「觀」。

五、修行者生起大樂，使得最微細的明光心得以顯現。修行者進而使用此一明光心來直接了證空性，甚至盡除最微細的障蔽。

六、修行者可以在單一心所內，同時培養方便和智慧，因而能夠同時積聚福德和智慧的資糧。

七、修行者學習同時感知世俗諦和勝義諦二諦，為成佛作準備。在成佛的狀態，可以同時感知二諦。

八、大樂與空性雙運之道使修行者證得幻身，這是證得佛之色身的獨特起因。

九、在金剛乘了證的幻身和真實明光是實質因，與異熟的色身和法身一致。

將從貪欲生起的大樂轉化成為法道的修行法門，是由密續戒律所控制，而《無上瑜伽續》修行者都領受密續戒律。違犯這些戒律是極為嚴重的行為，會帶來深重的不善業和惡果。將貪欲帶上修行道路的瑜伽士必須具有穩定的出離心、菩提心和智慧。只有極少數的人具備這些先決條件，即便僧人資格符合，但由於他們獨身，所以不能從事這種修行法門。

有些人誤以為「既然一切皆空，就無好壞可言。當一個人了證空性後，就超越了戒律」，這是謬誤的邏輯。蓮花生大士說，一個人了證空性的證量愈高深，他就愈敬重因果業報法則，持戒的誓願也會愈堅強。

相反於一般人的誤解，密續瑜伽士不施幻術，也不將密續當作舉止怪異的藉口。佛陀一直保持謙遜，他是我們的上師，在修行的道路上，他非常努力，簡樸過活，精進修行。我們應該以佛陀為典範。

16 結論

願做佛陀的真正追隨者

在過去，人們因為欠缺知識而認為巴利語和梵文傳統是完全不同且分別的，這是一個錯誤。巴利語傳統是佛法的基礎，而戒律的修持則是佛教存續不可或缺的要素。佛陀剃除鬚髮成為比丘，修習戒律，接著投入六年的時間修習禪定，之後在菩提樹下修習智慧而成就正等正覺。因此，佛陀的生平闡明了三增上學。身為他的追隨者，我們必須遵循他的典範，修持這些法門。

梵文傳統的般若諸經詳盡地解釋佛教的核心教法，而所有的佛教徒都修持這些教法。在這些佛經裡，佛陀廣泛且密集地說明徹底根除無明的可能性，並全面地解釋滅諦和道諦；他也詳盡地闡明了菩薩道。

在過去，巴利語傳統和梵文傳統的追隨者彼此之間有一些距離，但這對任何人都無任何好處。我們必須聚在一起，彼此交流，例如，我們可以學習彼此的別解脫律儀。我們必須更規律地聚會，不只是儀式的聚會，也要嚴肅的會議，進行真誠的交流。最重要的是，我們必須進行深思熟慮的討論，學習彼此的傳統。

我是佛教徒，但在更深的層次，我是一個人，是這個星球上的七十億人口之一。人類是社會的動物，每個個人的未來都仰賴其他人，因此即便是為了我個人的利益，我也必須認真地思考全人類。每個人都想要快樂的生活，不想要痛苦，而每個人都有離苦得樂的權利。就此而言，不同宗教信仰的人之間並無差別，宗教人士和世俗人士之間也無有差別。不論我們的背景是貧或富、受教育或未受教育、社會地位是高或低，在這個層次上，我們都是相同的。人們面對的許多問題，都來自我們強調存在於彼此之間的膚淺差異。

時至今日，佛陀的教法已經有兩千六百年的悠久歷史，而且仍然與今日的世界相應。甚至連一些頂尖的科學家都急欲學習佛教的法門，藉以解決和處理具毀滅性的情緒。佛陀的教法儘管如此勝妙，但喇嘛、祖古和導師的品質已經出現漸漸式微墮落的徵兆。如果宗教上師和領導者不過著持戒的生活，他們如何教導其他人？為了向其他人顯示正確的道路，我們自己必須遵從這條道路，不論我們修持哪一個傳統或有多少個頭銜，身為佛教徒的我們都必須是佛陀的真正追隨者。光是改變衣裝是不夠的，連一個戲偶都可以穿上僧袍呢！真正的改變必須發自於心。為了成為真正的佛教信徒或佛教出家人，我們必須嚴肅認真地持戒。

內在力量最重要的來源：誠實

佛陀教導我們通往涅槃的道路，但證得涅槃與否，則取決於我們，佛陀無法賜予加持，帶領我們覺醒。我們是自己的主人，一切都取決於我們的行為，行為是善或惡，取決於我們的發心。佛法教導我們如何糾正自己的發心，對我們的內在寂靜產生巨大的貢獻。

第十九屆西方佛教僧伽會議（Western Buddhist Monastic Gathering），來自眾多佛教傳統的西方尼師齊聚一堂。（圖片提供：Berkeley Buddhist Monastery）

所有主要的世界宗教都有構築內在寂靜的潛能，進而創造更美好的世界。但佛教、耆那教和部分數論派獨一無二的特質在於，它們都強調個人的責任。我們相信因果律，如果從事有道德的行為，將會得到樂果。如果我們從事有害的行為，不開心的事情就會降臨。因果業報是自然法則，因此沒有任何人可以拯救我們免於承受惡業之果，甚至連佛陀也束手無策。

宗教人士有時行為偽善，雖說是為一切眾生祈願，卻忽略某些眾生的權利，同時剝削利用另一些眾生。我們家中可能有宗教書籍和法像，但行為卻墮落腐敗。沒有一個偉大的上師會說：「你要盡可能地剝削利用他人，然後我會加持你。」

如果你已經接受佛陀、基督、克里希納（Krishna）或穆罕默德等崇高的人物，那麼你應該做個誠實的人。如此一來，你將獲得更多自信，心想：「我沒有什麼要隱藏的。我可以說出我的感受，而且我的行為是公開透明的。」其他人將會信任你。因此，如果你在乎自己，那麼誠實便是你內在力量和自信的最重要來源。有些人甜言蜜語、笑容可掬，卻懷有不同的動機，其他人怎能信任或尊敬他們？

創造世界祥和平靜的唯一途徑

我們必須嚴肅認真，身為佛教僧人，我總是觀察自己的心。每天早晨醒來時，我憶念佛陀，念誦他的一些教法。接著我立定發心：「身為佛弟子，我今天將過著誠實、真誠、慈悲、寂靜和非暴力的生活。」每當空閒時，我研讀、思惟和觀修佛經和釋論。由於我的心沉浸在這些書籍裡，我因而百分之百地相信三增上學的修持是不可或缺的。

佛教徒身負服務人類的責任，「利生」即是喬達摩佛覺醒的動機。他的整個人生和教義都是為了一切眾生的福祉。然而有時，我們似乎有這樣的想法：「讓佛陀努力工作，我們過奢華的生活。」我們怎能有這種想法？如果我們是佛教徒，就必須追隨佛陀的步履——他簡樸地過活，滿足於他所領受的事物。我誠摯地希望佛教的兄弟姊妹在談論佛法，並說「弘揚佛陀的法教」時，先在自己的心裡弘揚佛法，這是很重要的作法。

人類的聰明才智已經使得科學知識和科技有長足先進的發展，但它既可載舟，也可覆舟。若要創造一個更快樂的世界，終究取決於個人的動機發心。每個人共同生活在一起，因而形成社群和國家，領袖於焉生起。當個人在心中創造內在寂靜時，社群和世界終究會變得祥和平靜，這是唯一的途徑。

【附錄】

關於作者

達賴喇嘛（Dalai Lama）

■ 簡介

達賴喇嘛是西藏人的宗教領袖、諾貝爾和平獎得主，並且在世界各地提倡慈悲與和平。他促進世界宗教之間的和諧，與世界一流的科學家進行對話。他——丹增．嘉措（Tenzin Gyatso）比丘，在孩提時期受戒出家為僧，完成傳統的寺院學習課程，取得等同於博士學位的格西學位。他以博學多聞、心胸開放的學識、禪修證量和謙遜而聞名，但達賴喇嘛說：「我只是一個普通的佛教比丘。」

■ 著作

智慧出版社（Wisdom Publications）出版：《慈悲人生》（*The Compassionate Life*，譯按：尚未出版中譯本）、《達賴喇嘛談心經》（*Essence of the Heart Sutra: The Dalai Lama's Heart of Wisdom Teachings*）、《好心——佛教徒對耶穌教學的認識》（*The Good Heart: A Buddhist Perspective on the Teachings of Jesus*）、《時輪金剛真言與灌頂儀式》（*Kālachakra Tantra: Rite of Initiation*，譯按：尚未出版中譯本）、《抉擇未來》（*The Meaning of Life: Buddhist Perspectives on Cause and Effect*）、《觀修心性》（*Meditation on the Nature of Mind*）、《從懷疑中覺醒：從中觀根本論談起》（*The Middle Way: Faith Grounded in Reason*）、《安住於清淨自性中》（*Mind in Comfort and Ease: The Vision of Enlightenment in the Great Perfection*）、《當光亮照破黑暗：達賴喇嘛講入菩薩行論智慧品》（*Practicing Wisdom: The Perfection of Shantideva's Bodhisattva Way*）、《心與夢的解析》（*Sleeping, Dreaming and Dying: An Exploration of Consciousness*）、《藏傳佛教世界：西藏佛教的哲學與實踐》（*The World of Tibetan Buddhism: An Overview of Its Philosophy and Practice*）

其他書籍：《慈悲：達賴喇嘛的人生智慧》（*The Wisdom of Compassion: Stories of Remarkable Encounters and Timeless Insights*）、《從此證悟》（*From Here to Enlightenment: An Introduction to Tsong-kha-pa's Classic Text*，譯按：尚未出版中譯本）、《超越生命的幸福之道》（*Beyond Religion: Ethics for a Whole World*）、《邁向真正的信仰》（*Toward a True Kinship of Faiths : How the World's Religions Can Come Together*，譯按：尚未出版中譯本）、《亂世中的快樂之道》（*The Art of Happiness in a Troubled World*）、《相對世界的美麗：達賴喇嘛的科學智慧》（*The Universe in a Single Atom: The Convergence* of *Science and Spirituality*）

■ **達賴喇嘛尊者官網：www.dalailama.com**

圖丹・卻准（Thubten Chodron）

■ 簡介

圖丹・卻准比丘尼從一九七七年開始成為佛教比丘尼。她成長於洛杉磯，以優異的成績畢業於加州大學洛杉磯分校（UCLA）歷史系，之後在南加大（USC）的研究所攻讀教育。在亞洲、歐洲和美國研習和教授佛教數年之後，她成為華盛頓州舍衛精舍（Sravasti Abbey）的創辦人兼住持。她是一位廣受歡迎的講說者，以實際可行的方式解釋如何將佛陀的教法應用於日常生活之中。她也是數本暢銷書的作者，其著作包括《我想知道什麼是佛法》（*Buddhism for Beginners*）。她也擔任堪素・蔣巴・德卻（Khensur Jampa Tegchok）所作《洞見空性》（*Insight into Emptiness*）的編輯。如欲得知更多的資訊，請見網址：sravastiabbey.org和thubtenchodronbooks.org。

■ 著作

《我想知道什麼是佛法》（*Buddhism for Beginners*）、《培養慈悲心：觀世音菩薩相應法》（*Cultivating a Compassionate Heart: The Yoga Method of Chenrezig*）、《智慧與慈悲的生活》（*Don't Believe Everything You Think: Living with Wisdom and Compassion*，譯按：尚未出版中譯本）、《觀修道次第》（*Guided Meditations on the Stages of the Path*，譯按：尚未出版中譯本）、《解脫你的心：救度者度母》（*How to Free Your Mind: Tara the Liberator*，譯按：尚未出版中譯本）、《如何培養慈悲心》（*Living with an Open Heart: How to Cultivate Compassion in Daily Life*，與羅素・寇茲〔Russell Kolts〕合著，譯按：尚未出版中譯本）、《開闊心・清淨心》（*Open Heart, Clear Mind*）、《調伏自心：快樂生活的智慧》（*Taming the Mind*）、《誰惹你生氣：66招消氣祕方》（*Working with Anger*）

■ 圖丹・卻准官網：www.thubtenchodron.org

達賴喇嘛尊者與圖丹・卻准

國家圖書館出版品預行編目(CIP)資料

達賴喇嘛說佛教 / 達賴喇嘛(Dalai Lama), 圖丹.卻准(Thubten Chodron)著 ; 項慧齡譯. -- 初版. -- 臺北市 : 橡實文化出版 : 大雁出版基地發行, 2016.12
384 面 ; 17 x 22 公分
譯自: Buddhism: One Teacher, Many Traditions
ISBN 978-986-5623-69-2(平裝)

1.藏傳佛教 2.佛教教理

226.961 105020524

BA1038

達賴喇嘛說佛教——探索南傳、漢傳、藏傳的佛陀教義

作　　者　達賴喇嘛、圖丹．卻准（Thubten Chodron）
譯　　者　項慧齡
責任編輯　于芝峰
特約編輯　見澈法師、曾惠君
封面設計　黃聖文
內頁構成　舞陽美術．張淑珍
校　　對　曾惠君

發 行 人　蘇拾平
總 編 輯　于芝峰
副總編輯　田哲榮
業務發行　王綬晨、邱紹溢
行銷企劃　陳詩婷

出　　版　橡實文化 ACORN Publishing
臺北市10544松山區復興北路333號11樓之4
電話：02-2718-2001　傳真：02-2719-1308
網址：www.acornbooks.com.tw
E-mail信箱：acorn@andbooks.com.tw
發　　行　大雁出版基地
臺北市10544松山區復興北路333號11樓之4
電話：02-2718-2001　傳真：02-2718-1258
讀者服務信箱：andbooks@andbooks.com.tw
劃撥帳號：19983379；戶名：大雁文化事業股份有限公司

印　　刷　中原造像股份有限公司
初版一刷　2016年12月
初版六刷　2022年 6 月
I S B N　978-986-5623-69-2 (平裝)
定　　價　480元